"社区中国与基层善治"丛书

>>>>>>>> 刘建军 主编

组织与乡村

——以中国乡村治理精英为视角

王鹏翔 / 著

天津出版传媒集团

天津人民出版社

图书在版编目（ＣＩＰ）数据

组织与乡村：以中国乡村治理精英为视角 / 王鹏翔
著. -- 天津：天津人民出版社，2020.5
（"社区中国与基层善治"丛书 / 刘建军主编）
ISBN 978-7-201-15983-6

Ⅰ.①组… Ⅱ.①王… Ⅲ.①农村－群众自治－研究
－中国 Ⅳ.①D638

中国版本图书馆 CIP 数据核字(2020)第 084824 号

组织与乡村——以中国乡村治理精英为视角
ZUZHI YU XIANGCUN

出　　版	天津人民出版社	
出 版 人	刘　庆	
地　　址	天津市和平区西康路35号康岳大厦	
邮政编码	300051	
邮购电话	（022）23332469	
电子信箱	reader@tjrmcbs.com	

策划编辑	王　康
责任编辑	郑　玥
装帧设计	李晶晶

印　　刷	天津新华印务有限公司
经　　销	新华书店
开　　本	710毫米×1000毫米　1/16
印　　张	17
插　　页	2
字　　数	170千字
版次印次	2020年5月第1版　2020年5月第1次印刷
定　　价	78.00元

"社区中国与基层善治"丛书编委会

主　编：刘建军

编委会成员（以姓氏笔画排序）：

孔繁斌　刘建军　吴晓林　何艳玲　范　斌

罗　峰　唐亚林　唐皇凤　景跃进

总 序

马克思在《资本论》第一版序言中说道:"以货币形式为完成形态的价值形式,是极无内容和极其简单的。然而,两千年来人类智慧对这种形式进行探讨的努力,并未得到什么结果,而对更有内容和更复杂的形式的分析,却至少已接近于成功。为什么会这样呢? 因为已经发育的身体比身体的细胞容易研究些。并且,分析经济形式,既不能用显微镜,也不能用化学试剂。二者都必须用抽象力来代替。而对资产阶级社会说来,劳动产品的商品形式,或者商品的价值形式,就是经济的细胞形式。在浅薄的人看来,分析这种形式好像是斤斤于一些琐事。这的确是琐事,但这是显微解剖学所要做的那种琐事。"①马克思解剖资本主义的终极秘密是从商品入手的,因为商品是资本主义体系的细胞。就像他在《资本论》第一篇"商品和货币"开头说的一句话:"资本主义产生方式占统治地位的社会的财富,表现为'庞大的商品堆积',单个的商品表现为这种财富的元素形式。因此,我们的研究就从分析商品开始。"②在很多时候,对宏大议题的主观化、简单化处理要比解剖一个细胞容易得多,因为可以任意裁剪历史,随意舍弃材料。

更为重要的是,马克思对商品这一细胞的解剖,并不止于窥一斑,而

---

① 《马克思恩格斯文集》(第 5 卷),人民出版社,2009 年,《资本论》第一版序言第 7~8 页。
② 同上,第 47 页。

是要见资本主义的全貌。就像他在《资本论》第一版序言中所说的："本书的最终目的就是揭示现代社会的经济运动规律，它还是既不能跳过也不能用法令取消自然的发展阶段。但是它能缩短和减轻分娩的痛苦。"①要想探究一种文明的秘密，要想洞悉一个国家治理的秘诀，无怪乎三种路径：一是自下而上和自上而下，二是由内向外和由外向内，三是由近及远和由远及近。马克思对商品的解剖兼具由内向外和自下而上两种路径。资本主义的终极秘密，就这样在马克思抽丝剥茧式的剖析中，一丝不挂地全盘呈现出来了。

我们这套"社区中国与基层善治"丛书也是从国家治理体系和社会治理体系的"细胞"入手的。这个细胞就是一个个的社区与基层治理单元。但是中国社会中的"治理细胞"与西方社会中的"治理细胞"又有着迥然不同的属性和定位。与西方社会并行分立的、相互并不隶属的成千上万个自治单元不同的是，作为社会有机体之细胞的社区和基层治理单元，是支撑整个国家治理体系和社会治理体系的基石。借用马克思的概念来说，互不隶属、并行林立的细胞构成的像是一个不坚实的"社会结晶体"，支撑整个治理体系的细胞构成的是一个经常处于变化的"社会有机体"。如果说西方社会试图通过宗教和各种公益组织的力量去填补分立单元之间的空隙，那么中国则是依靠纵向的互动和横向的联结，不断推动国家治理和社会治理的整合效应和联动效应。

这就直接牵引出了我们分析中国基层治理的四种基本范式：一是有机统一的政治，二是关联主义的政治，三是良性互动的政治，四是生活政治。这是我们秉承"从政治理解社会""从社会理解政治"这一方法论和辩证法的延续。因为我们今天所说的经济、政治、文化、社会乃是人为制造的话语

---

① 《马克思恩格斯文集》(第5卷)，人民出版社，2009年，《资本论》第一版序言第10页。

系统与概念系统,但不是世界和生活本身,建构话语、发明概念的过程其实也是一个远离真相的过程。正是基于这一反思,我们才把中国的基层治理置于社会与政治的关联体系中来审视。

当代中国政治体系不是板块式、机械式、反映不同利益集团政治诉求的三权分立,也不是神高国低的政教合一政权,而是一种有机统一的政治。有机统一的政治背后实际上就是一种政治合成,一种政治创造,一种政治发明。政治的有机统一性就体现在党的领导、人民当家作主和依法治国的统一之中。对有机统一性的捍卫与发扬则使当代中国政治文明充满活力。反之,有机统一性的破裂和被遗忘则使当代中国政治文明陷入无序和危机。有机统一政治形态落实到基层,就是党建引领、居民(村民)自治与社会秩序的有机统一。

从一定意义上来说,中国的构造原理既不是个人主义的,也不是集体主义的,而是关联主义的。关联主义讲究的是个人与家庭、社区、单位、城市与国家的情感纽带、文化纽带与利益纽带。明末清初的大儒顾炎武先生曾经有著名的"亡国"与"亡天下"之辩。他说:"有亡国,有亡天下,亡国与亡天下奚辩? 曰:易姓改号谓之亡国。仁义充塞,而至于率兽食人,人将相食,谓之亡天下。是故知保天下,然后知保其国。保国者,肉食者谋之;保天下者,匹夫之贱与有责焉耳矣。"①所谓"天下兴亡、匹夫有责"就是揭示了普通人与天下国家的关联。古代统治者不管是与豪族共天下,还是与士人共天下,只能强化"保国"传统的延续。只有治理者与人民共天下的时候,才能催生出顾炎武所说的"保天下"。人民当家作主就是构建了每个人与国家的关联。所以中国的基层治理不是在个人主义、权利主义的轨道上划出一道泾渭分明的界线,以此确立互不侵犯的分立领地,而是在各种关联纽

---

① 顾炎武:《日知录集释》,岳麓书社,1994 年,第 471 页。

带的构建中最大限度地开发各种关系资源。以个人主义为原点的治理和以关联主义为原点的治理，乃是中西基层治理的最大分野。

如果说党的领导、人民当家作主与依法治国的有机统一是理解当代中国国家治理体系的理论基点，那么"政府治理、社会调节与居民自治的良性互动"就是我们理解中国基层治理的制度起点。良性互动的政治作为中国基层治理的基本范式之一，其最大的理论价值在于对"国家-社会"二元框架的突破与超越。国家与社会的分野是西方经济制度和宗教背景下的理论发明。马克思在《论犹太人问题》一文中非常清楚地道出了其中的根蒂："犹太精神随着市民社会的完成而达到自己的顶点；但是市民社会只有在基督教世界才能完成。基督教一切民族的、自然的、伦理的、理论的东西变成对人来说是外在的东西，因此只有在基督教的统治下，市民社会才能完全从国家生活分离出来，扯断人的一切类联系，代之以利己主义和自私自利的需要，使人的世界分解为原子式的相互敌对的个人的世界。"[①]原子式的个人要能够产生并且构成市民社会，就必须使得一切血缘的、半血缘的，伦理的、半伦理的，宗法的、半宗法的关系彻底解体，只有到这时才能说产生了原子式的个人，从而市民社会方得以成立。[②]

西方人在资本主义体系中发明出来的"社会"就是典型的基督教社会、原子式的个人社会、追逐私利的市民社会。正如马克思断言的："这种利己生活的一切前提继续存在于国家范围以外，存在于市民社会之中，然而是作为市民社会的特性存在的。"[③]这样的社会当然要拒绝国家的介入和资源的再分配。但是在中国，无论是传统的乡土社会，还是后来的单位社会，以及改革开放后出现的以社区为基本单元的新型社会空间，都是与国家

---

① 《马克思恩格斯文集》(第 1 卷)，人民出版社，2009 年，第 54 页。
② 吴晓明：《1978 年之后中国出现了"市民社会"吗？》，《中华读书报》，2014 年 12 月 10 日。
③ 《马克思恩格斯文集》(第 1 卷)，人民出版社，2009 年，第 30 页。

相伴共生的。这既是由中国的文化基因和制度基因决定的,也是由中国的社会主义性质决定的。所以我们才会看到,波及千家万户的老旧小区改造会成为最高决策层中央政治局的会议议题。良性互动的背后不是谁决定谁的问题,也不是像波兰尼所说的将社会抛置荒野,更不是父爱主义的施舍与馈赠。良性互动是对各方主体性的充分尊重。这是不断变化、不断创新、不断突破的"社会有机体"思想在基层社会治理中的重要体现。

习近平说:"我们的人民热爱生活,期盼有更好的教育、更稳定的工作、更满意的收入、更可靠的社会保障、更高水平的医疗卫生服务、更舒适的居住条件、更优美的环境,期盼孩子们能成长得更好、工作得更好、生活得更好。人民对美好生活的向往,就是我们的奋斗目标。"[①]中国社会治理的最终落脚点是对人民美好生活的缔造。西方的古典政治学可以被界定为"政体政治学",西方的现代政治学可以被界定为"国家政治学"。政体政治学尽管指向善的政治生活,但是这里的政治生活是带有古典政治属性的,是服从于人天生是政治动物或城邦动物这一命题要求的。因此,在古典政治学视野中的生活是被想象出来的、排他性的、纯粹的、透明的、未经过经济染指的公共生活。现代政治学被锁定在人类社会最为重要的政治发明——现代国家的领地之内,将丰富多彩的市民生活留给了社会学和经济学。

在马克思断言的人类经过政治解放之后,在政治领域中实现平等的同时,则将不平等留在了市民社会之中。在这里,已经预设了政治与生活的分离。现代政治学之所以专注于国家权力,就是因为生活的非国家化、非政治化。但是在我们对现代政治学所鄙视的生活场景中,我们发现了完全不同于国家政治但又与国家政治有着千丝万缕关系的生活政治领域。在这个特殊的生活政治领域中,尽管没有大规模的阶级对抗,但是一个简

---

① 《人民对美好生活的向往,就是我们的奋斗目标》(2012 年 11 月 15 日),《十八大以来重要文献选编》(上),中央文献出版社,2014 年,第 70 页。

单的生活议题可能会被引爆为国家政治动荡的前奏。也就是说，专注于公共权力、阶级政治、大人物政治的国家政治学，实际上是处于弥散性的生活政治的包围之中的。从这个角度来说，国家政治、阶级政治不能完成对生活政治的替代，相反，生活政治恰恰是国家治理极为重要的投射空间。西方人宣称的"自由民主制度"依靠隐蔽的技术与技巧将生活政治排除在外，并把生活政治议题还原为一个个市场能力议题，从而把冷酷的外在统治结构消融在难以觉察的"无意识"之中。这一统治策略的最终结果必然是社会的衰败与分裂。当这一社会后果突破了政治体系所能容纳的极限时，资本主义体系的危机与困境也就降临了。如果说剩余价值是资本主义经济体系的终极秘密，那么依靠市场逻辑完成对生活政治的吞噬和消解，则是资本主义统治体系的终极秘密。"社区中国与基层善治"丛书就是在超越西方政治话语的基础上，试图把中国基层丰富多彩的生活场景、生活美学、生活艺术以及生活意义呈现在大家面前。

　　总之，有机统一的政治缔造了中国基层治理的理论原点，关联主义的政治提供了中国基层治理的运行轴线，良性互动的政治塑造了基层治理权、责、利相统一的制度安排，生活政治规定了基层治理的价值指向。一言以蔽之，社会治理是拯救现代性危机、克服现代性困境的最后一道底线。揭示这四重范式的理论魅力和实践智慧是这套丛书得以立足的基础。

　　目前，本丛书的所有作者要么是我的合作者，要么是我的学生。我感谢他们。感谢他们把如此精彩的成果列入本丛书之中。顺便说一句，我们这套丛书是开放的，不是封闭的。我们渴望有更高水平的成果能够进入这套丛书。

　　是为序！

刘建军

2020 年 5 月 1 日于复旦大学

绪　论

　　我出生在20世纪90年代的一个山东农村,自打我记事起,爷爷就是村里的村支书。因为爷爷的"身份"不同,所以我们家的孩子仿佛就有比村里其他孩子多的一种优越感。到了谁家串门,这家主人都会拿出最好吃的零食给我们。哥哥再调皮捣蛋,村里的小学每年也会给他发一个"三好学生"的奖状……家里不大的院落里,每天都会有来来往往的村民,有的是来喝酒的,有的是来谈事情的,有的是来哭哭啼啼的,有的是来吵吵闹闹的……尤其到了每年大年初一,家里来拜年的能从凌晨五点多一直到午饭时间。随着年龄的增长,作为一个旁观者,我在见证这种"不同"的同时,也开始思考,为什么爷爷能够成为村里的治理人而且一干就是四十余年? 为什么老百姓们愿意听从爷爷的安排? 带着这些疑问,我开始去了解这个陪伴我长大的"最熟悉的陌生人"。梳理爷爷四十余年乡村工作的脉络,其实就是一个从个体出发解读中国乡村治理精英行动逻辑的过程, 也是一个将学术研究的人文情怀与价值取向相结合的过程。

一、知识权威

爷爷出生在19世纪30年代，特殊的历史时期和艰苦的生活环境让爷爷读完村完小(现在的小学)就不得不退学。但是在当时的农村，几乎没有几个认识字的农民，完小读完的在村里就算是"文化人"了。正如爷爷所说,他们这一代干村支书的基本都是完小的同学。退学后爷爷先是扛起了"红缨枪"，在村里巡逻放哨。后来,作为村里为数不多的识字、懂算术的"文化人"，爷爷又干起了生产队①的会计,并于1972年加入了中国共产党。没几年，爷爷就成了村里的大队会计。大队会计作为大队委员会的重要成员,其地位仅次于支部书记和大队长。在老支书退休以后,爷爷就被选为了新任村支书,一干就是四十余年。爷爷之所以能够登上乡村治理的舞台,最为基础的原因是爷爷掌握着知识。人民公社时期的乡村治理,核心工作在于"独立核算,自负盈亏"，也就是乡村社会内部在完成国家规定的生产计划以外,实行自给自足的分配方式,满足日常的生产生活需要。在这个过程中,"工分"②的统计和核算是全部社员最为关心的问题,因为这直接关系到自己可以获得多少食物和日常用品。因此,生产队会物色有文化知识、头脑精明、工作细致的社员作为会计来负责这项工作。正是这样的时代背景,才让爷爷有了率先登上乡村治理舞台的机遇,为后来成为乡村治理的核心力量奠定了坚实的基础。

---

① 生产队(1958—1984)是中国社会主义农业经济中的一种组织形式。生产队作为生产大队管辖下的独立核算单位,设有队长、副队长,按照规定必须配备有会计、出纳、记工员,另外还有妇女队长。每个农民是生产队的"社员"。

② 社员的报酬以"工分"形式体现,生产队根据当年社员所获工分多少进行分配。

二、宗族权威

受到传统小农思想和乡村治理模式的影响，单纯依靠知识是难以长久从事乡村治理的。中国的乡村社会是一个传统的熟人社会，以小亲族为纽带的宗族势力在很大程度上影响着中国的乡村治理发展，因此要想长久地从事乡村治理，最为重要的支撑是宗族势力的支持。我们村虽然不是一个单一姓氏的村，但王姓占据了主导地位。爷爷作为王姓五服之内辈分较高、有威望且能够主持公道的人，自然而然地会得到宗族内部的拥护，主导乡村社会的治理过程。也正是在宗族内部拥有了威望，才让爷爷能够更好地在乡村社会内部开展治理工作。尤其是从1982年开始实施家庭联产承包责任制到2006年取消农业税，在这期间中国乡村社会存在了二十余年"三提五统"①制度，这对于从事乡村治理的人来说是开展工作最为困难的时期。工作的难度在于会直接跟村民发生利益冲突，即向村民收取"三提五统"的费用。不少村民会为了维护自身的经济利益而对从事乡村治理的人提出质疑，认为村干部是在帮助国家"榨取"村民的财富，于是他们就会采取各种手段逃避缴纳费用。在我们村同样存在这样的现象，爷爷则充分发挥宗族的势力，做好小亲族领袖的工作，让其在带头完成缴纳任务的同时做好小亲族内部成员的思想工作，并将所缴纳费用的具体用途跟村民们讲清楚，从而减少本宗族内不缴纳的概率。当然，这并不意味着全村都能够缴齐，正如爷爷所说："现在村里应该还欠着镇政府一些钱，但是都过去了，也没人管了。"造成"欠钱"的主要原因便是村内"小姓"家族

---

① "三提五统"："提"是指提留，村级集体组织按规定从农民生产收入中提取一部分，用于乡村社会内部的建设。"统"是指乡统筹费，用于乡镇一级公共事务建设。

的抗衡和博弈。同样的问题还会反映在村内出"义务工"①、落实计划生育政策等各个方面。由此可见，在这段相当长的时期内，依靠小亲族完成上级指派的任务和乡村治理，是村支书们惯用的方法，宗族势力成为乡村治理权威的重要支撑。

三、实践权威

爷爷担任村干部的四十余年是中国乡村变革和转型发展的四十余年。从人民公社时期到家庭联产承包责任制，再到农村的税费制改革。中国绝大多数的农村在探索改革致富之路，我们村也不例外。爷爷说："那个时候的工作很难开展，没钱没资源，但总得发展，就只能硬着头皮上。"而他当时首先想到的就是修路。在没有任何外部支持的情况下，要想修一条马路是十分困难的，如果再遇到需要协调村民拆迁更是难上加难。于是，他自己挨家挨户的去做动员，跟村民们宣讲修路的好处，并着重动员需要拆迁的村民。经过了两个多月的动员工作，村民大会通过了修路的方案。5个月的时间，全村村民一起修成了两条横贯南北、东西的马路，并顺利完成了马路沿线21户村民的动拆迁工作。基础设施完成以后，爷爷又开始思考如何转变村里的产业结构，让村民富起来。那时，温室大棚种植刚刚起步，爷爷自己跑到寿光去考察学习，结合我们村的土壤特质，爷爷认为可以引进温室种植西瓜来增加村民收入。世世代代种植玉米、小麦的村民对于温室西瓜这一投入较高的农作物接受程度并不高。于是，爷爷自己先种起了西瓜，村民们看着收益还不错就纷纷种了起来。直到现在，村民百分之八十的收益依旧来自于温室大棚的西瓜种植。正是因为爷爷想着法子

---

① "义务工"是指农村地区参与技术设施建设的义务劳动力，每个农村劳动力需要承担的义务劳动量为5—10个/年。

带领村民致富,让村民们有了可观的收益,才会让村民们觉得这个村支书是干实事的,才会有更多的村民,尤其是本宗族以外的村民对爷爷信服和支持。

爷爷从事乡村治理的行动逻辑是那一代乡村治理精英所采取的行动逻辑的缩影。即依靠自身的知识和宗族的支持进入乡村治理的舞台,获得从事乡村治理的权威;依靠带动村民实干,推动农村产业机构转型和稳步发展,获得村民们的持续性支持,进而巩固从事乡村治理的权威;依靠突出的乡村治理业绩获得乡镇政府的认可,成为乡镇政府管理农村地区的重要依靠,进而获得向上争取资源的话语权,进一步促进乡村地区的发展。

2002年,爷爷正式"退休"到县城陪我和弟弟读书。正是这时,全国农村税费制改革在农村地区逐渐开展起来,乡村社会的权力结构也因此发生了翻天覆地的变化。大量的剩余劳动力从土地中剥离出来,农业税和义务工政策的取消弱化了村民与乡村治理精英之间的利益联结,这些变化致使从事乡村治理的精英再也不能延续爷爷这一辈的行动逻辑。然而探索新的行动逻辑的过程,也是一个治理精英们不断试错的过程。从2002年到今天,在十余年的时间里,村里已经更换了四五任村支书。这样的更迭频率加大了乡村社会治理过程中关系构建的成本,在一定程度上影响了乡村社会内部的凝聚力和向心力。那么出现这一现象的原因到底是治理精英本身的能力缺陷,还是行动逻辑的缺陷?当前的乡村社会需要怎样的治理精英?治理精英们应该采取怎样的行动逻辑才能符合乡村社会内部的发展需求?在当前国家提出乡村振兴战略的时间节点上,思考这些问题对于推进乡村社会的改革升级,落实乡村振兴战略将会大有裨益。

将自己的研究与这些问题结合在一起,将自己的思考厚植于中国的乡村社会,是作为一个农村出来的博士研究生应有的责任与使命。因此,我希望能够用这样一本书去解读更多乡村治理精英的行动逻辑,去剖析其行动逻辑背后的国家制度底色，描绘一幅以乡村治理精英为纽带所构建的国家与乡村社会之间动态联结的图谱，为当前中国乡村治理的转型升级以及脱贫攻坚与乡村振兴衔接，贡献一份个人的力量。

目　录

第一章　导论

第一节　研究背景、问题及意义

一、研究背景

(一)在组织化视角下研究乡村治理,是对学界关于乡村治理研究的一种补充

由于乡村社会在中国发展进程中有着特殊的历史地位,学界关于乡村治理以及从事乡村治理的主体研究较为普遍。研究者们关注乡村社会内部的秩序构建,从历史的维度和人类学的视角去描述乡村社会内部之间的利益博弈和权力更迭。这些研究能够为我们展现乡村社会中复杂的权力结构,对于我们站在当下看待历史进程中的乡村治理有着很好的参

考价值。但是对于乡村治理的研究不能仅仅停留在描述历史和总结经验。从政治科学的视角来说，更应该从制度的根基出发，探究出现这些历史现象及经验的根源。组织化为解决这一问题提供了一个很好的解释维度。在历史上，中国共产党带领中国人民取得革命胜利、建立新中国的关键就在于充分认识到了乡村社会组织化实践的重要意义。中国共产党通过将组织化权威与乡村社会源生权威进行结合，将乡村治理精英纳入到组织化的体系之中，通过他们来实现对于乡村社会的动员。在此基础上，获得乡村社会中的支持，实现革命的胜利。由此可见，组织化实践在乡村建设发展过程中有着十分重要的意义，研究组织化视角下的乡村治理与乡村治理精英的行动逻辑，在学术界以往的研究当中实为少见。基于拓展乡村治理研究的思考，本书选择了在组织化视角下分析乡村治理精英的行动逻辑，以期能够弥补结构视角下乡村治理和乡村治理精英研究的不足。

(二)在组织化视角下研究乡村治理，是对实现乡村振兴战略途径的一种有益探索

乡村振兴战略是当前我国推动乡村社会发展的一项重要举措，是巩固脱贫攻坚成果的内在需求。党的十九大报告中明确提出了乡村振兴的目标及其要求，报告指出："要坚持农业农村优先发展，按照产业兴旺、生态宜居、乡风文明、治理有效、生活富裕的总要求，建立健全城乡融合发展体制机制和政策体系，加快推进农业农村现代化。……加强农村基层基础工作，健全自治、法治、德治相结合的乡村治理体系。培养造就一支懂农业、爱农村、爱农民的'三农'工作队伍。"[1]姜长云在《乡村振兴战略：理论、政策和规划研究》中分析到："乡村振兴战略的提出是习近平新时代中国特色

---

① 习近平：《决胜全面建成小康社会 夺取新时代中国特色社会主义伟大胜利——在中国共产党第十九次全国代表大会上的报告》，人民出版社，2017年，第32页。

社会主义思想在'三农'领域的集中体现,也是科学地把握社会主义现代化建设规律和工农关系、城乡关系演变趋势,结合中国特色社会主义进入新时代的阶段特征和社会主要矛盾变化,推动'三农'领域理论创新、实践创新和制度创新的丰硕成果。"①《中共中央国务院关于实施乡村振兴战略的意见》中指出:"乡村振兴,治理有效是基础。要注重吸引高校毕业生、农民工、机关企事业单位优秀党员干部到村任职,健全从优秀村党组织书记中选拔乡镇领导干部、考录乡镇机关公务员、招聘乡镇事业编制人员制度。要依托村民会议、村民代表会议、村民事务会、村民理事会、村民监事会等,形成民事民议、民事民办、民事民管的多层次基层协商格局,积极发挥新乡贤作用。要深挖乡村熟人社会蕴含的道德规范,结合时代要求进行创新,强化道德教化作用,引导农民向上向善、孝老敬亲、重信守义、勤俭持家。"②由此可见,乡村振兴的关键在于提升乡村治理的能级,而提升乡村治理能级的核心在于塑造更能适应乡村社会发展内在需求的乡村治理精英群体。

(三)在组织化视角下研究乡村治理,是对个人以往研究的一个延续与总结

正如绪论中所讲,成长的环境让我对于中国的乡村地区有着特殊的情感。从事乡村治理的研究是我一直以来的追求和努力方向。从本科到博士阶段的学习,我对乡村社会的观察从乡村社会的治理抓手到乡村居民的素质培养,从乡村土地制度的发展演变到乡村户籍制度变迁,从乡村医疗体制变迁到乡村社会保障体系改革,再到乡村社区治理模式改革。在这些具体而微的研究过程中,自己对于中国的乡村社会有了一个较为系统

---

① 姜长云等:《乡村振兴战略:理论、政策和规划研究》,中国财政经济出版社,2018年,第2页。

② 中共中央、国务院:《关于实施乡村振兴战略的意见》,2018年。

的了解。然而对于这些研究，我始终不能从一个系统性的角度去回答出现这些变化的原因到底是什么？于是，我开始尝试从更为宏观的视角去研究中国的乡村社会：将乡村社会的发展置于整个国家发展的大环境中进行观察，将乡村治理的发展置于国家治理现代化进程中进行思考。试图从组织化的视角去探究乡村治理精英的行动逻辑，这既是以往研究的一个延续，更是将研究推向一个新高度的尝试。

二、研究问题

马克思认为："问题就是公开的、无畏的、左右一切个人的时代声音。问题就是时代的口号……"①政治科学研究中，发现问题并不容易，发现一个好问题更是难上加难。如何实现乡村社会的有效治理，是长期以来人们普遍关心的问题。研究乡村治理，尤其是中国的乡村治理在体现政治科学研究的社会关怀的同时，也体现了政治科学研究成果对于现实社会的指导意义和价值。乡村治理的研究是一项行走在土地上的研究，需要真正地走进乡村社会中，进行观察和思考，由此才能够看到整个国家中最为细微的制度构建，看到国家治理这个大机器在运转过程中最为基础的环节。然而乡村社会作为国家中的一部分，如果单纯地站在乡村看乡村，研究者所能观察到的只能是乡村社会的图景，不能在整个国家治理的大格局中看到乡村治理操作过程的美妙。因此，研究乡村、研究乡村治理必须要与国家治理的宏观视角进行结合。正如亨廷顿所说："每一个模式或地图都是一种抽象，而且对于一些目的比另一些目的更有用……如果没有地图，我们将会迷路。一份地图越详细，就越能充分地反映现实。"②在国家治理这

---

① 《马克思恩格斯全集》（第40卷），人民出版社，1982年，第289~290页。

② ［美］亨廷顿等：《文明的冲突和世界秩序的重建》，周琪等译，新华出版社，2009年，第12页。

一宏观的视角下看乡村治理,在乡村治理的微观视角中反思国家治理,才是研究乡村治理问题的正确思路。

探讨了如何研究乡村治理,那么研究乡村治理中的哪一部分内容,成为了本书问题提出的一个思考点。中国乡村社会的多样性为研究者们研究乡村治理提供了若干个不同的切入点。有的研究者从制度的角度切入,研究国家的制度构建是如何影响乡村治理的变化的。有的研究者则从与乡村治理相关的土地、财权、人口等微观视角切入,分别研究乡村治理过程中的土地变迁、财权变迁和人口结构等问题。这些研究视角能够从不同的角度为我们呈现一个丰富多样的乡村社会和乡村治理结构。但是很少有研究从乡村治理的主体和客体的维度去描绘中国乡村治理的生动图景。所谓的乡村治理的主体和客体就是"谁治理"和"治理谁"的问题。中国的乡村社会自封建社会时期开始就有了较为宽阔的自治空间,恰恰是这样的自治空间,让我们发现了从事乡村治理主体对于研究者的重要意义。中国乡村治理主体之所以重要,主要是因为他们掌握着乡村治理的基本主导权,乡村治理的效果如何,很大程度上取决于从事乡村治理的人采取何种治理手段。研究中发现,在中国的乡村社会中,由于经济发展水平、知识结构和思想观念等因素的影响,真正能够参与到乡村治理中的村民少之又少,能够从事乡村治理的人大都是乡村社会中的精英。虽然《中华人民共和国村民委员会组织法》实施以后将村民自治作为一项制度设计确定了下来,但是受长期历史因素的影响,乡村治理的主导权还是掌握在这些乡村精英的手中。这里所谓的精英是指在乡村社会中依靠自身某方面的特质能够掌握乡村治理话语权的人。因此,研究乡村治理精英对于研究中国的乡村治理具有十分重要的参考价值。

基于这样的思考,本书以国家维度为宏观视角,以乡村社会的治理实践为微观视角,以乡村治理精英的行动逻辑为切入点,展开对于乡村治理的探讨。那么如何将这三者结合起来，融入到一个框架当中，成为了本书的另外一个思考点。综观我国国家治理的实践，不难发现，中国共产党的组织化尤其是在农村地区组织化的成功实践，成为了中国共产党夺取革命胜利，建立新中国，实现国家富强、民族复兴的核心经验之一。由此可见，以组织化作为国家层面的宏观视角，去观察和剖析乡村治理精英的行动逻辑，是一个合理的思路。

因此，本书将重点探讨一下两个问题：第一，中国共产党的组织化是如何影响乡村治理精英的行动逻辑的？第二，中国的乡村治理应如何实现从秩序构建到乡村振兴的升级？

三、研究意义

（一）理论价值

本书的理论价值主要体现以下两个方面：

第一，从政治科学角度找到了一个研究乡村治理的新视角，即组织化视角。组织化是本书的一个核心理论视角。传统乡村治理研究大都基于"国家-社会"关系这一分析框架，更多的关注如何实现乡村社会的秩序稳定和有效控制。但是这种结构化的视角难以展现乡村治理过程的生动性。其原因主要在于没有跳出乡村社会的区域，从更为宏观的视角进行分析。将乡村治理精英的行动逻辑置于组织化中进行探究，能够有效地弥补传统结构化视角下研究乡村治理的不足，能够为乡村治理精英的产生及其行动逻辑找到更为精准的理论以及实践依据。与此同时，组织化理论视角与乡村治理精英行动逻辑的结合，能够从乡村治理的维度验证中国共产党在乡村社会中组织化实践的科学性与合理性。

第二,重新审视现代化进程中国家与社会的关系。从政治哲学和政治思想的角度来说,国家与社会的关系主要表现为黑格尔的国家决定社会学派和马克思的社会决定国家学派。后来的政治科学又从操作化的角度对国家与社会的关系进行了新的拓展。所谓"强国家–弱社会""强国家–强社会""弱国家–强社会""弱国家–弱社会"等范式的出现,就是较为有力的证明。当然,也有人从关联的角度提出了"国家中的社会"和"社会中的国家"等范式。但是面对中国乡村的复杂形态,这些范式对于解读中国农村社会与国家的关系,总是显得有点力不从心。正是基于这一考虑,本书选择"乡村治理精英群体"作为研究切入点,试图在克服传统的结构论视角缺陷的基础上,从群体(人)的视角关注国家与社会的互动性联结。也就是说,国家与社会的关系并不是两个相互分割的结构性领域,而是在一种互动性的过程之中展示着国家与社会的有机联系。

(二)实践意义

21世纪以来,国家在农村持续推动了各项惠农政策,如废除农业税、新农村建设、农电下乡、农机下乡、新农合、新林改、农村养老保险以及乡村振兴战略,这些政策能够有效落地,便是中国共产党执政优越性在乡村社会中的生动体现。[①]这充分证明了中国共产党正确的执政理念在中国的乡村地区得以实践,基于这样的现实背景,本书的实践意义可以概括为以下三个方面:

第一,探索中国乡村的治理结构。中国乡村是最为传统的社会生活区域,进入19世纪中叶以后,我国传统的治理方式一再遭到外来力量的挑战和侵蚀。农业文明缔造的稳定、封闭的国家与社会治理模式遭到了前所未

---

① 参见贺东航、孔繁斌:《公共政策执行的中国经验》,《中国社会科学》,2011年第5期。

有的破坏。历史的发展要求我们重塑国家与社会治理的方式。农村在经历了清末到民初的军阀割据后，基层治理的基本格局经受着前所未有的涤荡，新中国的建立重新建构了基层治理体系，这一体系是依靠国家对社会的全盘吞噬作为代价的，国家中的社会（Society in State）是其基本特征。社会自我管理的组织并没有在新环境中复苏。改革开放以后，尽管村民自治的推行释放出了社会自我管理的能量，但是国家基层治理的成本并没有随之而缩小。由此可见，农村的治理问题关系到国家社会治理水平的发展，如何解决目前农村治理过程中所面临的问题，全面提升农村治理能力，成为当前农村工作中的重要任务之一。农村的治理，在整个国家治理体系当中处于一种较为特殊的地位。强调自治的农村治理使得农村的发展不是由一个领导决定的，但是在农村中，领导的基本素质和领导群体历史性延续的惯例却在很大程度上影响着农村生活的基本状态。因此，本研究选取了农村治理中的精英群体作为研究对象，通过分析历史、经济、区域地理、正式制度等因素对于乡村治理精英群体形成的影响，来探究乡村治理精英群体类型与农村治理结构的关联性，进而尝试分析不同乡村治理精英群体对于提升农村治理水平的影响。

第二，重新审视当前扶贫工作中驻村"第一书记"的作用。2015年4月，中共中央组织部、中央农村工作领导小组办公室、国务院扶贫开发领导小组办公室三部门共同印发《关于做好选派机关优秀干部到村任第一书记工作的通知》："决定向党组织软弱涣散村、'建档立卡'贫困村以及革命老区、边疆和民族地区、灾后重建地区的一些村选派驻村'第一书记'，试图通过'外力'解决当前新农村建设面临的问题，推动村庄治理变革和新农村建设。"① 驻村"第一书记"政策的实施，在很大程度上推动着农村治理结

---

① 中共中央组织部、中央农村工作领导小组办公室、国务院扶贫开发领导小组办公室：《关于做好选派机关优秀干部到村任第一书记工作的通知》，2015年。

构的转型与升级,具体表现在实现了治理主体由内生型向嵌入型转变,治理目标实现了由维护到重建转变,治理方式实现了由权威到参与转变。因此,本书在对既有的乡村治理精英群体类型梳理的基础上,将驻村"第一书记"以嵌入型乡村治理精英的身份,纳入到乡村治理精英群体当中进行研究,在分析其现实意义的同时,将其置于国家与社会的关系之中进行审视,探究其对丰富国家与社会关系的内涵、深化国家与社会的互动性联结所能产生的积极影响,进而对驻村"第一书记"在脱贫攻坚目标实现以后应当何去何从进行相应的思考。

第三,从治理精英维度提出了实现乡村振兴战略的可参考路径。研究发现,当前实现乡村振兴战略的关键还是在"人",这里的"人"包含在参与乡村建设各个环节中。其中,最为重要的则是从事乡村治理的精英群体。本书认为,在内生型乡村治理精英中,能人型乡村治理精英能够将传统乡村社会向现代化方向引导,推动乡村社会的经济发展和产业结构调整与升级。而单纯的能人型乡村治理精英不能够充分挖掘乡村社会中潜藏的发展动力,必须有针对性地汲取国家更多的治理资源。这一过程中,嵌入型乡村治理精英则能发挥十分有效的作用。因此,将能人型乡村治理精英的经济优势与嵌入型乡村治理精英的资源政策优势在乡村社会中结合,因地制宜地规划乡村发展路径,推动乡村社会内部正式组织与非正式组织的有效衔接,激发乡村社会内部组织能量的释放,以组织化实践推动乡村社会产业转型和治理升级,是推动乡村振兴发展的有效途径。

第二节　核心概念、主要观点和分析路径

一、核心概念

(一)组织

1. 组织化(Organization)

自古以来,人类就有组织现象的存在。农业社会时期,依靠土地等自然条件把人们整合在一起形成的组织化,其组织化程度较低。真正能被称为组织化社会是自近代以来。组织化的出现是由社会生产力不断提升所决定的,随着人类社会生产的不断发展,社会中出现了利益的分化,利益的分化导致不同利益群体之间产生了相互抗衡的作用力,"人们在参与政治生活的时候必须借助于组织而形成合力"[①]。尤其是在20世纪以后,组织化渗透到了人们生活的各个角落,整个社会也成为各种不同类型组织的总和。组织化程度的不断提高,成为人类社会进步的一个重要标志。随着人类社会的不断推演和发展,组织化在社会整合等方面的功能也会逐渐被强化,组织化实践的形式也会随之变得越来越丰富。

由官僚制组织向合作制组织转型,是人类组织化演变的必由之路。基于此,本书将农村社会中的组织化具体划分为官僚制组织化和合作制组织化两种类型。其中,合作制组织化根据合作对象权威来源的不同,又具

[①]　张康之:《论组织化社会中的信任》,《河南社会科学》,2008年第4期。

体划分为组织化权威与族权结合、组织化权威与政权结合、组织化权威与财权结合三种不同的类型。组织化与不同权威的结合产生了不同形态的乡村治理精英,由此也形成了不同形式的乡村治理模式。

2. 组织资本(Organization's Capital)

组织资本是存在于组织当中,经由组织内的成员通过各类组织活动积累而形成的一种合力。组织资本具有不可见性、复杂性和积累性三个重要的特征。组织资本的集聚是组织不断发展和完善的一个重要基础。本书中所讲的组织资本特质是共产党在中国乡村组织化实践过程中所集聚的力量。

3. 组织能量(Organization's Energy)

组织能量是组织开展一切活动的基础。组织能量包含着吸收和发散两个关键环节。其中,组织能量的吸收决定着组织的可持续性,组织能量的发散决定着组织的规模和运转效果。传统管理学视角下的组织能量是指组织内部各种功能元素的组合及其功能发挥,但在这个层面上理解组织能量,具有机械化的特征,无法将组织能量的互动性展现出来。因此,基于这样的思考,本书认为:组织作为人的聚合体,自然也是能量的集合。组织作为一个载体和平台是组织能量的发生器和聚集体。从中国的乡村社会来看,组织能量的强弱影响着乡村社会对于组织的认同感与归属感。

4. 组织人格(Organization's Personality)

组织人格是指存在于组织中的个体属性,它是组织在发展过程中对个体改造的一个重要标志。个体存在的初始属性是自然的,也就是说个体在未经由组织化改造以前具有的人格是自然人格。经由组织发展和组织化改造以后的个体,则具有了组织化的人格。组织化人格的存在既是一种身份的表征,同时也是组织对于组织中的个体进行约束和规范,并动员其发挥作用的有效身份基础。本书中,组织人格是指组织权威通过与乡村社会源生权威的结合而产生的乡村治理精英,通过赋予其村支部书记等身份,使其具有组织的属性、特征、权力与义务。

(二)权威

1. 权威(Authority)

理解权威的前提是理解权力,因为权威是权力的一种形式。权力可以被宽泛地理解为达成期望结果的能力即"达成力"。为了实现期望的结果,可以采用暴力的手段,可以交换互惠,也可以创建一种义务忠诚和承诺。因此,权力的实现过程包含了合法性和非合法性两个维度。而权威则是一种"合法性权力"(Legitimate Power),它是基于被认可的服从义务,不存在任何形式的强迫或者操纵。因此,权威是具有合法性和公正性的权力。恩格斯认为,权威和服从是两个相辅相成的方面,都是不可或缺的。①马克斯·韦伯根据建立服从的基础提出了三个能使任何支配获得基本正当性的理据,即经典的三种权威形式:传统型权威(Traditional Authority)、魅力型权威(Charismatic Authority)和法理型权威(Legal-rational Authority)。②本书中的权威具体是指乡村治理精英获得的从事乡村治理的合法性权力。

2. 乡村社会源生权威(Original Authority in Rural Society)

受历史传统和地理因素的影响,中国的乡村发展具有鲜明的自组织性。也就是说,在中国乡村社会发展的过程中,乡村社会内部产生了一定的权威基础,这些权威有的来源于族权,有的来源于宗教,有的来源于财力。但是无论其来源为何,都对乡村社会的内部秩序构建发挥了有效的作用。因此,本书将这些权威称之为乡村社会源生权威。这些源生权威的存在,是组织对乡村进行组织化改造的重要基础。从国家治理的角度来看,

① 参见《马克思恩格斯选集》(第三卷),人民出版社,1995年,第226页。
② 参见[德]马克斯·韦伯:《马克思经济与社会》,阎克文译,上海人民出版社,2010年。

实现乡村社会的有效治理最为关键的一环就是要实现国家组织与乡村组织的结合,完成乡村社会组织化,进而将乡村治理纳入到国家治理的体系之中。

(三)乡村治理

1. 乡村政治(Rural Politics)

乡村治理的推进与乡村政治的发展存在着紧密关系。贺雪峰认为:"乡村政治是指乡村社会中存在的利益再分配斗争。这其中包含着两个层面的关系:一是乡村展开的国家政治,二是乡村社会内部展开的政治。"[①]国家政治与乡村政治之间是一种相辅相成、相互作用的关系,共同推动着乡村治理的发展。国家的政治制度构建是乡村治理发展的一个重要前提条件,乡村展开的国家政治是乡村治理的制度前提,而乡村政治又为乡村治理的具体实践提供了匹配的空间。具体而言,乡村社会作为国家的一个有机组成部分,它内部的政治建设是受国家政治制度制约的,并会按照国家政治制度的相关要求来展开具体的实践。与此同时,基层自治的推行,从本质上来讲是国家给予乡村社会的治理空间,这种自治空间的存在,为乡村社会内部达成利益分配和治理效能的最优化而进行的斗争和协商提供了可能性,最终达到的效果是以竞争或协商的方式实现乡村社会内部各方面力量的动态平衡,进而达到自治的效果。因此,乡村政治之所以能够发生并得以发展,归因于两个具体方面:其一,从国家与乡村社会的关系来看,当国家将乡村社会作为一个具有主体性、独立性和自主性的实体,且通过乡村社会与农民打交道时,乡村社会内部就有了政治,就有了如何组织起来完成国家任何的协商和斗争的可能性。其二,从乡村社会的

---

① 贺雪峰:《乡村的去政治化及其后果——关于取消农业税后国家与农民关系的一个初步讨论》,《哈尔滨工业大学学报》(社会科学版),2012年第1期。

内部来看,乡村政治得以发生是乡村社会内部秩序的要求。内部如何提供公共品,如何筹资筹劳,如何监督,如何落实,在乡村社会内部都是要经历政治过程的。由此可见,乡村政治的运作过程其实就是乡村治理的过程,乡村治理是乡村政治实践的具体表现。

2. 乡村治理(Rural Governance)

对于乡村治理这一概念的认识,学界存在着不同的观点,如贺雪峰等人认为:"乡村治理主要包括乡村秩序维护和乡村社会发展两个方面,具体可以从宏观、中观以及微观三个层面展开。"[①]徐勇指出:"治理是通过一定权力的配置和运作对社会加以领导、管理和调节,从而达到一定目的的活动。"[②]由此可见,乡村治理是指通过一定的权力配置和运作(其中包含了权力的抗衡和利益的妥协),来实现加强对乡村社会的管理和调节,稳定乡村社会并推动其向前发展的一系列活动。乡村治理相较于乡村政治而言,具有更强的实践性和操作空间,其解释维度十分多样,尤其对于由乡村治理所呈现出来的国家与乡村社会之间的关系,学界的研究存在一定的分歧。有的学者认为,在中国的乡村中,国家强化乡村社会的组织性,将权力渗透到乡村社会之中,通过制度构建,借助代理人的权威来施压于乡村社会,进而实现对于乡村社会的指导和监管,稳定乡村社会秩序。[③]其中,较具代表性的学者包括萧公权等人,他们认为,国家通过一系列的制度安排,构建了一套完整的乡村控制体系,来实现对于乡村社会的控制,这其中包括了保甲体系、里甲体系、社仓、乡约等。有的学者则认为,国家所赋予乡村社会的自主权能够使得乡村社会有效地实现对于政府的抗衡。韦伯在分析中国乡村社会的时候便持有这样的观点,他强调乡村社会所拥有

---

① 贺雪峰、董磊明、陈柏峰:《乡村治理研究的现状与前瞻》,《学习与实践》,2007年第8期。
② 徐勇:《中国农村村民自治》,华中师范大学出版社,1997年,第22页。
③ 参见李怀印:《华北村治:晚清和民国时期的国家与乡村》,中华书局,2008年,第11页。

的自主性与世袭君主之间始终存在一种抗衡的紧张关系，乡村社会依靠宗族所建立起来的凝聚力，在持续抵制着世袭君主权力的入侵。但无论是强调国家权力对于乡村社会的渗透，还是注重乡村社会对于国家权力的抵抗，两者都有一种相通的视角，那就是国家与社会的二分对立视角。

正如前文中所讲，乡村治理是实现乡村政治的实践。任何实践都有其内在的逻辑过程和参与主体，因此单纯从国家与社会的二分视角去分析乡村治理，难以解释乡村治理的复杂性，更难以将乡村治理过程的生动性表现出来。本书对于乡村治理的界定更倾向于李怀印的解释，即"实体治理"。所谓"实体治理"强调政府目标与地方非官方制度安排的融合。国家和社会作为两个主体参与其中，官方的制度安排和地方的制度调试统一于一体。国家的首要目标是在不危及地方稳定的前提下，确保社会治安的维持和国家的财政需求得以满足。①依据"实体治理"这一概念，本书认为，在中国，乡村治理包含着国家理性的正式制度构建和乡村源生的非正式制度两个方面，在多方主体的共同作用下，完成乡村社会的治理，实现乡村社会的发展。具体而言，国家理性的制度构建为乡村社会的治理提供了方向性引导和框架性支持，乡村社会在治理过程中的具体实践则依据。地方实际和治理经验传统，展现乡村自治的灵活性和多样性。在这一解释维度下的中国乡村治理，充分体现了中国政治制度所蕴含的国家政策持续性和发展经验多样性的两种优势，同时也是中国区别于世界其他国家乡村治理的优越性所在。

---

① 参见李怀印：《华北村治：晚清和民国时期的国家与乡村》，中华书局，2008年，第13~16页。

（四）乡村治理精英

1. 精英（Elites）

"精英"一词的最初含义是最高级的、最好的或最优秀的人。然而从中性或者经验意义上讲，它指的是在其手上集聚着权力、财富或者特权的少数人，不论是否正当。①作为精英主义理论的早期代表帕累托认为："在资源分配不平等的社会中，总存在着被统治的广大群众与占统治地位的一少部分人之间的分离和某种意义上的对立，后者就称为'精英'。"②韦伯、熊彼特等人则从民主政治出发，论证了精英民主的政治合理性，认为民主是一种方法和程序，而精英是民主政治的获胜者。在程序民主的影响下，罗伯特·达尔提出了多元民主理论。他认为，多元政治是"精英人物统治和民主相结合的制度"，"一个政体的民主性质是由多重的集团或多重的少数人来保障的"。③精英则是在民主环境下人民参与政治的少数代表，人民在民主中不可能直接参与政治，而是通过成为某些政治集团中的一员来参与政治。在这些利益集团中，只有少数积极分子成为政治领袖，他们成为了活跃在政治舞台上的精英。

2. 乡村治理精英（Rural Governance Elite，RGE）

正如帕累托所说："人类历史就是少数精英轮回更替的长篇史诗，除了偶然的间断外，各民族始终是由精英统治着。"④乡村治理亦是如此，尤其在中国，自古至今"皇权止于县政"为乡村社会留足了一定的"自治"空间。乡村治理精英群体在乡村社会治理过程当中担负着十分重要的职责。

---

① 参见［英］安德鲁·海伍德著：《政治学核心概念》，吴勇译，中国人民大学出版社，2014年，第110页。

② ［意］帕累托：《精英的兴衰》，宫维明译，北京出版社，2010年，第2页。

③ ［美］罗伯特·达尔：《民主理论的前言》，生活·读书·新知三联书店，2000年，第216页。

④ ［意］帕累托：《精英的兴衰》，宫维明译，北京出版社，2010年，第15页。

本书所指的乡村治理精英在价值取向上与西方学界所表述的精英具有一定的相通之处，是一个价值中性的概念，即无关乎好人与坏人。本书认为，凡是能够在乡村社会中依靠个人能力及社会资源等方面优势，通过相应程序获得治理乡村社会权威进而从事乡村治理的人，均可以称之为"乡村治理精英"。但与西方不同的是，受制度安排、具体实践及特定地理人文等条件的影响，中国的乡村治理精英不仅仅是民主政治发展的产物，同时也是中国治理模式发展转型在乡村治理层面的生动体现。因此，研究中国乡村治理精英，需要在国家治理能力现代化转型的大背景下重新审视精英类型及其行动逻辑。

关于乡村治理精英的类型划分，国内学者存在一些不同的观点，其中较具代表性的有：王汉生将乡村治理精英分为"党政精英""经济精英"和"社会精英"三种类型；贺雪峰认为中国的乡村治理精英可以分为"治理精英"和"非治理精英"；金太军则提出了"体制内精英"和"非体制内精英"的类型划分观点等。[1]上述对于乡村治理精英的类型划分有助于我们理解和认识乡村精英的作用，其出发点均为结构性视角。然而结构性视角未能揭示出乡村治理精英作为国家与乡村社会之间联结所具有的博弈属性，尤其是随着当前我国乡村社会的不断发展，单纯从结构视角定义和划分乡村治理精英的类型显得略为单薄，不足以充分展现乡村治理精英对于国家和乡村社会之间的联结，以及由此而呈现出来的乡村治理精英类型的多样性。因此，本书在重新审视乡村治理逻辑的基础之上，将乡村治理精英划分为内生型乡村治理精英和嵌入型乡村治理精英两大类，并根据其权威来源具体划分为长老型、任命型、能人型和制度型四小类。通过这种划分，能够更加清晰地分析和呈现以乡村治理精英为纽带的国家与乡村

---

① 参见王展：《乡村治理：精英分类与逻辑选择》，《陕西行政学院学报》，2016年第3期。

社会之间的关系，在此基础上，展现出不同乡村治理精英所呈现的不同组织化形式。

3. 内生型乡村治理精英（Endogenous-RGE）

"内生型乡村治理精英"是指源于乡村社会内部的治理精英，如村支部书记、村主任、大队会计、村妇女主任等。在我国乡村治理发展的进程中，内生型的乡村治理精英发挥了重要的作用，因其在乡村社会中保持着持续的生命力，而长期占据乡村社会治理的主导地位。但在不同的历史时期，内生型乡村治理精英获得权威的来源不同，大致经历了"长老型—任命型—能人型"这样一个发展历程。特定历史条件下所形成的特定类型，并没有随着这一历史时期的结束而退出历史舞台，而是经过不断的历史积累，在当前的乡村社会治理中呈现出了齐头并进的局势。

4. 嵌入型乡村治理精英（Embedded-RGE）

"嵌入型乡村治理精英"是指产生于乡村社会以外，在国家制度安排下进入到乡村社会，从事乡村治理的精英。如大学生村干部、驻村"第一书记"等。作为自上而下制度设计产物，嵌入型乡村治理精英的产生和发展演变往往与国家政策紧密结合，因而表现出明显的制度要求和时代特征。尤其在当前国家治理能力转型过程中，嵌入型乡村治理精英作为国家干部队伍中的一个群体，被赋予了推动乡村社会发展和实现个人能力提升的双重使命。

二、主要观点

本书的主要观点可以概括为以下五个方面：

第一，当前中国的乡村治理不是简单的控制，也不是单纯的村政模式，而是中国共产党组织化的具体实践。对于中国乡村社会和乡村治理的观察和研究需要放在国家制度构建的维度去思考，需要放在国家治理的视角去分析。我国国体政体的性质、国家发展的根本任务等决定了中国共产党的领导地位，这是近代以来中国的历史逻辑、政治逻辑和实践逻辑演进的必然结果，是历史和人民的选择，也是实现民族复兴的必然要求。正因为有了中国共产党的坚强领导，中国人民才从根本上改变了自己的命运，中国发展才取得了举世瞩目的伟大成就，中华民族才迎来了伟大复兴的光明前景。"坚持中国共产党的领导，是党和国家的根本所在、命脉所在，是全国各族人民的利益所系、幸福所系，是中国特色社会主义最本质的特征，是中国特色社会主义制度的最大优势。"①中国共产党的组织系统支撑起了中国社会的基本框架，乡村社会作为中国社会的组成部分，自然也在组织系统当中。因此，对于乡村治理的研究，我们应当放在在组织化引导下的国家制度构建中思考。党的十八届三中全会通过的《中共中央关于全面深化改革若干重大问题的决定》明确了国家治理能力及治理体系势必会推向现代化发展之路上。②中国共产党必须高度重视现代化发展，只有保持党的先进性，才能不断创建新建设成果。这是中国共产党高度重视现代化、不断求解现代化的结果，也是中国共产党认识现代化的最新成果。从国家治理的角度而言，乡村社会是国家的有机构成要素，当前国家治理能力的转型和升级，需要各构成要素的有机统一和相互配合，乡村社会作为其中的重要组成部分，乡村治理应当被纳入国家治理体系的视角进行分析。尤其是随着国家脱贫攻坚和乡村振兴战略的提出，乡村已经成为了国家转型和治理结构重塑的重要阵地。

第二，乡村治理精英的行动逻辑深受国家制度底色的影响。综观我国乡村治理的发展过程和乡村治理精英的演变路径，不难发现，它们都是一

---

① 汪亭友：《要毫不动摇地坚持和维护党的核心领导地位》，《红旗文稿》，2018年第5期。
② 参见中共中央办公厅：《关于全面深化改革若干重大问题的决定》，2013年。

个时代国家制度构建的生动体现。也就是说，乡村治理的实践和乡村治理精英的行动逻辑深受国家制度底色的影响。以人民公社这一历史时期的乡村治理为例，我们来简要探讨一下国家制度底色对于乡村治理精英行动逻辑的影响。新中国成立以后，为了探索社会主义建设的道路，在20世纪50年代后期，中国共产党作出了在全社会开展人民公社运动的重要决策。暂且抛开这项决策的科学性与合理性，我们在这里只分析其对于乡村治理发展和乡村治理精英行动逻辑的影响。不难发现，人民公社时期乡村的主要功能是以大队为单位从事农业生产，保障国家现代化建设的基本需求，而乡村治理精英的主要功能就是保障大队生产的正常有序进行，同时负责收缴、分发粮食和工分记录等工作。这一时期，乡村治理的目标是完成国家的任务，乡村治理精英是国家任务的实践者。由此可见，国家制度的底色影响着乡村社会的发展。这也让我们发现，研究乡村治理和乡村治理精英的行动逻辑，必须在乡村社会以外的视角进行观察，也就是要从国家制度构建的维度进行分析，要将乡村治理纳入到国家治理体系中进行思考。只有这样，才能洞悉乡村治理发展深层次的动力，理顺乡村治理精英行动逻辑的影响因素。这也是本书为何将组织化视角作为一个研究基础的重要原因。

第三，组织化权威与不同类型乡村权威的结合构成了不同类型的乡村治理精英。前文中讲到，组织化视角作为一个宏观视角能够更加清晰地看到乡村治理发展的内在动力和乡村治理精英的行动逻辑。其主要原因在于中国共产党依靠组织化建立了人民民主专政的国家政权，这一实践充分证明了组织化在中国国家发展过程中的重要性。当我们去分析中国共产党在不同时期所采取的不同组织化形式的同时，我们也就能够了解组织化对于乡村治理发展和乡村治理精英行动逻辑的深刻影响。与此同时，中国乡村社会的自治空间，让其在历史发展的过程中涌现了形式多样的乡村源生权威。中国共产党的成功之处就在于巧妙地将党的组织化权威与乡村源生权威进行结合,充分发挥乡村源生权威的组织动员能力,在乡村社会中构建一个自治、稳定的治理形态,在保障乡村社会自治功能有效发挥的同时,积蓄革命力量,为革命的胜利和国家的建设奠定坚实的基础。因此,本书认为乡村治理精英的类型差异,最根本的还是在于组织化权威如何在乡村社会的自治空间中进行实践。在内生型乡村治理精英群体中(见图1-1),组织化权威与族权(即乡村社会中依靠宗族势力所构建的权威)的结合,塑造了长老型乡村治理精英;组织化权威与政权(即乡村社会中依靠国家制度安排所构建的权威)的结合,塑造了任命型乡村治理精英;组织化权威与财权(即乡村社会中依靠财力所构建的权威)的结合,塑造了能人型乡村治理精英。

图1-1　内生型乡村治理精英

需要说明的是,乡村社会中的源生权威不仅仅只有族权、政权、财权三种类型,还存在诸如绅权、强权、民权等权威。本书之所以选择这三种权威进行研究,是因为在乡村治理的发展过程中这三种权威始终占据着主导地位,在当今乡村社会也有十分显著的表现。组织化权威直接渗入乡村社会的过程则是塑造了嵌入型的乡村治理精英(见图1-2)。当前,乡村社会中存在的"三支一扶"人员、大学生村官和驻村"第一书记"就是典型代表。

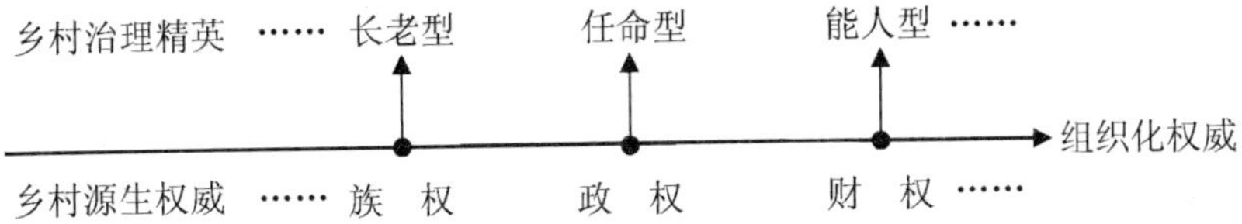

图1-2　嵌入型乡村治理精英

第四，不同类型乡村治理精英的行动逻辑塑造了不同的国家-社会的联结形态。基于对乡村治理精英类型的划分，可以发现，不同的乡村治理精英类型所采取的行动逻辑不同，由此带来的乡村治理形态也是不同的。这些不同除了表现在乡村治理的结构和所实现的乡村治理的效果等方面外，更为重要的是表现在塑造了不同的国家与社会之间的联结形态。出现这些差异的原因主要有两个方面：一方面，不同类型的乡村源生权威的来源不同；另一方面，组织对于不同类型的乡村治理精英的期待有所不同。

具体而言：①族权的权威来自于宗族内部的认同，由此而产生的乡村治理精英更多的是宗族利益的代表者。因此，组织化权威与族权权威结合产生的长老型乡村治理精英所带来的治理形态为"强宗族-弱国家"，组织化对于长老型乡村治理精英的期待在于稳定乡村社会秩序。②政权的权威来自于上级政府的任命，由此而产生的乡村治理精英是上级政府的代言人。因此，组织化权威与政权权威结合产生的乡村治理精英所带来的治理形态为"强国家-弱社会"，组织对于制度型乡村治理精英的期待在于完成各类国家任务，维持乡村社会的生产与稳定。③财权的权威来自于村民对于乡村社会内部经济能人的认同，由此而产生的乡村治理精英是村集体利益的代表。因此，组织化权威与财权权威结合产生的能人型乡村治理精英所带来的治理形态为"强国家-强社会"，组织对于能人型乡村治理精英的期待在于提升乡村社会经济水平，推动乡村社会的现代化建设。④嵌入型乡村治理精英作为一种组织化的内在制度安排，是组织权威直接进入乡村社会的表现，组织对于嵌入型乡村治理精英的期待在于激发农村基层党组织的活力，重新整合乡村社会的治理资源和发展资源，以精准化的形式推动乡村社会的升级发展，实现乡村振兴。

第五，将选派嵌入型乡村治理精英作为一项长效性制度安排与培育内生型能人乡村治理精英相结合，是乡村振兴发展的必由之路。随着农村社会的发展，在当前乡村社会中出现了内生型乡村治理精英与嵌入型乡村治理精英并存的治理局面。两者以一种工作配合的关系共同致力于乡村振兴的发展。然而研究发现三种内生型乡村治理精英与嵌入型乡村治理精英的结合会出现不同的乡村治理效果。在当前国家将乡村的发展作为乡村社会改革的首要任务时，乡村治理精英们如何发挥自身的能力成为需要思考的一个重要问题。长老型乡村治理精英因思维模式比较传统，自身的能力和素质已经无法适应当前乡村社会发展的需求。任命型乡村治理精英出于对个人利益的维护，不愿为乡村的发展和产业结构调整作出相应的努力，阻碍了一些有发展条件的乡村地区的转型之路。相比于前两种内生型乡村治理精英，能人型乡村治理精英因其通过发展乡村经济和集体产业而获得了治理乡村社会的权威。因此，能人型乡村治理精英就带有了显著的现代化属性，这也决定了能人型乡村治理精英能够为乡村地区的产业结构调整带来更多的契机。

实践证明，能人型乡村治理精英的确为乡村社会的发展做出了突出贡献，不少以能人型乡村治理精英为治理主体的乡村，短短几年内村容村貌、基础设施、产业结构等均发生了十分可观的变化。但能人型乡村治理精英对于乡村社会的改变是有限的，最为主要的原因在于自身所掌握的资源，尤其是政策资源十分有限。而嵌入型乡村治理精英作为一种组织化的直接渗入，能够更多地汲取上级单位的资金资源和政策优惠。当这两种治理精英进行结合并实现优势互补的时候，乡村治理的能级会有一个更大的上升空间，乡村振兴的战略实施也就有了一个坚实的基础。因此，选派嵌入型乡村治理精英应当作为一项长期的组织化制度安排与乡村社会中内生的能人治理精英进行结合，实现组织化与现代化在乡村社会的融合，是当前巩固精准扶贫成效，落实乡村振兴战略的一项重要举措。

三、分析路径

问题是分析的开始。前文的叙述已经明确提出了本书所关注的两个核心问题：一个是中国共产党的组织化是如何影响乡村治理精英的行动逻辑的，一个是中国的乡村社会应如何实现从秩序构建到乡村振兴的升级。因此，本书的所有分析均需要围绕这两个问题展开。

针对中国共产党的组织化是如何影响乡村治理精英的行动逻辑这一问题，本书主要分析四个方面。

第一，分析共产党在乡村社会中的组织化情况。共产党的组织化是整个研究的理论基础与框架基础，关于共产党的组织化问题需要放在历史的视角中进行比较分析。因此，本书在历史的视角中比较分析革命时期共产党和国民党对于中国乡村地区组织化的不同实践，观察共产党是如何有效利用组织化在乡村社会中凝聚力量，最终取得革命胜利的。本书主要从组织化对象、组织化形式，以及组织化效果三个方面对比分析共产党与国民党在革命时期的不同组织化实践。

第二，分析乡村治理精英的源生权威。管辖至县一级单位的治理传统为乡村社会创造了一定的自治空间，在这样的自治空间里，不同经济形态，不同自然形态和不同人口结构、民族结构的乡村社会，自然而然地就会产生不同的治理形态。在这些治理形态中，我们可以发现其权威的来源也是大有不同。族权、人权、绅权、财权、霸权等权威在中国乡村治理的实践过程中此消彼长，但是经过了历史的选择以后，传统乡村源生权威在当今社会中主要存在着族权、政权和财权三种形式。因此，本书对于乡村治理精英类型的划分也基于这三种乡村源生权威。

第三，分析组织化权威与乡村社会源生权威的结合，以及由此产生的不同类型的乡村治理精英。封建社会结束以后,中国的乡村社会成为各大思想派系进行理论实践的"试验田"。中国乡村社会的"自治"色彩也在随着各种理论的实践被淡化。乡村源生权威渐渐成为国家权力的一种延伸,在这个过程中,乡村源生权威开始与权力的组织化进行结合。晏阳初提倡平民教育并在定县搞实验区,梁漱溟提出将"乡治""村治"改为"乡村建设",并在山东主持全面实施等都是这一变化的生动体现。这并不是说所有的乡村社会源生权威都可以以组织化的形式成为国家权威的一部分,比如霸权在组织化的过程中自然而然就会带有一种抗拒性。本书中涉及的族权、政权和财权都是经过历史验证能够与组织化进行结合进而长久保存下来的乡村源生权威。这三种权威与组织化权威的结合便形成了现有的三种不同形式的乡村治理精英。

第四,分析不同类型乡村治理精英的行动逻辑,以及由此而产生的不同治理效果。不同乡村治理精英因其具有不同的权威来源,因而带来的治理实践效果是不同的。基于调研发现,长老型乡村治理精英所实现的实践效果是秩序稳定和乡风文明;任命型乡村治理精英所实现的实践效果是维持乡村社会存在的状态;能人型乡村治理精英所实现的实践效果是经济发展、产业兴旺;嵌入型乡村治理精英所实现的实践效果是稳固基层党建,激发基层组织活力,助力精准扶贫,推动乡村治理能级提升。

第三节　章节安排、研究方法与创新点

一、本书结构

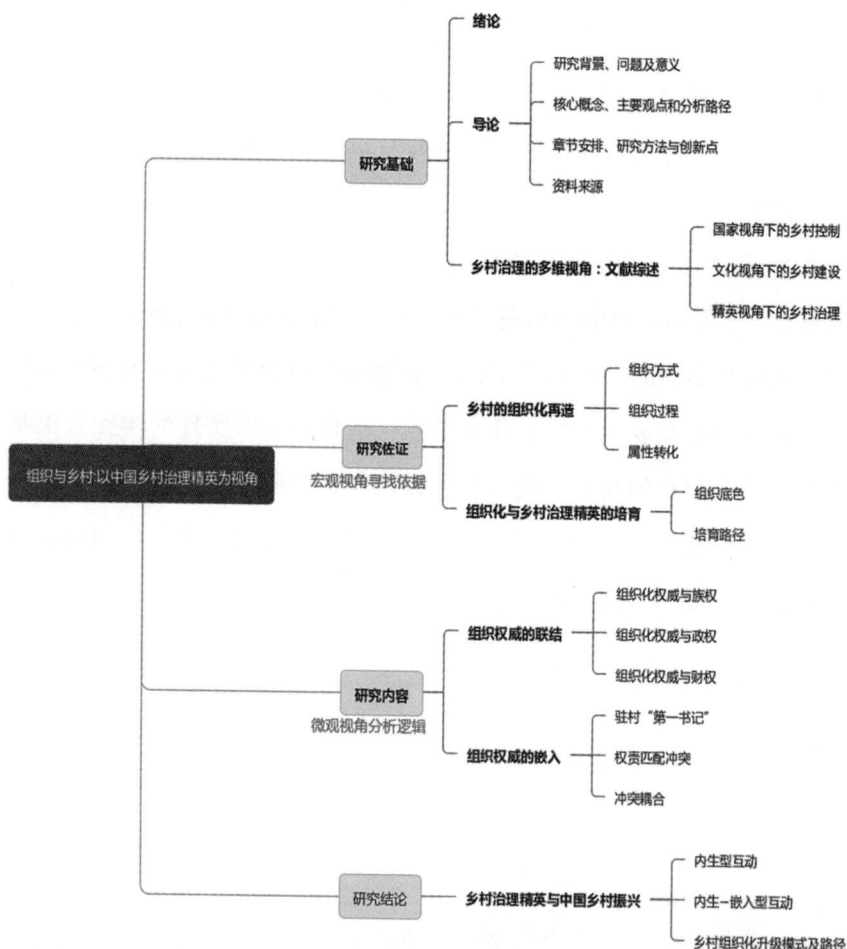

图1-3　本书结构思维导图

根据研究的结构设计和理论框架,本书在结构上大致分为四个部分,包含八个章节。其中:

(一)第一部分为研究基础

这一部分涵盖绪论、导论和文献综述三章。绪论部分为整个研究的缘起。主要通过讲述爷爷四十余年乡村干部的工作经历,分析其成为乡村治理精英的原因,并在此基础上引发对于研究问题的思考与分析。

第一章为研究的导论部分,具体阐述了研究背景,并在研究背景的基础上提出了本书的两个核心问题:第一,中国共产党的组织化是如何影响乡村治理精英的行动逻辑的? 第二,中国的乡村治理应如何实现从秩序构建到乡村振兴的升级? 与此同时,本章还简要介绍了从组织化视角去看待中国乡村治理的意义所在:从理论视角来看,本书从政治科学角度找到了一个研究乡村治理的新视角,即组织化视角。从实践视角来看,第一,党的十八大以来的乡村实践,充分证明了组织下的乡村社会具有强大的生命力,乡村社会的升级与发展是组织有效推动的必然结果;第二,探索中国农村的治理结构;第三,重新审视当前扶贫工作中驻村"第一书记"的作用;第四,从治理精英维度提出了实现乡村振兴战略的可参考路径。在本章中还详细介绍了研究中所涉及的诸如组织化、组织资本、组织人格、权威、乡村治理精英等核心概念,以及研究中所运用到的研究方法,并解释说明了研究中案例选取的方法与原因。

第二章为文献综述,在这一章里,首先从国家视角、文化视角、精英视角三个方面分析了当前有关乡村治理的不同观点,分析中发现国家视角侧重于乡村控制,文化视角侧重于乡村建设,精英视角侧重于乡村治理。在这三种视角下,本书认为,从总体来看当前关于乡村治理的研究可以概括为两种学说,即"乡村控制说"和"乡村政权说"。在本章中重点研究分析了这两种学说的贡献,同时总结了这两种学说对于解释中国乡村社会问题的局限性。如乡村控制说忽视了中国政治制度中最为重要的一个本质特征,那就是政党体制,在政党体制影响下的国家各个层面,均为组织化发展的产物。乡村政权说则没有站在国家治理宏观视角去看待中国的乡村社会。以此为基础,本书认为中国的乡村社会作为国家社会的有机组成部分,自然而然也是中国国家治理的有机构成要素,应当站在国家治理的视角上观察中国的乡村治理,站在国家制度的优越性上,从组织化的视角观察乡村社会的实践过程。

(二)第二部分为研究佐证

这一部分涵盖了乡村的组织化再造、组织化与乡村治理精英的培育两章。在第一部分的基础之上,对于中国乡村的治理、乡村社会发展的研究,应该充分考虑中国政治体制的特征和国家治理的逻辑,应该站在组织化的视角进行分析。为了进一步佐证这一观点,第三章"乡村的组织化再造"从历史的维度出发,从组织方式、组织过程、属性转化三个方面,具体分析了中国共产党在中国乡村的组织化实践。本书认为,实现农村组织化是中国共产党在革命战争时期取得胜利的关键所在。而中国共产党在农村组织化成功实践的核心在于实现了对于原有乡村治理精英群体的组织化改造。在这一过程中,实现了乡村治理精英的身份组织化、人格组织化以及行为方式的组织化,进而通过组织化改造后的乡村治理精英来实现乡村社会的有效治理。国家对于乡村治理精英的关注点是随着时代的变迁与发展而不断演变的,为了将这一演变过程更好地展现出来,进而更加有力地佐证中国的乡村治理是在组织化的视角中发展的,第四章"组织化与乡村治理精英的培育"运用《人民日报》中有关乡村治理精英的701篇报道,通过分时段的词频分析等方法,总结出不同时期,组织对于乡村治理精英的不同关注点,描绘了一条"管理—提升—治理"的演变路径,证明了乡村治理精英的发展受国家制度底色的影响这一观点。

(三)第三部分为研究内容

这一部分涵盖了组织权威联结和组织权威嵌入及结论三章内容。第五章"组织权威的联结",重点在于从更加细致的视角来观察组织权威与乡村社会源生权威的联结,以及由此而塑造的不同类型的乡村治理精英。研究发现,组织化权威与乡村社会中的族权结合,塑造了长老型的乡村治理精英;组织化权威与乡村社会中的政权结合,塑造了任命型的乡村治理精英;组织化权威与乡村社会中的财权结合,塑造了能人型的乡村治理精英。不同类型的乡村治理精英所呈现出来的国家与社会之间的联结形式是不同的。因此产生的乡村治理形态和乡村治理的能量也是不同的。

在这一章中,还具体分析了组织权威与乡村社会源生权威结合产生的乡村治理精英群体所面临的困境。这些困境的存在成为了制约乡村社会发展转型的重要原因,也是从乡村治理精英的角度探索乡村振兴之路的一个重要切入点。第六章"组织权威的嵌入"具体分析了自党的十八大以来,在脱贫攻坚过程中产生的以驻村"第一书记"参与扶贫工作的驻村"第一书记"制度。这项制度设计作为组织权威在乡村社会的直接嵌入,是改变传统乡村社会治理格局的一次举动。驻村"第一书记"的进入,在乡村社会内部之间形成了乡村社会源生权威与组织权威共存的格局。作为嵌入型的乡村治理精英,如何有效地完成组织规定的任务,如何推动乡村社会的发展成为了必须要解决的首要问题。基于这样的思考,结合实地调研走访,研究本书发现了当前制约驻村"第一书记"职能发挥的重要原因是"权责匹配冲突"。在此基础上,尝试探索了耦合权责匹配冲突的路径,从组织架构、管理模式、扶贫机制以及权责重构四个方面提出了相应的建议。

（四）第四部分为研究结论

第七章"乡村治理精英与中国乡村振兴"回归最初的核心问题，从乡村治理精英的角度探讨中国乡村振兴之路。本书认为，乡村振兴的关键在于治理，而治理的关键在于人。单纯依靠中国的乡村村民是很难实现有效治理的，这是长期历史发展的思想遗留问题，只有充分发挥乡村治理精英这一群体的作用，使其真正成为能够推动乡村振兴的治理人，才能在脱贫攻坚的过程中推动乡村振兴的发展。那么怎样的乡村治理精英才能够适应当前乡村社会的发展需求呢？本书也尝试给出了答案，那就是嵌入型乡村治理精英与能人型源生乡村社会治理精英的结合。因此，选派驻村"第一书记"作为组织在乡村社会中的有效实践形式，虽然初衷是为了更好地实现脱贫攻坚的目标，但也应该作为一项制度性设计长久地保留下来，使其与乡村社会中能人型乡村治理精英相结合，推动乡村社会中正式组织与非正式组织的有效衔接，进而使两者共同推动乡村振兴的发展。

二、研究方法

研究方法是一个哲学概念，通常情况下是指在研究过程中为了发现新事物，或是提出新理论，或是为了佐证研究所提出的假设结论而采取的方法的组合。研究方法关乎研究的科学性和合理性，因此采取什么研究方法是一项研究首先要考虑的问题。由于人们认识问题的视角不同，研究对象的复杂程度不同，且研究方法的选择带有一定的主观性，大多数的研究方法是人们在长期的研究实践中总结出来的，因此对于研究方法的分类至今没有一个十分明确的和统一的界定。但就目前人文社科方面的研究而言,基本有文献调查法、观察法、行为研究法、历史研究法、概念分析法、比较研究法、实证研究法、定量研究法、定性研究法、个案研究法、经验总结法、描述性研究法等方法。研究路径是在研究方法的指导下对于研究问题和研究对象的具体分析,是研究方法的具体实践步骤和路径。研究方法和研究路径是相辅相成的,两者的结合共同作用于研究问题的分析。

本书主要采用文献研究法、实证研究法两种方法,具体而言:

(一)文献研究法

文献研究法主要指有目的地收集文献、鉴别文献中与研究相关的部分、将所需要的文献进行科学系统地梳理,在这个过程中形成对事实的科学认识。其目的在于掌握相关领域前人的主要研究方向和视角,以此来寻找研究的切入点和新视角。总体来讲,本书利用文献研究法的目的主要有三个:第一,从历史的维度去探索中国共产党在乡村地区的组织化实践,寻找中国共产党领导中国人民实现民族解放、国家振兴的核心经验;第二,为了更全面系统地了解乡村治理精英的研究现状;第三,为了梳理乡村治理精英的历史演进脉络,并从类型学的角度出发,提出自己对于乡村治理精英类型的划分和界定。本书在研究过程中大量查阅分析了有关共产党革命的历史资料,乡村治理、乡村治理精英、"国家-社会"关系的研究成果、相关论文。比如,研究梳理了王奇生等人关于国共两党的实践研究,萧公权、李怀印、费孝通、贺雪峰、徐勇等农村治理问题研究领域领军人物的代表研究著作,以期从他们既有的研究中寻找研究的切入点和出发点。同时,注重一手史料、文献的收集整理和分析。比如,研究利用Python以"乡村干部+乡村治理"为关键词检索了《人民日报》1946年—2018年的相关报道(共计710条),通过对于报道内容核心关键词的梳理,以期能够从官方媒体报道的视角观察乡村治理精英的时代变迁。

（二）实证研究法

实证研究法是指通过科学的调查和第一视角观察的过程，实现对于客观现象的认识、描述和分析。它的研究重心在于把握研究对象是什么这一问题。实证研究法的方法有很多,本书重点采用的是案例分析法。它选择一个或多个场景为对象,进行资料的搜集、整理和分析,以回答研究对象的变化过程和未来趋势，即通过对若干个体案例的总结和对比分析进而获得相应的研究结论。本书之所以采取个案分析的主要原因在于,中国作为一个农业大国,幅员辽阔,农村众多,受到自然条件、经济条件等因素的影响,不同地区的乡村社会的现实情况存在着较大的差异。基于这样的思考，本书将研究放眼整个中国农村，在对于农村进行区域划分的基础上,结合相应的案例,选取了黑龙江、吉林、山东、湖北、四川、贵州、云南7个省的12个自然村作为调研区域(详见第四节)。通过对30余位乡村干部、驻村"第一书记"以及县委县政府、乡镇政府相关工作人员的访谈,和对12个村的实地走访,以期能够获得一手调研资料,为研究提供一片最为真实的土壤,将研究成果扎根中国大地。

三、创新点

本书的创新之处可以归纳为以下三点：

（一）从理论视角创新的角度出发,将乡村治理纳入组织化的视角中
　　进行观察

传统的乡村治理研究侧重于从历史的维度观察乡村治理的发展变化,学者们剖析了政权、族权、绅权、财权、强权与民权在乡村治理版图中此消彼长的角力过程。①这样一个历史纵深的视角对于把握乡村治理的演

进过程、总结不同类型的乡村治理精英具有十分重要的参考价值。本书对于乡村治理精英的二级类型划分在很大程度上也是从历史的维度切入的。长老型、任命型、能人型等乡村治理精英类型分别代表了乡村治理过程的不同权力结构。但是单纯地从历史维度进行观察存在一个重要的问题，那就是不能够从宏观的视野去分析形成这种治理结构的原因，不能在比较的视野中去探究中国农村地区的改革为什么能够成功。基于这样的思考，本书在历史维度的基础上，将乡村治理纳入组织化的视角进行观察分析。研究发现，不同类型的乡村治理精英实际上是组织化在乡村地区与不同权威结合的产物。中国共产党深刻认识到了中国农村地区在长期历史发展过程中所形成的权威根基，想"一刀切"式地改变传统的治理结构是很难做到的。要想将乡村地区纳入治理的范围，必须充分发挥组织化教化、动员等优势，与乡村地区传统的治理权威进行结合并将其纳入组织化的范畴，依靠组织化后的乡村治理精英实现乡村地区的治理是我国乡村治理的必由之路，也是稳定乡村的最佳选择，同时也是中国共产党能够取得国家治理主导权的基础优势。

(二)从国家治理体系转型的角度出发，将乡村治理的关注点由秩序转向了发展

综观乡村治理的相关研究，侧重于研究乡村社会秩序构建和维护的偏多。也就是说，学界大部分的研究观点将乡村治理等同于乡村控制。中国长期以来的帝制统治成为出现这一现象的关键原因。虽然中国有"皇权不下县"的传统，但是帝制稳定发展的需求使得统治者会利用不同的形式对乡村社会进行控制。萧公权就曾提出："在像帝制中国这样的专制国家

---

① 参见潘建雷、李海荣、王晓娜：《权威的构成：乡村治理秩序的古与今》，《社会建设》，2015年第4期。

里,统治者和被统治者之间的界限相当清楚,相互之间的利益背道而驰。从秦朝到清朝的王朝交替过程中,有效的解决方案主要在于建立一套行政组织,以帮助皇帝确保臣民的顺从并防止反叛。"①由此可见,封建社会时期统治者对于中国乡村社会的长期控制使得乡村治理成为了强化统治的代名词,并对中国的乡村产生了深远的影响,在封建社会结束后的很长一段时期内依旧存在着这样的现象。但是随着我国国家现代化的发展,尤其是改革开放以后中国的乡村社会发生了天翻地覆的变化,国家对于乡村地区的关注点也逐渐由秩序转变为了发展。当前,乡村振兴战略的提出,便是国家着力发展乡村、振兴乡村的显著表现。因此,本书以乡村治理精英为切入点,梳理乡村治理精英演变及其行动逻辑,展现国家在乡村社会中从秩序构建到注重发展的过程。这一过程是中国共产党执政优越性在乡村社会中的生动体现,更是当前我国乡村社会发展转型的必由之路。同时,这也为乡村治理的相关研究提供了一个新的视角。

(三)从类型学的角度出发,重新界定了乡村治理精英的类型

对于乡村治理精英的类型划分学界有很多观点,有的按照乡村治理精英的属性进行划分,有的则结合乡村治理精英从事治理的权威特点进行划分,有的按照乡村治理精英的权威来源进行划分。这些划分类型均有合理的依据和解释力度,但是总体来看,这些划分的依据和具体类型都是从结构化的视角展开的,不能生动地展现中国乡村社会治理具体实践的生动性和多样性。究其原因,主要是因为未能从更加宏观的视角去观察乡村治理精英的类型。基于这样的思考,本书首先借鉴了传统乡村治理精英类型划分的一些优势,将当前我国乡村治理精英划分为内生型乡村治理精英和嵌入型乡村治理精英两大类。其中,内生型乡村治理精英是组织化

---

① 萧公权:《中国乡村——19世纪的帝国控制》,张皓、张升译,九州出版社,2018年,第3页。

权威与乡村源生权威结合的产物，嵌入型乡村治理精英是组织化权威直接渗入乡村社会的产物。依据这样的方式界定乡村治理精英的类型具有两个方面的优势：一是能够将乡村治理类型划分的标准进行规范化操作；二是通过二级指标的划分，能够将乡村治理精英的类型划分得更加清晰，为日后的研究提供一定的参考。

第四节　资料来源

据第三次全国农业普查数据显示，截至2016年末，我国有596450个村（其中含556264个村委会和40186个涉农居委会），317万个自然村。[①]作为一项关于农村治理的研究，面对数量如此庞杂的中国农村，想逐一进行分析调研是十分困难的。而案例分析法的作用恰好可以弥补研究无法全覆盖的问题。因此，选取哪些地区作为研究对象、选取哪些案例能够确保研究的科学性和合理性，成为本书首先关注的问题之一。基于这样的思考，本书试图寻找区域研究与个案研究之间的张力，将区域研究作为区域内乡村治理精英研究的宏观背景，在此基础上分析该区域内乡村治理精英，使得区域研究与个案研究形成互动，以便更好地把握乡村治理精英形成的背景、特征及其行动逻辑。

一、三大农村圈

区域有地域和界限范围等多重释义。本书所涉及的农村区域是超出个体村庄的范围的，同时又比一般意义上的南方农村和北方农村的区域

---

① 参见国家统计局：《第三次全国农业普查主要数据公报（第一号）》，2017年。

要小。因为个体村庄区域过于零散,不利于从整体上把握研究的案例;南方和北方的区域界定范围过于宏观,无法清晰地展现中国乡村社会的地域差异。因此,本书以自然条件、政治条件、经济条件和人文条件为主要参考指标(见图1-4)。

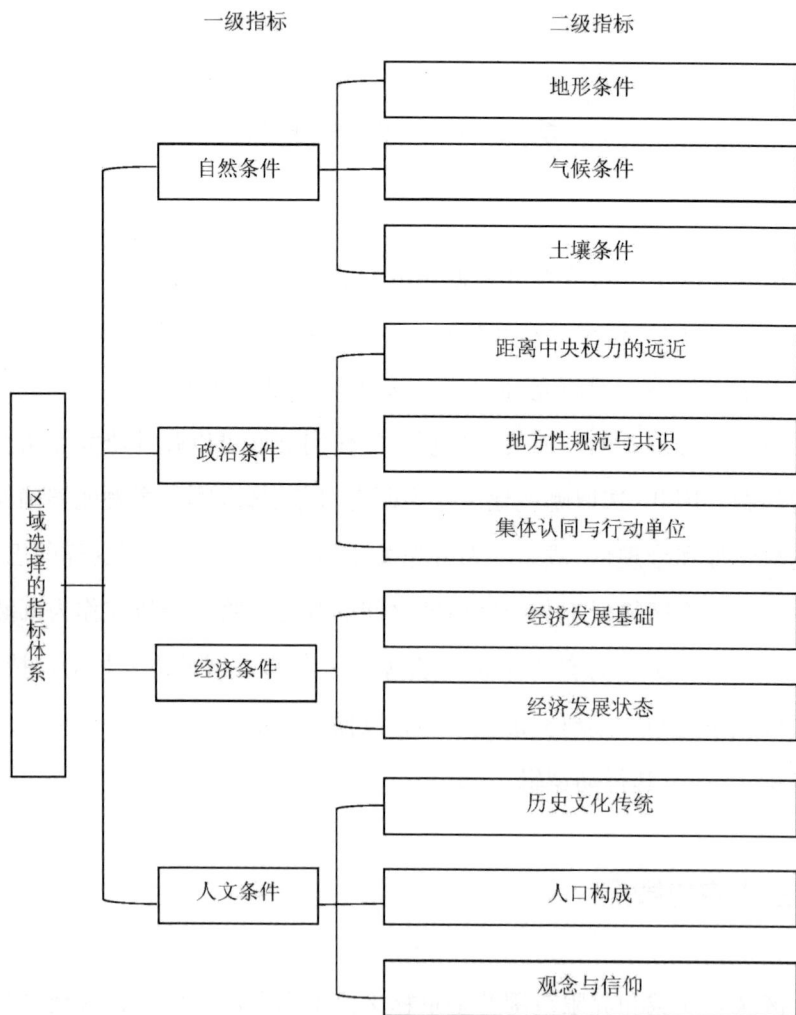

一级指标　　　　　　　　　　二级指标

```
                                    ┌─────────────┐
                           ┌────────│  地形条件    │
                  ┌────────┐│        └─────────────┘
                  │ 自然条件 ├┤        ┌─────────────┐
                  └────────┘│────────│  气候条件    │
                            │        └─────────────┘
                            │        ┌─────────────┐
                            └────────│  土壤条件    │
                                    └─────────────┘

                                    ┌───────────────────┐
                           ┌────────│ 距离中央权力的远近  │
                  ┌────────┐│        └───────────────────┘
                  │ 政治条件 ├┤        ┌───────────────────┐
                  └────────┘│────────│ 地方性规范与共识    │
                            │        └───────────────────┘
                            │        ┌───────────────────┐
                            └────────│ 集体认同与行动单位  │
                                    └───────────────────┘

区域选择的指标体系

                                    ┌─────────────┐
                           ┌────────│ 经济发展基础 │
                  ┌────────┐│        └─────────────┘
                  │ 经济条件 ├┤
                  └────────┘│        ┌─────────────┐
                            └────────│ 经济发展状态 │
                                    └─────────────┘

                                    ┌─────────────┐
                           ┌────────│ 历史文化传统 │
                  ┌────────┐│        └─────────────┘
                  │ 人文条件 ├┤        ┌─────────────┐
                  └────────┘│────────│  人口构成    │
                            │        └─────────────┘
                            │        ┌─────────────┐
                            └────────│ 观念与信仰   │
                                    └─────────────┘
```

图1-4　研究案例区域选择的指标体系[1]

――――――――――

[1]　参见贺雪峰:《村治模式:若干案例研究》,山东人民出版社,2009年,第28~34页。

乡村地区的发展与土地、气候等因素紧密相关,因此本书将自然条件作为案例区域选择的基础指标。政治条件作为与乡村治理精英关系最为密切的一项指标,本书主要从三个方面进行分析。其中,"距离中央权力的远近"影响着乡村治理精英的权威来源,"地方性规范与共识"和"集体认同与行动单位"决定着乡村治理精英的行动逻辑。经济条件和人文条件作为乡村社会发展的经济根基和历史根基,在影响着乡村社会发展方向的同时,也影响着乡村治理精英的行动逻辑。综合考虑上述指标,本书将中国的农村区域划分为"北部农村圈""中部农村圈"和"南部农村圈"三个区域。

根据上述指标,研究通过列表(见表1-1)的形式展现三大农村圈之间的差异性,为区域的划分和选择提供佐证。

表1-1　三大农村圈的比较

一级指标	二级指标	北部农村圈	中部农村圈	南部农村圈
自然条件	地势条件 土壤条件 气候条件 与中央权力的距离	平坦 肥沃 寒冷 较远	不均衡 不均衡 四季分明 近	崎岖 贫瘠 干湿分明 远
政治条件	地方性规范与共识程度 集体认同与行动单位	较强 集中	弱 集中	强 分散
经济条件	经济发展基础 经济发展状态 历史文化传统基础	一般 一般 一般	好 好 好	差 差 好
人文条件	人口构成 观念与信仰	单一 弱	单一 弱	复杂 强

由上表可见,北部农村圈的自然条件尤其是土地条件基础较好,为发展农业提供了先天的优势,但受地理位置等因素的影响,在政治条件和人文条件方面略显不足,这也成为了制约北部农村圈发展的一个关键因素。相对于北部农村圈而言,南部农村圈的自然条件、政治条件和经济条件更为不足,这些方面的不足造就了人文条件方面的优势。深厚且多样的历史

文化传统、复杂的人口构成以及较强的族群观点，为南部农村圈形成多样的乡村治理模式提供了可能。中部农村圈在自然、政治和经济等方面相较于其他两个农村圈有十分明显的优势，这在巩固中部农村圈领跑全国农村发展地位的同时，也为其提出了如何破除发展困境，实现乡村转型等一系列难题。

综上，三大农村圈之间在自然、政治、经济、人文四个方面不仅具有显著的代表性，能够展现出中国绝大多数农村地区的特征，而且具有明显的排他性。因此，展现三个农村圈内部乡村治理精英的行动逻辑，就是展现整个国家乡村治理精英的行动逻辑的过程。

需要说明的是，因为研究对象为典型意义上的农村，因此本书并没有将东部沿海地区的农村（特指超大城市，例如上海）纳入调研的范围。具体而言，出于以下三个方面的考虑：第一，东部沿海地区的农村，逐渐成为了东部沿海地区大城市的卫星城，在大城市的影响下农村地区已经渐渐失去了典型意义上的农村特质；第二，东部沿海地区的农村在自然形态上已经不具备村落的特点，集约化的生产生活在很大程度上改变了传统农村的人际关系，其乡村治理也具有了明显的现代化特征；第三，东部沿海地区的农村产业结构和发展模式已经发生了天翻地覆的变化，农业生产已经微乎其微。经济基础的改变直接带来治理结构的变化。因此，选择更具典型意义的农村能够更好地梳理乡村治理精英的行动逻辑，在此基础上更好地为传统乡村地区的现代化转型提供有力参考。

二、研究案例

基于对三大农村圈的界定，本书分别在北部农村圈选取了黑龙江、吉林两个省份，在中部农村圈选取了山东、湖北、浙江三个省份，在南部农村圈选取了四川、贵州、云南三个省份进行调研(见表1-2)。其中,黑龙江省主要调研了双鸭山市小南河村,吉林省调研了白山市老岭村、头道阳岔村和黄家崴子村,山东省主要调研了潍坊市万山村、庵上湖村、徐家庙村,湖北省主要调研了管驿村、黄龙沟村,浙江省主要调研了四合村,四川省主要调研了魁沙村,贵州省主要调研了小河口村、罗柏村,云南省主要调研了曲侗村,共计调研行政村14个。访谈县级组织部门主要负责人、乡镇党委组织部长12人次,村支部书记8人次,村主任8人次,其余村两委成员21人次,驻村"第一书记"8人次,贫困户50人次。

表1-2 研究案例选择

农村圈	省份(8个)	行政村(14个)
北部农村圈	黑龙江省	小南河村
	吉林省	白山市老岭村 头道阳岔村 黄家崴子村
中部农村圈	山东省	万山村 庵上湖村 徐家庙村
	湖北省	管驿村 黄龙沟村
	浙江省	四合村
南部农村圈	四川省	魁沙村
	贵州省	小河口村 罗柏村
	云南省	曲侗村

第二章　乡村治理的多维视角

乡村治理涉及的方面比较广泛，以乡村治理的微观视角切入可以透视国家治理体系的构建和治理能级的水平。因此，学术界对于乡村治理尤其是中国乡村治理的研究十分普遍。要想围绕乡村治理这一话题继续开展研究，首先就要对乡村治理以往的研究进行系统梳理。本书从宏观视角出发，把以往对于乡村治理的研究概括为三个视角，即国家视角、文化视角和精英视角。基于这三个视角，中国的乡村治理呈现出了三种不同的形态：在国家视角下研究乡村侧重于乡村的控制，在文化的视角下研究乡村侧重于乡村的自身建设，在精英视角下研究乡村侧重于乡村内部精英的功能发挥。在本章中将详细总结这三种视角下的三种乡村治理形态，并以此为基础提出本书对于中国乡村治理的观察视角。

第一节　国家视角下的乡村控制

一、控制体系

　　从国家的视角看待中国的乡村治理首先表现为国家对于乡村社会的控制力。萧公权在《中国乡村——19世纪的帝国控制》一书中分析了19世纪清朝政府统治下中国乡村社会的控制体系，从理论基础到具体举措再到所呈现的治理效果均对其进行了深入详细的分析。[①]萧公权通过分析大量的历史资料（含历代官方与西方学者通过在中国的实践观察所记录的材料及专著，介绍了帝国制度下，中国乡村被顶层政府严格把控着，具体表现为三个方面：在治理方面，通过保甲体系，以达到严格监控乡村治安管理的目的；在税收方面，通过里甲体系，以达到严格控制乡村税收体制的目的；在思想方面，通过乡约制度的构建，以达到控制乡村思想的目的。书中还记载了不同地区实施上述控制措施的情况，并讨论了村庄宗族与村民在清王朝控制下的各种表现及应对举措。总结萧公权的论述，可以发现他的核心观点是：清王朝政府对中国乡村社会的控制和管理是一种及其严格的状态，所谓的乡村社会自主权从本质上来看是一种虚化的自主权，并不是真正意义上的一种自治，只是"不能完全中央集权化的结果"。基于上述相关分析，萧公权在《中国乡村——19世纪的帝国控制》开篇就将清王朝定义为专制国家。这一词语总结了中国古代君主的政治特征，而在1947年

---

　　① 参见萧公权：《中国乡村——19世纪的帝国控制》，张皓、张升译，九州出版社，2018年。

发表的《中国君主政体的实质》一文中，又一次提及了专制，对应的西方学者也以更多翻译版本解释了中国专制，"中国专制的本质内涵就是君主专制政体"①。

二、体制特征

在19世纪中国的乡村控制体制中，君主专制的特征主要表现为四个方面：

一是帝国掌握乡村领导权。在当时的清王朝统治中设置了一套全面的行政构架，以此对广阔领地进行全面管理，对于正规的行政组织截至州县一层，要想将行政组织继续延伸到乡村一级是不现实的。在清朝统治中继续沿用前朝做法，在乡村管理中寻找从事管理的代理人，并在乡村一级设计了一些代理机构（诸如保甲制、里甲制、地方粮仓、乡学乡约等）。这些领导人不管是不是官方派遣的，要想成为代理人都必须经过官方认可才行。在宗族内部也设立了族正，这是对领导宗族的领头人的泛称。

二是制度设计将乡村社会纳入政府的治理。清朝实施的保甲制或者里甲制等，都是政府有意识的安排，在政府引导下设置了与原有村组织性质不同的机构，从而让村庄界限更加明确，这种刻意为之的制度实际上就是将乡村农户编入到政府管理的范畴中。

三是一定的自发组织有益于帝国对乡村的控制。在清王朝发展中，一些乡村自发组织活动或行为，清王朝是给予默认许可的，之所以这样做的原因是因为这些行为有助于帝国对乡村的控制，若是部分自发行为影响了国家统治，那么政府自然会强制性干预其中。

---

① 萧公权：《宪政与民主》，清华大学出版社，2006年，第125页。

四是帝国时期的中国乡村不存在真正的民主。萧公权非常肯定地表达了中国村庄没有真正的自由和自主，村庄事务掌握者一般都是士绅人群，他们通过了科举考试，是经过政府允准的代理人，他们成为了乡村生活区域的领导者，但是乡绅利益与地方利益并不是统一的，为了能够更好地保护自身利益，他们往往会借助自己在乡村中的特殊地位，借助便利权力危害村民利益，以使自我利益最大化。

随着相关研究的不断深入，从国家视角观察中国乡村也开始逐步关注国家与乡村社会的一种互动关系，由此而产生了一种"互动说"的研究视角。所谓的"互动说"研究视角认为中国的国家政权与乡村社会的关系既有对立也有合作。比如美国学者李怀印提出的"实体治理"（Entity Governance），他认为："中国的乡村治理是国家和社群共同参与，官方职能与地方制度安排交织在一起的结果。"

第二节　文化视角下的乡村建设

一、文化及文化相关要素

文化研究视角强调的是文化及文化相关要素在中国乡村社会秩序构建中的作用与实践。杜赞奇在《文化、权力与国家：1900—1942年的华北农村》一书中从"大众文化"的角度，提出了"权力的文化网络"（Cultural Network of Power）等新概念，详细论证了国家权力是如何通过种种渠道（诸如商业团体、经纪人、庙会组织、宗教、神话及象征性资源等）来深入社会底层的；①提出了国家政权的扩张与"内卷化"（State Involution）这一概念。费孝通与杜赞奇的观点具有异曲同工之处，他在《乡土重建》一文中提出了一个重要的概念即"双轨政治"②，认为依靠"双轨政治"的逻辑，传统中国的乡村治理是在"权力的文化网络"中展开的。同时，费孝通也强调了传统礼俗对于乡村社会秩序的构建具有一定的稳定作用，乡村秩序的自我完善与修复，来自于以传统礼俗为基础的宗族式村庄秩序。他提出："在县之下通过礼俗进行乡村精英（士绅）主导的宗族式村庄秩序再生产，这种再生产的文化网络在国家权力与村落秩序之间相互配套，具有极强的稳定性和修复能力。"③除了关注乡村社会中固有的文化和文化要素以外，也有部分学者关注了文化塑造对于乡村治理的作用，诸如梁漱溟强调了教育水平的提升对于乡村建设的重要意义，他在《乡村建设理论》中提出："乡村建设必须依靠教育手段，通过社会组织的重建和现代科学生产及生活知识的灌输，来解决中国的政治问题和促进农业经济的复苏与振兴，使中国逐步过渡到真正以民为主的现代国家并由农业引渡到工业化。"④

二、本质特征

从文化的视角看中国的乡村治理，其本质是对于乡村内部政权建设的一种探究。研究者从文化的角度出发，最终落脚点是在为"中国的乡村社会具有高度的自主性，受村社内部族权、族规、乡规的主导"这一逻辑寻

---

① 参见［美］杜赞奇：《文化、权力与国家：1900—1942年的华北农村》，王福明译，江苏人民出版社，2003年，第231页。

② 费孝通：《乡土中国·生育制度·乡土重建》，商务印书馆，2011年，第297页。

③ 同上，第302页。

④ 梁漱溟：《乡村建设理论》，上海人民出版社，2006年，第211页。

找现实的依据。比如,费孝通在《乡土中国》中所提出的"熟人社会""差序格局"等概念。①再比如,Lily L. Tsai提出的Solidary Groups和Informal Accountability,即"连带群体"和"非正式责任"。②乡村政权的存在与发展和整个中国的历史发展与国情实际有着紧密的联系。特殊的区划地位使得乡村治理有着较为深厚的自治内涵。马克斯·韦伯曾经指出:在政权范围中,离统治距离越远,受到统治制度的影响就越低;③但是国家行政管理手段不会让这一切发生。④因此,传统的中国"乡村"可视作没有品官的"自治区"。徐勇在《现代国家的建构与村民自治的成长》中指出:中国曾经是一个"早熟的国家",就权力集中和统一的角度来看,它已经具备了某些现代民主国家的外壳,但是它的治理结构却是传统的。受到经济条件、技术条件等影响,中央集权不能直接延伸到地方乡村中,因此政治上会呈现两个极端分化:一是纵向层面政治权力高度集中,中央拥有绝对政治统治权;二是横向层面乡村权力相对分散,落到不同村庄中,形成了上下分立的两个局面。国家政治约束和指导截至县这一层级上,对于县级以下的乡村管理主要依赖了更多非体制性权力。⑤

随着国家民主化建设的不断发展,传统的乡村治理在制度的确认下形成了村民自治制度。这一制度的诞生与发展被称之为中国乡村的"草根民主"。经制度确认的村民自治制度,其合理性与存在价值在学界引起了热议。部分学者认为,中国农村村民自治是农民群众的伟大创造和基层以及整个国家民主化进程中的历史性进步,村民自治作为基层自治的重要

---

① 参见费孝通:《乡土中国·生育制度·乡土重建》,商务印书馆,2011年,第432页。

② See Lily L. Tsai, *Accountability without Democracy: Solidary Groups and Public Goods Provision in Rural China*, Cambridge University Press, 2007.

③④ 参见[德]马克斯·韦伯:《经济与社会》,阎克文译,商务印书馆,1997年,第375页。

⑤ 参见徐勇:《现代国家的建构与村民自治的成长——对中国村民自治发生与发展的一种阐释》,《学习与探索》,2006年第6期。

组成部分,是中国社会主义民主化进程中的伟大起点。当然,也有部分学者提出了相关的质疑。诸如党国英在《论乡村民主政治的发展——兼论中国乡村的民主政治改革》中认为:"村民自治的实践与乡村民主的率先发展违背了民主发展的规律。"①沈延生在《村政的兴衰与重建》中指出:"村民自治的实行会妨碍国家权力对乡村社会的渗透和控制,不仅造成国家管理的困难、乡村的失控,甚至会使得乡村社会沉渣泛起,出现'富人政治'、'恶人治村'的现象。"②也有学者认为回归到传统的乡村治理,真正的传统乡村社会不存在对民主政治的需求。

第三节　精英视角下的乡村治理

一、精英

精英研究视角强调了中国的乡村治理是依赖士绅精英动员地方资源来实现的。诸如李怀印在《华北村治:晚清和民国时期的国家与乡村》中提出:"国家势力在渗入县级以下的过程中受阻,不得不依赖士绅精英去动员地方资源,为了赢得精英的支持,国家创办了自治组织,把精英纳入地方管理的正式轨道。"③对于精英的研究起初大都集中在经济学和政治学两

---

① 党国英:《论乡村民主政治的发展——兼论中国乡村的民主政治改革》,《开放导报》,2004年第6期。

② 沈延生:《村政的兴衰与重建》,《战略与管理》,1998年第6期。

③ [美]李怀印:《华北村治:晚清和民国时期的国家与乡村》,岁有生、王士皓译,中华书局,2008年,第230页。

个领域，其中国外学者对其的解读较为广泛。Dasgupta和Beard在Community Driven Development，Collective Action and Elite Capturein Indonesia中表示：精英群体是在集体活动或行动过程中能够突出影响力的个体，精英权力则是通过土地占有、家庭结构、地位、财富以及政治宗教等加以渗透。[①] Lewisand在A Tale of Three Villages：Power，Difference and Locality in Rural Bangladesh中表示对于中下层的民众而言，他们会不自觉地或无意识地服从精英领导者的领导。[②]Olken在Monitoring Corruption：Evidence From A Field Experiment in Indonesia中提及了精英是监管项目执行或管理项目过程的个体，通过他们的论述内容看，精英是在社区基础上发现项目的个体。[③] 在关于地方精英的研究中，Dasgupta和Beard表示地方精英实际上就是在地方上占有不相称比例经济、政治与社会权力的个体，精英在地方权力获取上凭借了社会地位和经济基础。[④]综上可以看出，西方学者们对精英定义分为两个方面：道德信仰和价值观。其中，以道德信仰作为定义标准的学者认为，道德高尚、信仰坚定的人可以称之为精英；以价值观作为定义标准的学者认为，价值中立的人可以称之为精英，他们均以客观存在的社会现实为研究基础。例如，帕累托的"现代精英理论"就依据活动领域中的层级对精英作出了定义，他认为，精英就是在活动领域中掌握最高权力的个人或间接掌握最高权力的个人。通过梳理帕累托对现代精英理念后，发现后来西方学者将精英概念的解释引申到社会经济领域中，则社会中具

---

① ④　See Dasgupta and Beard, Community Driven Development, Collective Action and Elite Capture in Indonesia, *Development and Change*, 2007, 38(2).

②　See Lewis and Hossain, A Tale of Three Villages：Power, Difference and Locality in Rural Bangladesh, *Journal of South Asian Development*, 2008, 3(1).

③　See Olken, B.A, Monitoring Corruption：Evidence From A Field Experiment in Indonesia, NBER Working Page Number W11753.

有重要作用的个人或集团均可以称之为精英。①"若是按照社会学发展标准上看，社会精英则是在权力、声望和财富等方面占有较大主动权的个体或群体"②，上述分析内容即西方学者对精英的理解概述。

国内学者对精英概念的解读有很多与国外学者是不一致的，其中最大差别是国内学者认为精英是针对个体而言的，而非针对群体而言的。精英是在社会各领域中能力超强的个人，并围绕能力、权威两个方面对精英个人作出了具体解释。关于乡村精英，张英魁给出的解释是："乡村精英则是在政治、经济、权威、能力等各个方面具有相对优势，能够带动乡村发展和乡村村民发展的个体，乡村精英最大特征则是自我意识和参与意识较强。"③王中标表示乡村精英是乡村社会中具有经济优势、能力优势、社会背景优势的个体，并能够运用这些优势在乡村建设发展中做出一些成就，从而帮助乡村居民实现更好的发展目标，乡村精英具有权威性，它是乡村社会中的一员。④

所谓乡村治理精英便是在乡村社会中从事治理的精英，通常学者们会将其视为村落利益的代理人和维护者，但具体的理解又有所不同。总体来看，国外的研究侧重于基于对中国的观察进而进行理论的剖析，国内的研究则侧重于对实践经验的总结与探索。

乡村治理精英是乡村基层领袖，杜赞奇在《文化、权力与国家：1900—1942年的华北农村》一书中将其的角色定位为国家与乡村社会之间的"经纪人"。在此基础上，将"经纪人"这一角色细分为了"赢利型"和"保护型"

---

① 参见龚晓洁、丛晓峰、苟天来：《农村发展中的困境——精英掠权和精英庇护的研究综述》，《西北工业大学学报》（社会科学版），2010年第2期。

② 宣朝庆：《地方精英与农村社会重建——定县实验中的士绅与平教会冲突》，《社会学研究》，2011年第4期。

③ 张英魁、李兆祥、孙迪亮：《重视乡村精英在新农村建设中的作用》，《光明日报》，2008年1月26日，第7版。

④ 参见王中标：《"乡村精英"发挥作用的制约因素及对策》，《特区经济》，2007年第10期。

两种,[①]"经纪人"模式中突出了地方精英个体能够更好地处理国家与乡村社会的关系,能够在对二者的处理上存在一定的独立性,要知道任何社会群体都不会是某种制度或政治结构的影子,而是会基于政治制度框架内思考如何实现自我利益最大化,通过新制度或新结构影响到更多行为主体。部分研究将乡村治理类精英纳入了地方干部范畴中,并将地方干部定位为国家代理人、地方利益代理人,因此地方干部兼具双重身份,他们肩负调节国家、乡村及村民关系的关键任务。基于此,他重点提出了中国农村政治系统存在庇护性,并表示在中国乡村系统中,地方治理精英通过资源控制,构建了以精英为核心的内部关系网络,而具有庇护性的政治系统与世界其他地方和中国过去所存在的政治庇护系统在本质上具有同质性,其内在的逻辑是通过权威赋予来获得更好的庇护和忠诚。

中国乡村社会中,村干部担任代理人的角色,一方面他们要按照上级政府的要求和指示执行各种事务;另一方面还要不断协调村民利益与政府利益,维护好村民利益不受伤害。正如Helensiu在研究中提到的,地方干部的合法性权威来源于国家,这也就是说地方干部对于权力的使用必须以国家的意识形态和方针政策为前提。因此,他们是被国家同化的干部,代表了国家利益,而非村民利益。更确切地讲,这些地方干部是国家和党的代言者。但是Viviennesllue的研究则表示,基层干部当然需要忠诚自己所在的社区,否则在执行上级指令中谁还会去配合执行;不能否认基层干部是国家机器的组成部分,他们同样也为保护群众利益增加了一道天然屏障。因此,基层干部代表的是社区民众利益和国家利益,他们肩负双重责任。

从另一方面看,部分学者提出了乡村治理精英的所有治理活动都是

---

① ［美］杜赞奇:《文化、权力与国家:1900—1942年的华北农村》,王福明译,江苏人民出版社,2003年,第127页。

从国家权力结构和村庄权力结构出发的，并表示乡村精英作为国家权力代表与村民权利代表，二者关系是相互矛盾的，并通过实证论证了在村民自治实践活动中，乡村治理精英会发生改变。比如吴毅的研究就对精英的双重角色进行了深入分析，他表示:"乡村治理精英是'站在村庄之外看村庄而做出的制度主义推论'，'只是村干部角色与行为的应然状态'。"①尤其是在一些集体经济十分薄弱甚至是没有集体经济的乡村社会中，这些治理精英更像是"撞钟人"或"守夜人"。张静分析了地方授权发展并回顾了地方政权演变进程，总结了在中国乡村公职角色中，乡村治理精英的冲突角色定位，表示乡村治理精英是一个矛盾的角色，一方面承担了国家利益的重任，另一方面还要代表村民利益。在乡村治理过程中如何将二者利益融为一体，并不是单独依赖一个精英就能实现的，更需要审视当前的组织制度和治理系统，从本质上讲这是政治社会学的问题。②申静、陈静从村民视角分析了乡村治理精英在乡村建设发展中的作用，将其定位为村庄的"弱监护人"，并总结了外部市场因素影响了乡村治理精英的角色定位。③郑欣侧重分析了乡村治理精英的没落发展，总结了这些精英群体在村民自治中扮演的角色，正是因为角色带有冲突性，导致了很多村民会怀疑其权力合法性，进而引发新矛盾和危机。④徐增阳、郑迎春表示乡村治理精英在村庄中扮演了三种角色:国家任务推行者、集资资产经营者和公共产品提供者。⑤唐晓腾总结了当前社会主义新农村发展中，乡村治理精英正处

---

① 吴毅:《村治变迁中的权威与秩序——20世纪川东双村的表达》，中国社会科学出版社，2002年，第167页。

② 参见张静:《基层政权:乡村制度诸问题》，浙江人民出版社，2000年。

③ 参见申静、陈静:《村庄的"弱监护人":对村干部角色的大众视角分析——以鲁南地区农村实地调查为例》，《中国农村观察》，2001年第5期。

④ 参见郑欣:《乡村政治中的博弈生存》，中国社会科学出版社，2005年。

⑤ 参见徐增阳、郑迎春:《现阶段乡村公共财政危机与治理——鄂东南X镇个案分析》，《湖南农业大学学报》(社会科学版)，2000年第3期。

于尴尬矛盾的环境中,这些尴尬矛盾源于利益冲突,政府利益、村民自治利益和治理精英所代表的利益,之间都是相互矛盾的。①王思斌较全面地论述了自改革开放后乡村治理精英的行为模式,并在论文中构建了边际效用模型,分析了乡村治理与精英地位、行为的相关性,从而将乡村治理精英定位为官方系统和民方系统的"边际人"。②

　　乡村治理精英群体的发展演变折射了在相应时期国家与社会的关系。关于国家与社会关系的研究可以追溯到启蒙时期思想家们的相关论述中。他们所提出的"社会本体论",就是围绕着国家与社会之间的具体关系而展开的,其内涵是通过自然法预设和社会契约构建,从而协调好国家与社会的关系。诸如卢梭在《社会契约论》中强调了"主权在民和天赋人权",认为国家形成是人们根据一定的契约而进行的意愿组合。因此,社会是先于国家而形成,并且高于国家的体系。③斯密所创造的古典经济学理论,提出了社会是独立国家的实质内容,国家是政治工具,社会则是市民群众的组合体。黑格尔在研究中也提出了国家本体论,强调国家能够弥补市民社会的短板,通过特殊利益整合,从而构建一个普遍利益的共同体。就连在马克思恩格斯的论述中,也讨论了国家与社会关系,认为国家和社会之间存在着既对立又统一的一种内在关系,国家是在社会的发展过程中逐步发展起来的,并且将随着社会成熟性的不断提升,最终又重新回归到社会之中。同时,他们还强调了国家是具有一定独立性的,它独立于社会之外,甚至在某些情况下还具有凌驾于社会之上的力量。

　　发展到工业革命后期,随着社会分化和社会结构丰富发展,关于国家

---

　　①　参见唐晓腾:《村干部的"角色冲突"——乡村社会的需求倾向与利益矛盾分析》,《中国农村观察》,2002年第4期。

　　②　参见王思斌:《村干部的边际地位与行为分析》,《社会学研究》,1991第4期。

　　③　参见[法]卢梭:《社会契约论》,陈红玉译,译林出版社,2011年。

和社会关系的研究呈现出多元化理论特征,多元主义强调社会于国家具有积极影响,社会是主动者,是优先于国家而产生的,是独立于国家之外的体系,不会受到外界运行逻辑的影响,具有自主性和独立性。综合对比多元主义的国家理论和回归国家学派的观点,可以看出一些共同特征:都强调两个中心的地位,即社会中心和国家中心。随着理论研究的不断进步,不少学者对于将国家和社会放置在二元对立状态中的"社会中心理论"和"国家中心理论"提出了批判和反思,并以此为基础,提出了国家的权力运行是有一定限度的,即"国家限度理论",以及在社会权力运行中公民是具有主体地位的,即"公民社会理论"。他们认为,"社会中心论"会导致政府失灵,"国家中心论"会带来"社会失灵"。在反思的基础之上,形成了一种融合国家理论和社会理论的第三种理论体系视角,即"国家-社会"视角。

赵文词总结概述了20世纪50年代至90年代美国学者关于中国国家社会关系的研究成果。在20世纪中叶,国家与社会关系被认定为是国家意识形态和组织发展的必然结果,[1]魏昂德在研究中对国家与社会关系运用了集权主义作解释和概括。[2]发展至70年代,帕森斯宏大理论的终结、现代化的普遍性也被更多学者提出反对声音,诸如第二代美国社会学家表示中国不同于其他国家,要想研究中国社会,必须从中国各个群体入手,中国的一些传统力量在发展中也发挥了一些影响作用,比如传统旧社会组织、传统的风俗文化等因素,这势必会与新建立的国家政权不相容,进而引起各种矛盾摩擦,现代中国政权就是国家机器与这些群体之间磨合发展的

---

① 参见赵文词:《五代美国社会学者对中国国家与社会关系的研究》,载《改革开放与中国社会——西方社会学文献述评》,香港牛津大学出版社,1999年,第35~36页。

② 参见魏昂德:《现代中国国家与社会关系研究:从描述现状到解释变化》,载《改革开放与中国社会——西方社会学文献述评》,香港牛津大学出版社,1999年,第57~71页。

过程。

发展至20世纪80年代,美国学者又提出了国家社会渗透的观点,并且多数学者基于中国基层干部日常活动和政治行为对此展开了深入分析。诸如赵文词的研究提出了中国村干部的行为在很大程度上受到了中国传统文化的影响,国家与社会关系既存在个性化特征,又存在普遍性特征,混合了很多原有的、现代的影响因素。戴慕珍着重分析了中国乡村社会当中的政治庇护系统,以"庇护人"为基础探讨了中国乡村社会中的依附关系,同时阐述了国家与社会相互渗透的逻辑关系。华尔德的研究揭示了在中国传统文化社会影响下,中国乡村社会政治系统中出现了"庇护人"与"守护人"。当然这种关系不是普遍性的行政系统规则。[①]

受到哈贝马斯资产阶级公共领域理论的影响,美国第四代社会学者创新了很多概念,诸如公民社会、公共领域等,这些都是形容国家与社会之间的关系的,多数观点都基于二元对立的视角,探讨了中国近代发展历史中国家与社会之间的关系。随着后现代主义的影响,学界开始接受"国家–社会单一理论"和"普遍性理论",并强调了在社会的发展过程中社会发展进程逐步呈现出多元性和复杂性的关系特征。

二、乡村治理精英与中国乡村

(一)民国时期乡村现代政权建设中乡村治理精英的转化与分层

首先,"国家迫使士绅向'权绅'转变"[②]。在20世纪20年代至30年代之

[①]　参见华尔德:《共产党社会的新传统主义——中国工业中的工业环境和权力结构》,香港牛津大学出版社,1996年,第12页。

[②]　贺海波:《差序治理:国家与社会的分层互动》,华中师范大学博士论文2014年。

间,以晋西北地区为重点区域展开了基层政治变革,士绅转型为权绅。渠桂萍在研究中总结了这一转化的驱动因素主要集中在三点上:一是在村制发展过程中,以阎氏政府为代表,希望可以获得更多乡村士绅的支持,从而推动政治上的稳定发展;二是通过权威基础转化,让权绅更具合法性,尤其是在乡制推进过程中,各级自治机构中的公职人员必须得到官方审核之后才能有权在地方上实施管理,换言之,权绅威望是上级赋予的;三是社会公职由国家与士绅的交互领域进入阎氏政府正式的管辖范畴。

通过其研究内容可以看出,士绅转型权绅的因素是多方面的,阎氏政府政治势力和政治力量需要扩充,以权绅为代表的地方力量能够帮助其政治集团更加稳定,从而获得更多基础力量的支持;对于转化后的士绅群体而言,他们被合法化,更是借助了阎氏政府集团实现了其地位与声望的提升,使其在地方管理区域中更具有权威性,同时还可以借助民众力量去抵御上级政府的渗透,从而更好控制地方社会。从历史发展结果上看,乡村社会利益关联弱化的"权绅"并没有成为真正的阎氏政府代表者,他们维护和追求的是自身利益的最大化。在政治运作中,更多"权绅"体现了自主性,他们只是代表本层阶级的基本利益而已,他们是独立于国家、社会之外的治理精英群体。①综合对比看,上述研究内容与杜赞奇研究内容有很多相似性,他们反映了乡村治理精英从"保护型经纪人"向"赢利型经纪人"转型发展。但是对于乡村治理精英在国家或社会的地位存在不同解释,在杜赞奇的论述中,乡村治理精英角色转变正是发生在现代政治对传统乡村的冲击使权力文化网络断裂的时期,乡村治理精英也是出于盈利考量,与国家关系更加紧密;揭示了乡村治理精英处于国家和社会之间,通过上下联动,借助国家赋予的权力角色,结合民众资源,在国家与民众

---

① 参见渠桂萍:《20世纪20—30年代中国乡村社会权威在基层政治中的变动趋向——以晋西北乡村为例》,《社会科学辑刊》,2004年第3期。

的夹缝中斡旋。

其次,乡村治理精英的分化与冲突。在民国时期,乡村治理精英多元化发展,逐渐分为了士绅与知识分子两部分,诸如1933年晏阳初在河北定县领导组织县政建设实验,地区士绅与平教会发生了较大矛盾,矛盾主要体现为:士绅的不满情绪制造了更多社会舆论,这也可以看出士绅阶层已经在乡村系统中逐步走向没落。平教会突出对青年干部的培育和发展,并让更多青年参与到农村建设中,这样士绅在乡村权力结构中的重要位置就会发生倾斜。深层上看,权力结构发生改变的原因为:一是士绅阶层在农村经济破落发展的情况下依然进行营利活动,搜刮民脂民膏,致使更多群众对其不满;占用了民众土地,并发放高利贷,严重损害了民众利益,导致社会群众对士绅阶层抱怨连连。二是士绅阶层的封建思想严重阻碍了国家现代化政权的发展,尤其是在乡村建设上,平教会之所以冷落士绅,实际上就是二者对国家现代化政治建设的看法不一表现。[1]知识群体在这一阶段中逐步取代了士绅阶层,开始成为乡村建设的重要力量,但正是由于士绅阶层的抵抗,导致了新政建设实验无法顺利进行,最终以失败告终。

(二)中华人民共和国成立后至改革开放时期乡村治理精英的国家化

在新中国成立之前,土地改革彻底击碎了士绅管理模式,地主阶级政权被扳倒了,陈旧的乡村政权被粉碎。在民主政权建设过程中,中国共产党在马克思理论的引导下,创新性提出了建设农村民主政权,构建了党政合议政治体制,从而成立了一支乡村治理精英队伍。队伍成员多数都是农民中的骨干或积极分子,他们取代了乡绅阶级,中国农村进入了全新建设

---

① 参见宣朝庆:《地方精英与农村社会重建——定县实验中的士绅与平教会冲突》,《社会学研究》,2011年第4期。

发展中，地方政府与中央政府保持了高度一致性，作为农村代理机构，它们并非自治机构。从20世纪中叶开始，国家就在农村开展了"整党整风"活动，希望能够改变基层干部政治面貌，提高综合素养，强化控制管理。但在实践过程中发现，政府在直接统治上呈现了分散性，在对很多个体经济农户的管理中消耗了大量成本，为此国家尝试将农户们整合一体，构建互助组，又发展为人民公社，实现了政社合一，让更多农村资源集中在人民公社中，这是乡村治理的一大创举。①

与之前乡村治理的办法相比，人民公社的建立具有创新性，它作为新型行政管理模式，在改革开放开启之前的发展中，的确对国家治理和农村治理发挥了重要作用，但是在这一模式影响下，农村社会不仅受城乡二元结构的隔离，还受组织军事化、行动战斗化、生活集体化的人民公社的控制，此时乡村治理精英则是大队干部，他们集经济权、政治权和文化权于一身，与传统精英不同，他们对村民行为实施了软约束，代表了国家管理权，在其模式发展中，中国社会被分为了国家与民众二元结构。从深度和广度上看，国家渗透到基层组织中，原有乡村经营已经不复存在。②这一时期，乡村精英者们成为了国家代理人，而不是乡村代理人。

在学术研究中，很多学者表示人民公社体制实际上就是国家提取农村资源，用作国家工业建设的工具。这也就促使了乡村治理精英们并不是代表了乡村利益，其维护的是国家利益。在人民公社制度下，他们对农民的生产、生活等实施了集中统一管理。③基于此机制，乡村治理精英成为国家意志实现的工具，他们很少会为村民利益考虑而不去执行上级命令。换

---

① 参见武力：《中国乡村治理结构演变的历史分析》，http://www.hprc.org.cn/，2016年6月12日。

② 参见刘红旭：《乡村秩序建构中的村庄精英历史嬗变》，《经济研究参考》，2012年第33期。

③ 参见吴毅：《人民公社时期农村政治稳定形态及其效应——对影响中国现代化进程一项因素的分析》，《天津社会科学》，1997年第5期。

言之,群众利益的保护者并不是他们。国家对乡村实施的高度集中管理,也让国家获取了更多资源以运用到工业建设中。

(三)改革开放以来至农村的税费制改革乡村治理精英的多元化状态

改革开放以后,国家对于乡村社会的控制逐步放松,乡村社会在家庭联产承包责任制的推动下,发生了重大的变化。乡村社会也在经济制度的影响之下出现了分化的趋势。具体表现为,在经济领域、政治文化领域均出现了不同类型的乡村精英,其中部分精英在组织化和村民自治的实践过程中,成为从事乡村治理的内部精英。当然,体制外的精英发展也呈现了多元化特征,国家对乡村经济的控制开始放松,农村经济发展中出现了家庭联产承包责任制,鼓励通过一部分人富裕带动更多人富裕。在这样的发展机遇中,一些擅长经营与管理的农村人,开始包场子,开发各种发展项目,在这期间农村经济得到快速发展,国家对农村的政治控制也开始减弱,乡村政治宗族因素、宗教因素等重新恢复,发展又产生了宗教精英或宗族精英。在金太军的研究中将乡村治理精英划分为了两拨:体制内的乡村治理精英和体制外的乡村治理精英。[①]在笔者的理解中,这两种类型可以从显性治理和隐性治理这个角度去区分, 即体制内精英所从事的治理为显性治理,而体制外精英所从事的治理为隐性治理。就治理成效而言,后者要优于前者。后来,在关于乡村治理精英研究中均采用体制内外的划分方法,但是需要明确这类划分方法并非最理想的,只是为了方便分析研究,故作了体制内外的划分,但是在实践工作中,关于乡村治理精英的区分要复杂得多。诸如体制内的精英会与经济精英、宗教精英融合一体。多样化、复杂化成为了这一时期乡村治理精英的主要特点。

---

① 参见金太军:《村庄治理中三重权力互动的政治社会学分析》,《战略与管理》,2002年第2期。

不同类型的乡村治理精英所实现的乡村治理效果也是有所不同的，乡村治理模式在这一阶段也出现了多元化的态势，大致存在四种类型。第一种是行政主导型：从表面上看村民委员会这类组织是群众自治组织，但在村级治理过程中则是村领导干部按照上级命令执行，群众自治的成分基本不存在，多数都会被政府"领导"所覆盖。第二种是权威主导型：乡村治理会被集体中某一强势力量者所主导，诸如宗族长老、家庭中的权威者、宗教领导人等，这些力量会成为村落治理的核心力量，这也是延续传统历史的体现。第三种是现代能人型：以经济能人或政治能人主导乡村治理，他们在市场经济发展中通过个人能力脱颖而出，在乡村中具有一定公信力，在村民中具有影响力，在乡村治理中会更加主动。村民自主参与程度较低，大都处于服从的角色。第四种是失控型：乡村治理中缺少精英治理；精英外流、村委组织构建不完善、村民放任自由呈现懒散状态，根据统计显示在我国农村系统中有近3%的村庄是属于失控型的。①

这一时期，不同的乡村治理模式为我们展现出来的便是国家与社会之间的一种动态型联结。具体则是通过乡村治理精英群体联结国家的动态变化表现出来的。在行政主导型的乡村治理模式中，乡村治理精英是非常忠诚于国家的，对上级政府下派的各种指令都会严格执行和贯彻；在权威型乡村治理模式中，乡村治理精英呈现了多面化特征，有些时候会依循国家政策执行贯彻，有些时候会为了保护宗族利益拒绝履行国家政策，在乡村和谐发展中积极争取更多资源和条件。因此，这部分乡村治理精英具有双重身份，他们代表的是国家和乡村，在不同场景中转换着不同角色。在现代能人型治理模式中，很多能人体现了经营能力和管理能力，他们带领全村村民走上了富裕发展之路，与村民实现了伙伴联盟关系，但这种关

---

① 参见侯景春：《当代中国村民自治中的精英治理》，吉林大学博士论文2006年。

系是不稳定的,一旦利益目标失败,伙伴关系就会破裂。

(四)后税费时代①的"富人治村"

关于"富人治村",这一现象在中国社会是在20世纪末才出现的,并成为非常普遍的社会现象。在特定政治环境和社会环境中,一部分富人带动了村庄的发展,越来越多的学者在关注富人治村的积极性的同时,开始挖掘其背后的潜在问题。因此,近些年来的相关研究成果主要是对政策与实践的一种反思,这与近些年来从沿海到内陆逐渐推进的富人治村越来越多有关。富人治村更多体现了政治、经济和文化之间的关系,在郭剑鸣研究中,就引入了浙江富人治村的案例,总结了富人治村的定义,即村民因富、因义、因贤获得一定声望权威,从而成为治理乡村的精英群体。在改革开放中,中央号召让一批人先富起来,再去推动另外一批人富起来;对于先富者们,他们在经济创收、乡村治理中发挥了重要引领作用,村民更信任这些先富者能够带领他们走上致富道路,在村委班子选举中也更倾向于这部分先富者。②若是从制度经济学的角度看,"富人治村"实际上就是诱致性制度发展的结果。受到二元城乡体制的影响,农村出现了空心化特征,农村问题更加突出,为此国家构建了"带头先富""带领致富"等的建设发展标语,通过权力经营与经济经营联盟,共同实施了富人治村,并通过践行验证了这一治理模式具有可行性和可取性。③由此可见,富人治村是

---

① 农村税费制改革:新中国成立以来,中国农村继土地改革、实行家庭承包之后的第三次重大改革。其主要内容可以概括为:"三取消、两调整、一改革"。其中,"三取消"是指取消原先在乡村社会中征收的三类税费(主要包括了集资费、屠宰税和义务工);"两调整"是指调整现行农业税政策和调整农业特产税政策;"一改革",是指改革现行村提留征收使用办法。

② 参见郭剑鸣:《浙江"富人治村"现象剖析——基于浙江金台温三市7个村的调查研究》,《理论与改革》,2010年第5期。

③ 参见高杨、叶萌、王颖等:《"富人治村"现象的成因考察及其隐忧探析——基于浙江义乌市7个村的实地调研》,《经济视角》,2011年第14期。

国家与社会共同营造的一种社会存在，而在富人治村过程中产生的乡村治理精英更加凸显了国家与社会的一种互动性联结。

本章小结

综合本章分析，我们可以看出，从国家的视角观察中国的乡村社会，存在的问题是过于强调国家与社会的二元分野，忽略了两者之间的互动逻辑。从文化视角观察中国的乡村社会，显示出来的不足在于过于重视网络结构秩序的构建。从精英的视角观察中国乡村社会，存在过于强调个人在秩序构建中的功能的问题，忽视了来自于国家和乡村社会内部的治理互动。如何规避这三种研究视角存在的问题，成为了本书选取研究视角的主要关注点。

表2-1 乡村治理相关研究视角分析

研究视角	分析结构	研究不足
国家视角	乡村控制	国家与社会的二元分野
文化视角	乡村建设	过于重视网络秩序的构建
精英视角	乡村治理	过于强调个人在秩序构建中的功能

综合分析国家视角下的乡村控制、文化视角下的乡村建设及精英视角下的乡村治理，我们发现，其实可以将其总结为两个具体的观点：一个是"乡村控制"说，另一个是"乡村政权"说(文化视角下的乡村建设从本质上来看是乡村政权建设)。通过分析可以得知，"乡村控制"说强调了在中国对于乡村治理的控制是通过所谓的"自治"结构来实现的，但是任何一项制度的构建，恰恰是为了服务于国家的控制，作为一种君主专制时期的统治手段，"乡村控制"说的确能够与君主专制的命题想吻合。这也说明了这一观点的历史局限性，尤其在当前，中国已经摆拖了君主专制的束缚，

成为了一个真正的社会主义民主国家，这种"乡村控制"的治理学说已经完全不能解释当前中国乡村社会的转型与发展。"乡村政权"说则更加重视乡村社会内部之间的民主建设与发展，强调村民自治的积极效应与现实意义，这对于解释当前中国乡村社会的发展和民主化建设的确有一定的借鉴意义和参考价值。但是这一学说最重要的问题在于乡村社会与国家治理的剥离。也就是说，这一学说在强调国家与乡村社会之间的联结时，没有真正地将乡村社会的治理纳入到国家治理的大局之中，缺乏了一个较为宏观的分析视角。

无论是"乡村控制"说还是"乡村政权"说，均强调了乡村治理人的功效，其中，"乡村控制"说强调乡村治理人为形式上的自治代言人，究其本质还是国家控制乡村社会的代理人，他们所代表的还是君主专制利益集团的利益；"乡村政权"说则认为乡村治理人是乡村民主的贯彻者和执行者，在他们的带动下，乡村社会真正成为了一个践行民主和自治的空间。这两种对于乡村治理精英的解释视角均具有一定的合理性，但是依然存在着一个问题就是没有从乡村治理精英的权威来源和身份来源等方面进行思考。

表2-2　本书研究视角分析

视角	分析结构	关注点
组织化视角	乡村振兴	从组织化视角出发，以乡村治理精英为切入点推动乡村振兴的路径

那么我们该如何看待当前我国现代化转型过程中的乡村治理和乡村治理精英呢？本书认为：应当站在中国国家体制的维度进行思考，站在国家治理的宏观视角进行思考。具体而言，正如陈明明在《在革命与现代化之间——关于党治国家的一个观察与讨论》中的导言部分所讲的："在中国这样一个后发展国家，社会力量的薄弱性使得国家现代化建设的动力不是来自于社会的自组织力量，而是依靠相应的政治权威来推动国家的现

代化建设。作为一种政治权威主导型的现代化建设路径,有着对于中央集权的天然偏好。对中国的现代化逻辑而言,中央集权的特殊意义在于,它是推动旧制度消亡的重要力量,也是促进社会变革的一个内在动力,同时也发挥着利益分配和资源分配的作用。也就是说,在中国这样一个资源贫弱的国家中,要想实现新制度的建设和新生活方式的确立,是无法用一种自然过渡的方式来完成的, 这就需要充分依赖于人的主观能动意志和政权力量去完成构建。从形式上看表现为国家政权力量的推动和支持,从本质上看体现为作为国家领导核心的党的决策和调度。"①因此,关于中国乡村社会的研究,我们也应当放在这样的一个逻辑中进行思考,要充分考虑我国国家体制的底色,充分考虑中国国家治理现代化转型的内在逻辑,从党的组织化视角去看待中国乡村社会的治理演变, 去看待中国乡村治理精英的行动逻辑。本书在接下来的分析中也将着重从这个视角去剖析中国的乡村治理和乡村治理精英的行动逻辑,并从乡村治理精英的视角,去探索乡村振兴战略实施的路径。

---

① 陈明明:《在革命与现代化之间——关于党治国家的一个观察与讨论》,复旦大学出版社,2015年,第13~14页。

第三章　乡村的组织化再造

　　近代以来,中国乡村社会的治理水平有了显著的提升。如何看待中国乡村社会发展过程中所取得的巨大成就,成为了研究者们普遍关心的问题之一。在乡村治理的相关研究中,"乡村控制说"和"乡村政权说"已经不足以全面展示中国乡村治理的生动图景和内在逻辑。也就是说,研究中国的乡村治理不能单纯地从乡村控制的角度去分析乡村秩序的构建,也不能单纯地从乡村政权的角度去分析乡村社会内部所构建出来的自治空间。而应该从国家制度的角度出发,从政党制度运行的合理性出发,将乡村治理的研究纳入到国家治理体系发展的过程中进行思考。政党是现代国家治理的发动机,它为国家这座机器注入原始能量。政党借助组织化机制达到驾驭社会、引领社会和塑造社会的目的。政党组织化程度与现代国家治理体系的成熟程度成正比。完全依靠个体和传统力量的政党是无法完成新型政治秩序构建的。①正如亨廷顿所讲:"没有组织的参与堕落为群

---

　　①　参见刘建军:《党建引领:上海基层治理的政治逻辑》,《党建通讯》,2016年10月25日。

众运动，缺乏群众参与的组织堕落为个人宗派。"①组织在近代中国乡村治理发展过程中发挥了重要的作用。可以说，组织决定着中国乡村的发展命脉，乡村在组织化的过程中实现了再造。本章将着重分析共产党初创时期对于乡村社会的组织化改造。

第一节　组织方式

中国共产党在1922年7月第二次全国代表大会上曾为其组织性质下了一个明确的定义："中国共产党是中国无产阶级政党。他的目的是要组织无产阶级，用阶级斗争的手段，建立劳农专政的政治，铲除私有财产制度，渐次达到一个共产主义的社会。中国共产党为工人和贫农的目前利益计，引导工人们帮助民主主义的革命运动，使工人和贫农与小资产阶级建立民主主义的联合战线。"②但早期共产党中的党员，大都是经过五四运动洗礼的知识分子，与同时代的知识分子团体具有共同的困惑，那就是思想上的复杂性和组织上的松散性。因此，当知识分子党员试图去动员工农群众来实现理想抱负的时候，难免会遇到理想与现实之间的一些差距。这就致使了早期共产党组织在吸纳成员、扩大规模的过程中没有很好地贯彻最初的想法，去动员组织农民和工人，而是更多地吸纳知识分子。虽然说中国共产党会选派一些在城市里活动的共产党员到农村地区开展活动（在当时称之为"下乡活动"），但是知识分子下乡面临的两个重要问题：一是下乡时机的偶然性。早期共产党的活动大都集中在城市地区，一旦城市

---

① ［美］亨廷顿：《变化社会中的政治秩序》，王冠华、刘为等译，上海人民出版社，2008年，第336页。

② 《中国共产党第二次全国代表大会宣言》，1922年。

里的知识分子由于某些原因离开了城市，就将致使城市的共产党组织活动难以开展，甚至会带来城市组织的瘫痪、瓦解。因此，早期中国共产党下乡的知识分子党员都是在寒暑假期间回乡活动，假期结束便又必须得回到城市，其在乡村建立的组织往往也会随之瓦解。二是下乡活动地点的偶然性。早期共产党在乡村的发展地点并没有进行刻意地安排和规划。大多数早期中国共产党乡村组织的发展，常常局限在回乡知识分子的家乡及其私人关系所能触及的地方，更多的是知识分子回乡求职的场所，诸如小学、私塾等。

因此，在北伐战争之前，整个中国乡村的组织建设都处于一种十分薄弱的状态。总体来说，中国共产党主要借由来自乡村地区前往城市求学的知识分子党员的中介作用，使得组织的势力渗入到乡村地区。这些地方精英出身的知识分子党员，从一开始就表现出了鲜明的两面性。[1]一方面，他们作为组织向农村延展的重要媒介，使得中国共产党得以在农村建立起最初的地盘。鄂豫皖苏区便是由这些北伐之前所建立的组织势力逐渐发展而成的。另一方面，早期知识分子党员回乡活动基本都是在中国共产党的指示下所进行的，其回乡活动的时间、地点、对象及其活动形式都缺乏主动性、组织性、针对性和计划性，一些活动也非中国共产党上层组织所能控制。从这一层面上来讲，中国共产党早期在乡村社会中的组织化以及农民的自组织化运动反而受制于这些知识分子。虽然在同一时期国民党也着力于中国乡村的组织化改造，但最终因其与中国传统社会基础乡绅势力的天然联系，使其无法进行内部的格局整合，[2]这也决定了其无法真

---

① 参见陈耀煌：《共产党·地方菁英·农民——鄂豫皖苏区的共产革命（1922—1932）》，中国台湾政治大学历史学系，2002年，第113页。

② 参见陈明明：《在革命与现代化之间——关于党治国家的一个观察与讨论》，复旦大学出版社，2015年，第37页。

正与中国乡村社会进行联结,完成乡村社会组织化过程,最终导致革命的失败。得益于共产党在组织上所具有的自适性和内调性,在组织化的实践过程中发现了一条符合中国革命现状和实际的组织化发展道路。中国共产党在中国乡村社会进行组织化实践的方式和途径基本可以概括为动员、整合和纠偏三个方面。

图3-1 组织方式

其中,动员是组织化实现的基础,它为组织化的开展和革命的最终胜利奠定了坚实的乡土基础和群众基础;整合是组织化维持的保障,整合即资源的整合,利益的共享,它以利益为媒介,让广大乡村地区的人民感受到组织化的切实效果,成为调动广大乡村社会支持共产党革命、保障组织化持久性的保障;纠偏是组织化扩散的动力,是共产党强化自身建设的一个重要过程。通过纠偏的实践,中国共产党不断在乡村社会中树立正面的形象,增强乡村社会尤其是广大农民对于中国共产党的认同感,进而提升组织在乡村社会中的影响力,推动组织化的不断扩散。

一、动员

正如亨廷顿所言:"强大的政党发展的动力来源于两个方面,第一是高水平的政治制度化，第二是高水平的群众动员和群众支持。'动员'和'组织'作为共产党政治行动的孪生口号，为增强政党的力量和确保政党的持续性提供了基础条件。"①尤其在革命的初创时期，共产党要想掌握革命的领导权，必然会采取恰当的方式来广泛动员人民参与到革命事业之中，农村地区则成了最为重要的群众基础来源。中国共产党革命的特点在于当它被暴力排除在既存的国家体制之外便实行武装割据，建立与国家体制对抗的军党合一、党政合一的革命政权，并由此形成了运作政权的独特方式——大众动员。②理解共产党的大众动员，是分析共产党组织化的一个重要基础。共产党在革命时期的大众动员体现在中国革命取得胜利的"三大法宝"之中。"十八年的经验，已使我们懂得：统一战线，武装斗争，党的建设，是中国共产党在中国革命中战胜敌人的三个法宝，三个主要的法宝。这是中国共产党的伟大成绩，也是中国革命的伟大成绩。"③

第一，统一战线。毛泽东同志在1935年发表了《论反对日本帝国主义的策略》，其中对当前国家社会时局作出了总结，并提出了统一战线的思想，他表示："对于要想防止冒险主义的燃起必须建立统一战线，要让更多民众觉醒，包含了小资产阶级、民族资产阶级等，将更多反体制力量融合进来。"④

第二，武装斗争。这也是毛泽东论述的重要观点之二，中国共产党地位及无产阶级政权都是依靠武装斗争实现的，若是没有了武装斗争，任何革命任务都不可能实现。⑤因此，坚持武装斗争是未来建设和发展的重要

---

① ［美］亨廷顿：《变化社会中的政治秩序》，王冠华、刘为等译，上海人民出版社，2008年，第336页。

② 参见陈明明：《在革命与现代化之间——关于党治国家的一个观察与讨论》，复旦大学出版社，2015年，第38页。

③ 《毛泽东选集》（第二卷），人民出版社，1967年，第567~576页。

④⑤ 《毛泽东选集》（第一卷），人民出版社，1991年，第142~169页。

形式,在全国范围内都要实施起来,中国革命取胜的关键也在于此。

第三,政党建设。革命阵营的迅速扩大使得组织系统内部难以及时地过滤异质的成分。也就是说,在迅速扩大的过程中必然会导致内部成分的复杂性变大,难以保证非无产阶级思想对于组织内部的侵蚀。基于这样的考虑,持续在党内开展布尔什维克运动成为解决因革命阵营迅速扩大所带来的一致性的最佳手段。统一战线、武装斗争和政党建设,关键力量在于人民群众,共产党员要深入到农村发展中,深入到农户家庭中,去动员更多群众力量,将政权建设与经济建设融合为一体。①

而开展动员的关键在于从思想上对乡村社会的群众进行改造。以土地改革为例,在整个土改过程中,最大的工作任务就是对农民进行思想改造。这一过程的核心任务有两个方面:一是彻底消除中国乡村社会中固有的一些封建落后思想;二是通过动员、教化等途径来提高乡村社会中农民的思想觉悟。通过这两种途径在乡村社会中确立阶级意识与阶级形态,并以此为基础发挥对乡村社会的治理作用,推动组织力量的不断壮大和组织结构的稳固。而对于土地改革运用动员的方式,其目标就是引导群众树立阶级思想。在土地改革的过程中,群众是否得到了全面的动员,群众的阶级意识和阶级觉悟是否有所增强,成为党组织评价土改是否成功的一项主要指标。在"五四指示"(《中共中央关于土地问题的指示》)中明确了各级的工作任务:"必须投入决心和努力,全面发动群众和领导群众去完成土地改革,并根据相关原则,给群众土地运动正确引导。"②综上内容可以看出,发动群众、紧密联系群众在土地改造运动中是主导因素,提高群众阶级觉悟才是土地改革的真正目标。在此次运动中,解决了农民的土地

① 参见陈明明:《在革命与现代化之间——关于党治国家的一个观察与讨论》,复旦大学出版社,2015年,第39页。

② 《解放战争时期土地改革文件选辑》,中共中央党校出版社,1981年。

需求,让耕田者有其田,让群众明白了武装斗争的意义和目标。①在思想解放上,主要是围绕这两个方面跟进的:

1. 政治说服

土改运动的基础是工作队要深入人民群众开展说服工作,只有对解放思想具有充分认知,才能调动人民群众参与运动的积极性,并愿意为之付出努力。说服的内容主要围绕三个方面展开:一是现有土地制度需要让农民了解和接受,地主阶级也需要接受这一转变,原有的土地制度是不公平的,它严重剥削了群众的利益;传统土地发展的道理是这样解释的:"地主们的土地养活了佃农,若是没有了土地那些群众怎么可能有粮食吃,为了租赁几亩土地,佃农还需要给地主卖好,过年请吃饭喝酒,过节送礼品,才能获得土地租赁权。"而共产党执政后,土地为群众共同拥有,主要有耕种能力者都会拥有土地,土地成为了群众的生产要素。②二是说服群众相信所有的苦难不是命中注定的,这种苦难日子是可以通过努力改变的,要让人们相信所有贫穷与祖上无德、风水建设没有任何关系,而是地主阶级剥削了群众的血汗;③以小组讨论的形式来追究"苦"的来源。将诉苦和阶级教育贯通,在河南省委宣传部所作的一项经验总结报告中可以看出,这一个过程的主要目的在于:"从'追苦根'中找到'苦'的来源,在这一过程中进行两个阶级,两个社会,两个政党,两种政府,两种军队的阶级教育。"④三是教育说服群众,他们能够自己解放自己,应该相信自身的力量,通过

---

① 参见晋绥边区财政经济史编写组、山西省档案馆:《晋绥财政经济史料汇编(农业编)》,山西人民出版社,1986年,第334页。

② 参见王友明:《革命与乡村解放区土地改革研究:1941—1948》,上海社会科学院出版社,2006年,第97页。

③ 参见李里峰:《土改中的诉苦:一种民众动员技术的微观分析》,《南京大学学报》(哲学社会科学版),2007年第5期。

④ 中共河南省委宣传部编印:《豫西重点区群运经验介绍》,太行群众书店,1948年,第10页。

努力就能真正翻身,让更多群众团结一致,依托自身力量解放自己。[①]

2. 诉苦与政治仪式

政治仪式[②]体现了政治实践的内在逻辑和运行机制。在政治动员过程中,仪式感的塑造对于政治动员的实现能够发挥事半功倍的效果。在中国共产党乡村组织化实践的过程中,政治仪式发挥了重要的作用。土改运动中的斗争大会活动,主要是针对地主阶级展开斗争,同时也对原有乡村干部进行整顿,其目的是通过各种形式将群众力量团结起来。因此,当我们研究土改时期的一些文件时就会发现,几乎所有的村庄在进行土改的时候都会有一个重要的环节,那就是"诉苦"。共产党充分利用中国乡村社会中农民常年被压迫的心理,提倡要想"翻身"必先"翻心",[③]实现这一目标最好的方式就是发动广大农民进行"吐苦水",[④]不仅要听其他人的苦衷,还要联想到自身的苦难,形成一种严肃且悲痛的大会氛围,以此来激发广大农民内心的愤恨之情。"吐苦水"仅仅是斗争大会的基础,其最终的目的在于通过"吐苦水"来引导广大农民"挖苦根",即借助逻辑推演和道德归罪,引导广大农民寻找穷苦的根源。具体而言是指共产党的政治和军事两个方面的对手:国民党。

从"吐苦水"到"挖苦根"的过程,实际上是推动农民群体完成"从诉苦到复仇、从诉说到行动的一个转化"。[⑤]此类斗争大会的共性特征是人民群众主动权和话语权得到提升,成为真正的群众。在各类斗争活动中,聚集的群众从情感和思想上集中统一,他们的个性逐步消失,个体的心理及诉

---

① 参见晋绥边区农会临时委员会:《绥农会告农民书》,1948年,第17页。

② 参见王海洲:《政治仪式:权力生产和再生产的政治文化分析》,江苏人民出版社,2016年。

③ 参见[美]韩丁:《翻身——中国一个村庄的革命纪实》,韩倞等译,北京出版社,1980年,第516页。

④ 参见冀南九地委:《怎样领导农民诉苦》(档号14-1-114-1),河北省档案馆藏,1947年。

⑤ 参见李里峰:《中国政治的历史向度》,南京大学出版社,2018年,第347页。

求在集体中得到彰显和升华。①"在这样的群体中隐含了很强的从众压力，他们所爆发的每一种情感与行为都具有极强的感染力。其程度足以使个人随时准备为集体利益牺牲他的个人利益。在某种暗示的影响下，他们会因难以抗拒的冲动而采取某种行动。"②土改运动中各类政治仪式活动（以斗争大会为主）均具有较强的感染性，在工作人员的策划安排下，运用一致的口号和思想，积极分子会在会上控诉敌对分子的行为，通过思想感染和情感宣泄等形式让更多人民群众参与到仪式当中，这也是斗争大会的最大特征。

政治仪式的实践过程具有鲜明的内在逻辑性。首先，充分认识并调动乡村社会中人民群众对于土地、民主等利益的诉求；其次，当乡村社会中大部分农民认识到缺少土地、生活困窘的根源以后，再发动广大农民开展诉苦和批斗的实践活动；最后，通过一系列的政治仪式活动将宣传的阶级话语从空喊口号变成具体的实践行动。政治仪式在实践中取得了良好的成效，具体表现在两个方面。一是，它直接影响了乡村社会中人们的具体行动；二是，乡村社会中越来越多的群体被卷入这场政治仪式当中，主动权和话语权在参与和实践中得到了广泛的传播，从而实现了斗争运动在乡村社会中的全面铺开。

政治仪式作为一项重要的动员手段，贯穿于各个历史时期共产党在乡村社会中的组织化实践。虽然不同时期的历史任务不同，所采取的动员措施也有阶段性的变化。但从总体来看，政治仪式在目标群体和技术实施两个方面具有相对稳定的特征。从动员目标群体来看，共产党始终坚持着"群众党"的基本路线，即把广大乡村地区的农民作为共产党革命工作的力量来源和主要动员对象；从动员的技术实施来看，共产党充分认识到农

---

① ［法］庞勒：《乌合之众——大众心理研究》，冯克利译，中央编译出版社，2005年，第11~14页。

② 同上，第27页。

民对于土地、身份和情感的内在需求,并以此为具体导向,以"互惠交换"为基本原则实施相应的动员工作。目标群体的固定性与技术实施的利益导向型为共产党在乡村地区成功实现动员工作,推动组织化在乡村地区的实践奠定了基础。

二、整合

所谓的整合即共产党在革命实践过程中对于中国乡村地区资源的重新统筹与再分配。这个过程与中国乡村地区人民群众的切身利益紧密相连,是共产党基于对中国乡村地区实际情况的分析后所采取的正确选择。在整个整合过程中,共产党充分利用乡村地区人民对于"民主"和"土地"的两个核心需求,在"显性资源整合"和"隐性资源整合"两个方面做了充足的工作,成为共产党在中国乡村地区维持组织化实践的保障。

(一)隐性整合:民主建设

所谓的隐性整合是指具体的制度建设。在抗战后期和内战时期,人民对于国民党的独裁、腐败、残忍和贪赃枉法越来越感到失望。正是在这样的背景之下,共产党开始在中国的乡村地区推行民主建设。在这个过程中,共产党把握的一个基本原则是广泛动员县级以下的基层民众主动参与到民主建设的过程中来。正如美国学者怀特和雅克比所讲:"对于世世代代整天被奴役、欺诈和殴打的农民,如果你将他们当人看,征求他们的意见,让他们选举地方政府,让他们自己组织警察和宪兵,自己决定税额,自己投票来减租减息,如果这些事情你都做了,农民便有了战斗的目标,而他们会为了保护这些权益而与任何敌人作战,无论是日本人还是中国人。"①由此可见,中国共产党在社会经济政纲等方面表现出来的民主性,成为获得乡村社会中农民支持的重要基础。从广义上来讲,共产党在中国乡村社会中的组织化实践照顾到了大多数人的利益。农民支持中国共产党,并参与到中国共产党的军队一起战斗,因为他们认定了共产党是为了他们的利益而战斗的。以利益为选择导向的农民群体,在参与的过程中能够切实感受到共产党带来的好处,使得农民在社会、政治或经济方面的状况都能有所改善。无论这种改善的程度如何,只要是服务于乡村社会多数人的利益,便具有了民主的特性。共产党也由此在乡村社会中收获了更多的信任,拥有了更好的群众基础。

(二)显性整合:资源分配

通过研究战时政治经济纲领可以发现,这些政策的实施对于战争结局和社会结构变化均产生了重要影响。其中,最受关注的当属用减租减息取代先前的土地分配。1937年8月,洛川会议将减租减息作为抗日救国的十大纲领之一,以土地政策基本原则的形式,确立了减租减息在组织化动员过程中的重要地位。从本质上来讲,能够通过这些政策来实现民众的动员,根本原因在于这些政策的实施实现了资源的重新分配,分配的出发点在于保障中国乡村社会中人民群众的根本权益,并使其从中获益。也就是说,赋税改革成为了一项重要的整合举措。②将赋税改革作为资源重新整合分配突破口的原因大致有三个方面:第一,原有的地租税率偏低,对华北和华中大部分根据地而言,乡村社会受到减租的影响较小;第二,人头

---

① [美]白修德、安娜莉·雅克比:《中国雷鸣》,端纳译,1946年,第201~202页。
② 参见[美]马克·赛尔登:《他们为什么获胜?——对中共与农民关系的反思》,载《中外学者论抗日根据地——南开大学第二届中国抗日根据地史国际学术讨论会论文集》,档案出版社,1993年,第612页。

税是农民群体长期以来最为痛恨的事情；第三，中国共产党在部分地区没有成功地实行土地革命，这些地区包括激烈争夺的区域和日本占领过的地区等。与减租减息相配套的另外一项资源分配政策是推动税收方面的"合理负担"，其中最为基本的一项原则就是统一累进税制。①所谓的统一累进税就是实行"阶梯式"的收入递增税率，收入越高则需要缴纳的税费比率也就越高。由此可见，"缩小收入差距的幅度要比缩小拥有财产的幅度要大得多。通过对赤贫人群免除全部赋税，对相对贫困的家庭群体实行减轻赋税等途径来推行赋税制度的改革"②。这种赋税改革便成为联结中国共产党和中国乡村社会以及农民的一个重要纽带。

"减租减息"和"统一累进税"两项政策的推行，将赋税从贫苦农民的身上转移到富人的身上，③削弱了乡村上层的权力，同时也削弱了他们对于土地的控制，进而实现了调整社会阶级结构，推动社会力量均衡发展的目标，④为革命的胜利奠定了坚实的群众基础。在很多革命根据地，如晋察冀、晋察鲁豫的一部分，统一累进税和减租减息具有"均贫富"的效果，并增强了中国共产党与最贫困的阶层以及自耕农之间的内在联系。这些政策的实施，在一定程度上引起了社会和阶级关系的重大变动。原有的富贵阶层在财富和权力方面有了衰落的趋势，而原来的贫穷阶层，有时也包括自耕农的地位则处于上升的趋势。这也成为华北和华中地区农民与中国共产党建立稳固关系的社会基础。

---

① 统一累进税指的是我国第二次国内革命战争时期，在中央苏区曾经开征过的一种税。这种税把商业税、农业税、工业税等合并征收，采用累进税制。主要对剥削阶级征税，对被剥削阶级与劳苦阶层的人民免税。

② 范力沛：《抗日战争时期中国共产主义运动》，斯坦福大学出版社，1988年，第1页。

③ 参见陈永发：《制造革命》，加利福尼亚大学出版社，1986年，第65~75页。

④ 参见李里峰：《中国政治的历史向度》，南京大学出版社，2018年，第355页。

三、纠偏

所谓纠偏，是指在实践过程中依据实际对现有的制度和政策所进行的适时调整。在组织内部具体表现为纠正错误思想和改进不良作风的过程。这是组织发展过程中坚持实事求是原则的重要标志，也是组织能量不断扩散和壮大的实践动力。本书中所涉及的纠偏是与前文中所阐述的动员、整合相辅相成的，都是以组织为主体，以乡村组织化再造为实践平台。因此，这一部分所讲的纠偏，是出于对共产党与中国乡村地区人民的互动考虑。共产党通过不断加强自身的作风建设，在广大乡村地区树立了良好的口碑，为组织的进一步扩大奠定了坚实的情感基础。也就是说，本书中所涉及的纠偏是中国共产党依靠自身的作风建设来积累并扩大群众基础的一种有效方式。

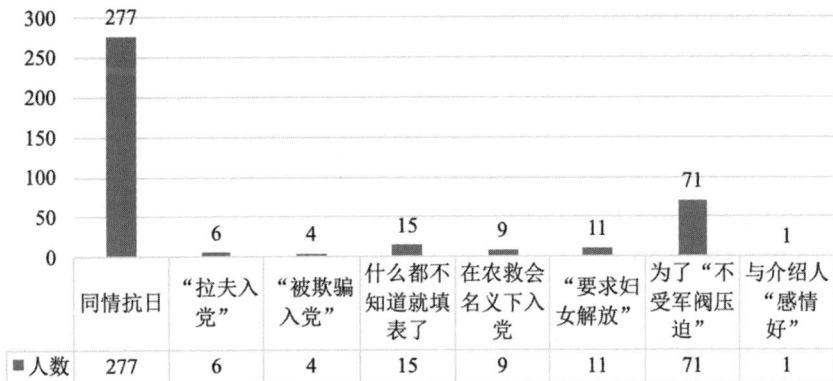

	同情抗日	"拉夫入党"	"被欺骗入党"	什么都不知道就填表了	在农救会名义下入党	"要求妇女解放"	为了"不受军阀压迫"	与介绍人"感情好"
■人数	277	6	4	15	9	11	71	1

图3-2　鲁中区地委10个支部入党动机统计①

① 数据来源：鲁中区党委：《鲁中区党委五年组织工作总结》（档号G027-01-0020-001），山东档案馆藏，1943-3。数据中带引号的均为原文件用语。

（一）纠偏根源

之所以要在党内大力推行纠偏，最为关键的原因是共产党在自身的发展过程中遇到了"发展"与"巩固"之间的矛盾处理问题。如何正确地处理发展与巩固的内在矛盾关系，直接关系到组织生命力的持久性和长远性。抗日战争爆发以后，为了适应战争的组织需求，共产党提出了大量发展党员的方针，通过降低入党难度、缩短考察期和候补期等途径来扩充组织队伍的力量。甚至出现了发展党员的数量任务要求，诸如一些地区要求根据当地的人口数量确定相应的发展比例，有的地区专门成立了工作团来推动地区的党员发展，也有的地区通过集中训练的方式（如鲁中地区采取的训练班形式），集体发展党员。这一时期，组织的队伍在政治力量的推动下的确得到了壮大，各地区的党员数量出现了迅速增长的态势。而具体分析这些党员的入党动机，可以发现（以鲁中地区泰山地委统计数据为例①），组织的迅速扩大为组织的合理发展埋下了一定的隐患，这也就成为了组织开展纠偏工作的一个重要原因。

（二）纠偏关键

中国共产党将内部审查和内部整风，尤其是对于组织内部腐败问题的整治作为纠偏的手段是一项十分正确的选择。因为内部的腐败必然会造成资源的不均衡，尤其是在革命战争时期，内部的腐化必然会影响到政治的活力，并将慢慢失去社会和民众的信任。中国共产党之所以如此看重内部的腐化整治，也是因为腐化现象在中国共产党领导的抗日根据地时有发生。究其原因，大致有四个方面：

---

① 参见鲁中区党委:《鲁中区党委五年组织工作总结》（档号 G027-01-0020-001），山东档案馆藏，1943-3。

第一，中国共产党政权组织结构复杂，人员素质不高。抗战时期，共产党员中农民占比达90%以上。农民群体的落后意识也会因此进入中国共产党及其政权组织当中。抗日民族统一战线建立以后，抗日根据地的人员构成情况也随之变得复杂多样，这其中囊括了开明的地主、士绅、商人、国民党左派甚至一些秘密社会成员。从争取抗战胜利的角度来看，社会各界共同参与到抗战当中是一件有益的事情。但从组织内部思想的纯洁性来看，不同阶层所拥有的社会意识是不同的，这些阶层的人员在与中国共产党组织内人员接触的过程中，会以一种潜移默化的形式把一些不良的风气和思想带到中国共产党内部。

第二，艰苦的生活条件，容易诱发组织意志薄弱群体的贪欲和私利。由于抗战队伍的良莠不齐，并不是每个人对于抗战必胜都有深刻的认识，因此在组织内部出现了"一部分党员对过去艰苦奋斗生活不愿意继续下去的情绪"，这些人抓住抗日民主制度中的"缝隙"，利用职权之便，从事一些如贪赃枉法、营私舞弊的勾当，这一现象的存在导致了根据地内部出现了腐化的问题。

第三，抗日民主政权在各地均采取"三三制"等政治民主化的措施，但是由于战争年代的特殊政治环境，使得中国共产党及其政权缺乏切实有效的监督机制。因此，在组织内部就会产生一些不良现象（这些现象主要表现为官僚主义、宗派主义、滥用职权等），缺乏有效的政治监督损害了组织与群众之间的关系，同时也影响了中国共产党的政治活力。

第四，第二次国共合作开始时，国民党不便公开反共，于是开始实施"溶共"政策，又将"宁可错杀一千，绝不放过一万"改为了"金钱腐蚀、拉拢吹捧、封官许愿、美女诱惑"等计谋，企图从内部瓦解分化中国共产党组织，使中国共产党的战斗力和凝聚力下降，进而达到内部斗争不战而乱的目的。

（三）纠偏举措

　　面对党员人数迅速发展的态势，共产党很快就注意到了党组织在发展的过程中出现了追求数字、不经审查发展党员、群体性发展党员以及突击性发展党员等问题。共产党审时度势地采取了削减党员数量、提高组织质量的方式以规避党组织迅速膨胀的风险。首先采取的措施就是对组织内部党员的审查和清洗。1939年公布的《关于巩固党的决定》中明确提出："党员发展中存在的弊端以及党员素质和革命意识的低下，与党所信奉的意识形态原则相去甚远，这促使党组织开始进行纠偏的努力。"[①]规定"党的发展一般地应当停止"，把整理、紧缩、严密和巩固组织作为此后的中心任务。[②]就清查对象来看，主要是以党员的阶级成分和出身为参考标准，排除党内的"异己成分"（基本包含地主、富农、商人、流氓等），在排查出有问题的党员以后，采取停止关系、说服退党以及开除党籍等形式来实现组织内部的"清洗"工作。经过审查和清洗以后，组织内部的党员数量出现了明显下降的趋势。同样以山东抗日根据地党员减员数据统计为例（见图3-3），可以看出，在这一时期的党员流失中被开除或停止关系的比例为71%，[③]占了整体党员流失的绝大多数。这为缓解组织内部党员迅速发展带来的风险提供了一定的缓冲空间。

---

①　李里峰:《中国政治的历史向度》，南京大学出版社，2018年，第267页。

②　参见《中共中央文件选集》（第十二册），中共中央党校出版社，1991年，第155~156页。

③　参见李里峰:《中共组织纪律在山东抗日根据地的实施》，香港二十一世纪，2003年，第12页。

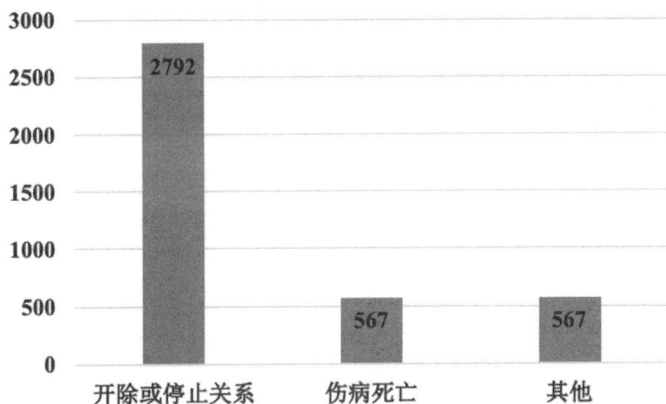

图3-3　山东抗日根据地党员减员原因统计

其次是对党内作风问题进行了严格的整顿。中国共产党各级领导在实践调研中发现,组织内部出现贪污腐化等作风问题的现象虽然是少数,但是如果不加大整顿力度,从根源上进行打击,消除贪污腐化的想法,"党在思想上、政治上、组织上就会瓦解,革命就会失败"。中国共产党所采取的方式大致可以概括为以下四种:

第一,健全法制法规,堵塞经济漏洞。各抗日根据地从开辟之初就陆续颁布了各种财经管理制度。如陕甘宁、晋察冀等根据地政府都先后发布了一系列的财政制度,目的是为了实现"统一财政收入、禁止自收自用,合理统筹分配、强化整顿管理和保管",使财政收入和支出、物资保管和使用审核四大系统之间相互独立、相互监督,从而减少了财政制度上的漏洞。

第二,清除腐败分子,绝不姑息养奸。各抗日根据地政权打击腐败,并使用严厉的惩治措施来消除组织内部的腐化现象。如在晋冀鲁豫边区就出台了惩治腐化现象的具体规定,《晋冀鲁豫边区惩治贪污暂行办法》中规定:"凡贪污达500元以上的处死刑,不满50元者处以六个月以下徒刑或者是劳役，上级须接受连带处分。"①再如，《关于开除刘振球党籍的决定》中介绍了："某团政委刘振球参加过五次'反围剿'和长征，在平型关战役中荣立战功，但后来他官僚主义严重，生活腐化，贪图享乐，先后贪污公款500余元，并拒绝中国共产党组织对他的教育，被八路军总政治部党务委员会开除党籍并依法处置。"②

第三，干部避免特殊，以身作则成风。在严重的经济困难时期，中国共产党提出了"大生产运动"的号召，中国共产党领导人都带头参加。如毛泽东在延安的杨家岭亲自开荒种菜；周恩来和任弼时参加中国共产党中央直属机关纺线比赛，并被评为了"纺线能手"；③1942年，为救济太行山一带的灾民，彭德怀"也和施斌一起以野菜充饥，并连个人仅供零用的稿费也捐出来了"④。中国共产党高层干部以自己的实际行动，为全社会树立了中国共产党党员严以律己、以身作则的高尚风范。

第四，实行舆论监督，民众协助监察。"在抗日根据地，各级抗日民主政权不仅要向同级参议会报告工作，听取参议会的意见，执行参议会的决议，而且还要听取群众的意见。"⑤论中共在抗日根据地的反腐化斗争经过一段时间的整顿和作风建设，根据地内经常会出现群众要求罢免犯有罪行或者错误的组织内部成员，农会代表请求上级惩治有贪污行为的村主任或者区长，民众自发召集斗争大会批斗组织内部的腐化分子。还有各级群众团体组织反腐大会，公开揭发组织内部的腐化成员。民众自发组织的

---

① 《晋冀鲁豫边区惩治贪污暂行办法》，1942年。

② 《关于开除刘振球党籍的决定》，《共产党人》，1940年4月。

③ 参见江沛：《论中共在抗日根据地的反腐化斗争》，《中外学者论抗日根据地——南开大学第二届中国抗日根据地史国际学术讨论会论文集》，档案出版社，1993年，第362页。

④ 军大政治部：《现中国的两种社会》，东北书店出版社，1949年，第77~78页。

⑤ 江沛：《论中共在抗日根据地的反腐化斗争》，《中外学者论抗日根据地——南开大学第二届中国抗日根据地史国际学术讨论会论文集》，档案出版社，1993年，第370页。

监督行动,对于打击腐化现象,维护组织内部和社会的廉洁,维护群众的合理利益均发挥了重要的作用。由此,在抗日根据地中形成了民众监督、舆论监督以及法律监督相结合的监督体系,三者结合的监督体系有力地遏制了组织内部腐化现象的蔓延,确保了组织在乡村社会中的纯洁性。

第二节 组织过程

对于国家权力在乡村社会中的延伸和扩张,杜赞奇认为会出现两个方面的问题:其一是扩张过度,会破坏乡村社会中原有的治理秩序,使得基层的治理精英流失;其二是形式扩张,使得组织的势力从本质上来讲依旧是在传统乡村的治理权力结构下运行。共产党在中国乡村的成功便是充分吸取了过度扩张和形式扩张的经验教训,采取了一种渐进式的组织化过程,即从渗入乡村社会到对乡村社会源生组织进行叠加,进而实现对于乡村社会源生组织的替代。这个过程与中国抗日根据地地区乡村的演变过程紧密结合。共产党充分挖掘根据地地区乡村农民在经济、物资以及生活方面的关注点,有条不紊地采取相应的措施,利用前文中所分析的动员、整合和纠偏等方式,在乡村地区实现组织化。

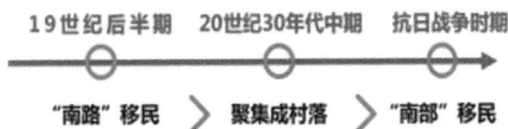

图3-4 延安地区村落集聚发展脉络

因此,在分析共产党在乡村地区的组织化过程之前,本书认为应该先理清该时期中国乡村的发展脉络。以延安地区为例(见图3-4),其乡村发展大致经历了三个阶段。第一个阶段是19世纪后半期。该时期的农民起义给陕北的乡村社会带来了巨大的冲击。特别是战乱的影响对陕北地区的乡村社会迫害严重，许多原有的村庄变得荒无人烟。在这个过程中，一个人口相对过剩的陕西最北部地区（现在的榆林地区）向人口稀少的延安地区移动做工的路线开始逐渐形成，这个路线被称为"南路"。这次人口的流动主要是佃农和雇农。特别是20世纪20年代后半期，西北各省遭受特大自然灾害，众多灾民沿着这条路线南下逃亡。第二个阶段是20世纪30年代中期，中国共产党实施了土地革命。当时一直处于佃户、工农地位且流动性较大的长工们获得了土地，开始定居于延安地区。在这样的地区，主要通过血缘关系使新的移民聚集在一起，形成新的村落。第三个阶段是抗日战争时期。抗战时期，边区周边及外省（诸如河北、河南、山西、山东等省）的大量战时难民流入延安。据统计，流入的移民和难民约达64000户，其中1945年有52000户流入边区内。这一时段，原有的"南路"移民依然存在。共产党在中国乡村社会中的组织化实践过程体现在这三个基本阶段当中。

一、渗入

组织渗入作为组织过程中最为基础的环节，决定了组织在发展过程中能否成功规避"扩张过度"和"形式扩张"的风险。共产党在乡村社会中进行组织化实践以及权力延伸的基础就是通过领导乡村革命，使得共产党统治下的区域（不仅包括乡村社会）成为党政体系中的一个组成部分。通过在区一级地区推行"部门工作制"，使得政权实施的每一项只能都由与之对应的部门来进行负责，这在很大程度上保证了区一级组织的统治效能。科层制的行政管理体制使得政权对于社会的治理是全方位、全领域和全渗透的。以当时的山东省为例,①每个县大约有十五个左右的辖区,每个区基本包括十个村,每个区的区公所行政职能划分都十分明晰,基本设有正副区长以及涉及社会生活各个领域的助理员和公安员。这一时期的区公所与民国时期的区公所在职能范围方面有了巨大的变化。民国时期的区公所以征税为基本职能,这也是民国时期在中国基层地区难以实现权力渗透与扩张的主要原因。与此同时,确保共产党对于区政权有效控制的另外一个制度优势在于实施党政双轨的领导体制。即党委对行政部门进行指导和监督,同时行政部门要对党委负责。这一制度在很大程度上规避了国民政府时期地方政权发展成为"盈利型政权"的可能。通过推行部门制和党政双轨制,共产党真正意义上实现了国家权力和组织权力在县级以下地区的渗入和扩张。这也为组织权力在中国乡村地区的进一步扩大奠定了基础。

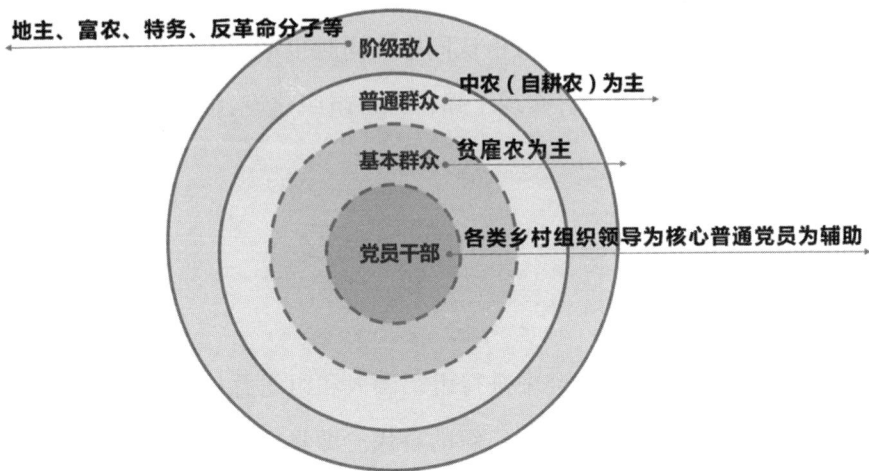

图3-5 土地革命时期中国乡村组织网络结构

① 参见山东革命历史档案馆:《山东省政府关于调整各级政府行政机构及县以下行政区划的指示(1945年10月30日)》,载《山东革命历史档案资料选编》(第十五辑),山东人民出版社,1984年,第541~543页。

二、叠加

组织的渗入是自上而下的一种垂直性延伸，能够确保组织纵向的稳定，但却无法实现组织在横向上的延展与扩散，因此组织的横向延展与既有组织的叠加显得十分必要。依托土地革命中的资源重组和利益互动，以群众性运动为主要形式，共产党依靠在乡村社会中所构建的复杂组织结构网络，在组织化的实践过程中吸纳了大部分乡村社会地区中的农民，在扩大组织范围和组织影响力的同时，改变了乡村社会中的权力结构和阶层结构。这样的一个组织网络结构突破了中国乡村社会中依附于土地的地主与雇农的关系，突破了依附于血缘、宗族以家庭为单位的治理关系。以阶级为标准将绝大部分农民吸纳到这一网络结构中，同时也将一部分阶级敌人（诸如地主、富农、特务等）排除在组织网络以外。这一过程增强了组织网络系统内部成员的身份认同感，同时也增强了对于组织网络系统以外的敌对势力的抗衡，实现了强化自身组织建设，抵抗外部组织浸入的双重效果。

三、替代

共产党通过在乡村社会中进行组织渗入和组织叠加的实践，最终实现的效果是对于乡村社会源生组织的替代。即具有统一组织、统一领导、统一管理、统一意识形态的群众性组织在乡村社会中代替了以血缘为基础的宗族组织和以宗教信仰为基础的宗教组织。这一过程中，中国乡村社会的组织水平和组织对于乡村社会的控制力都得到了极大的增强。乡村社会中的群体，尤其是占据中国乡村社会主体的贫雇农和中农对共产党产生了一种"组织性依赖"①。依靠这种组织性依赖,共产党从中央到乡村社会构建了一整套涵盖党政军群的组织系统,这个组织系统既保证了组织能量的纵向延伸,又确保了组织能量的横向扩散。在实现扩大组织控制区域以及加深对乡村社会的控制程度的同时,通过一系列的社会变革,乡村社会的治理逐步被纳入到组织治理的体系之中,以血缘、宗族和宗教为根基的传统乡村治理精英职能被取代。最终的结果是加速了中国乡村社会中源生社会治理精英权威的衰落。

第三节　属性转化

亨廷顿说:"一个强有力的政党体制就为同化新集团提供出制度化的组织和程序。"②而这个制度化的组织和程序并不是可以一蹴而就的,其本质在于政党对于新集团所实施的属性转化。表现在中国的乡村社会,就是共产党通过一系列的举措实现对乡村社会源生组织(以农民团体为代表)的属性转化。属性转化并不是说对于乡村社会中所有的源生组织进行同化,属性转化的关键点在于度的把握。也就是说,对于中国乡村社会的属性转化要有所取舍,有所发展。取舍与发展的核心要义在于对于中国乡村社会源生组织的清晰认知。从中国共产党在中国乡村的具体实践来看,是对中国乡村社会中的源生属性进行了削弱、中和与增强的三种层次转化。其中,乡村社会的封闭性、群体性等属性被削弱,血缘性、宗族性、宗教性

---

①　孙立平:《改革开放前中国大陆国家、民间统治精英及民众间互动关系的演变》,《中国社会科学季刊》,1993年第6期。

②　[美]亨廷顿:《变化社会中的政治秩序》,王冠华、刘为等译,上海人民出版社,2008年,第336页。

等属性被中和。同时，整合性、统摄性、扩展性、整体性等一些原本乡村社会中不存在的属性也在组织化的过程中得以显现。在本节中，将重点分析乡村社会各类属性的转化及其内在逻辑。

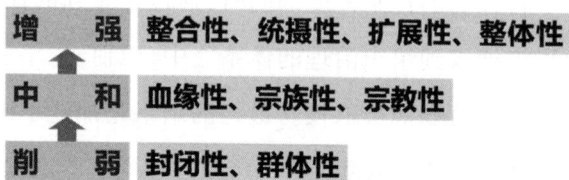

增　强	整合性、统摄性、扩展性、整体性
中　和	血缘性、宗族性、宗教性
削　弱	封闭性、群体性

图3-6　乡村社会属性转化

一、削弱

中国的传统乡村社会以小农经济和自给自足的生产模式为主要特征，因其内在的运转逻辑，使得传统的乡村社会中具有了鲜明的封闭性。内部的封闭状态阻碍了乡村社会的对外联系和整合发展。而经由组织化改造以后的乡村社会，逐渐破除了原有的封闭状态，在组织所采取的一系列举措的影响下，乡村社会逐渐成为一个开放的空间。从土地革命前、土地革命后和抗日战争时期边区人口规模的变化来看，到1945年，全边区共安置移难民6.39万户、26.67万人，占当时边区总户数的20%，总人口数的16.7%。移难民安置工作做得比较好的延安县，1942年全县人口增加了一倍，户数增加了一倍以上。边区的总人口数急剧增加。这可以说是土地革命以后，通过"南路"流入的移民增加的结果，也是从边区外、从外省大量流入战时难民的结果。封闭性的削弱为组织化进入乡村社会奠定了空间基础，逐步开放的乡村社会空间成为了共产党在乡村社会开展组织实践的前提。

与此同时，以家庭为单位的生产结构塑造了中国乡村社会群体性的内在属性,这也成为乡村社会中源生组织形成和发展的基础。群体性的属性具有单元化、组团式的特点,这为共产党在乡村社会中开展组织化实践带来了一定的阻碍。因此,要想打破乡村社会组织的壁垒,实现组织化的浸入和属性转化就必须削弱乡村社会中群体化的内在属性。从共产党在乡村社会中的组织化实践来看,削弱群体性的主要措施是推动农民阶级的变化,让农民在政治上获得一定的发言权。以维护农民的利益为出发点,降低地主富农的阶级地位,提升贫雇农的阶级地位。通过打破原有的依附于土地、依附于地主的阶级结构关系,削弱乡村社会中的家庭属性。

二、中和

众所周知,中国乡村社会秩序的稳定在很长一段时期是依靠宗族和血缘甚至是宗教(以少数民族为主)来维持的。稳定的宗族性、血缘性和宗教性使得共产党在乡村社会中开展治理实践遇到了相应的阻碍。要想在乡村社会中建立与组织发展需求相一致的治理秩序,就必须与原有的治理秩序根基进行相应的对话。摆在共产党组织实践面前的有三条可以选择的途径:第一是全盘否定原有的治理秩序,也就是打破以血缘、宗族和宗教为根基的治理结构;第二是全盘接受原有的治理秩序,也就是继续保持依托宗族、血缘和宗教进行乡村治理;第三是与原有的乡村治理秩序进行融合,以宗族、血缘和宗教为基础进行组织化的实践。中国乡村社会发展的积淀以及共产党组织发展的需求表明,全盘否定原有的乡村治理秩序和全盘接纳原有的乡村治理秩序都是行不通的。因为全盘否定的结果是增强了乡村社会对组织的抗衡,增加了组织在乡村社会中开展实践的阻力;全盘接纳的后果是弱化了组织在乡村社会中的能量传播。共产党在实践中所采取的措施是借力于中国乡村社会的宗族性、血缘性和宗教性等属性,依靠这些固有的治理基础,来实现组织规模在乡村社会中的扩大以及组织影响力在乡村社会中的扩散。这样一个成功的实践过程的本质就在于把组织的权威与中国乡村社会的源生权威进行结合，进而中和了乡村社会中宗族性、血缘性和宗教性等固有的治理属性。

三、增强

在削弱、中和乡村原有属性的基础上,共产党对于乡村社会属性的最终定位在于按照组织发展的需求来增强其整合性、统摄性、扩展性、整体性等新的功能属性。增强这些属性的根本目的在于逐步削弱源生乡村社会组织在政治和功能上的独立性与自主性,①进而保障组织在中国乡村社会中从纵向和横向两个层面所构建的组织网络结构。增强整合、统摄、扩展和整体性的另外一个目的在于,促进组织能量在中国乡村社会中产生增量。这种变化和效果是相较于传统中国乡村社会的治理而言的。在传统乡村社会中,乡村精英依靠宗族和血缘等关系来控制农民,农民缺乏参与治理的主动意识和政治素养,使得乡村社会中的主要群体成为了一种"无政治性动物",唯一能够使农民群体与精英们发生关联的是依附于土地的生产和利益分配。这就使得传统乡村组织的权威缺失了来自内部群体的有效监督和制衡。整合性、统摄性、扩展性、整体性等新功能属性的增强是伴随着群体性运动而来的,广大农民在群体性活动中被卷入政治运动当中。通过参与政治运动的实践,农民阶层逐步确立了以阶级观念为核心的政治意识,具备了一定的参与乡村治理的政治素养,进而可以监督乡村精英的

---

① 参见[新西兰]纪保宁：《组织农民：陕甘宁边区的党、政府与乡村组织》,载华北抗日根据地与社会生态,当代中国出版社,1998年。

政治活动与政治权力的运行。从这一层面来看,组织权威在乡村社会中有了一定的监督制衡,进而可以促进组织对于乡村社会合理且持久的控制。

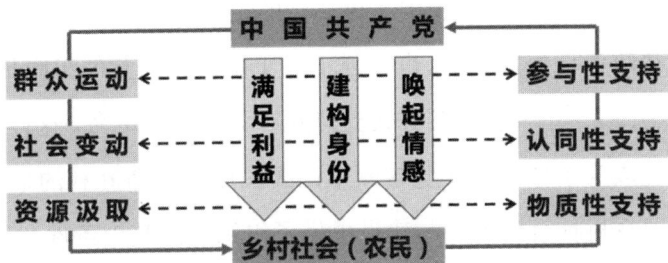

图3-7 乡村社会组织化再造路径

本章小结

乡村组织化再造过程的实质是中国共产党领导中国革命队伍不断壮大的过程。特定的历史时期和特定的政治环境为共产党实现对中国乡村社会的组织化再造提供了良好的外部环境。但之所以能够成功实现对于乡村社会的组织化再造,使中国的乡村社会成为革命胜利的重要支持,最为关键的原因在于共产党所采取的组织方式、组织过程都是根据中国乡村地区的实际情况来展开的。充分认识到中国乡村社会中广大农民在利益、身份和情感等方面的迫切需求,进而发动广大农民群体参与到减租减息、土地改革等群体性活动中来,依靠农民自身的力量来实现乡村社会中封闭性、群体性等原有属性的削弱,宗族性、血缘性、宗教性等原有属性的中和,以及整合性、统摄性、扩展性、整体性等新属性的增强。

综观整个乡村组织化再造的过程,我们可以发现,共产党所采取的主要再造手段就是满足农民的利益、建构农民的新身份以及唤起农民的内在情感。通过这三个基本途径,为农民减租减息,推行土地革命,获得了农民群体的参与性支持。推动土地财产的再分配，落实乡村社会权力结构的调整，获得农民群体的认同性支持。在农民广泛参与和广泛认同的基础之上，中国共产党基本掌握了中国乡村社会的组织领导权。农民群体在获得既得利益和政治地位的同时，也增强了对于中国共产党的组织依赖性，以供给田赋、公粮、参军、支前等方式支持共产党领导的革命。这样的一个组织互动系统成为了中国共产党带领中国人民取得革命胜利的根基，也为以后的中国乡村社会的治理与建设提供了组织化的基础条件。

第四章　组织化与乡村治理精英的培育

在前文的分析中我们可以看到，中国的乡村社会在中国共产党组织化的领导和实践过程中实现了组织化的再造。这个过程的关键在于依靠动员、整合和纠偏的方式，实现组织在乡村社会中的渗入、叠加和对原有组织的替代，最终完成对于乡村社会属性的组织化转化。中国乡村社会固有的局限性使得共产党在乡村社会中的组织化实践过程不能面面俱到，依靠联结点推动乡村社会组织化的全面性是共产党采取的科学措施。若想真正了解产生这些联结变化的原因，探究组织与乡村的关系，厘清组织在乡村社会的演变与发展，需要从纵向的视角进一步分析。也就是说，需要从历史的纵深中去寻找影响乡村社会治理精英行动逻辑的根源。因此，在本章中将着重以乡村治理精英为切入点，在历史的纵向维度中分析乡村治理精英行动逻辑的根源，探究组织与乡村治理之间的关系。

第一节　组织底色

一、转型特征

在中国,政策的构建和推行都深受国家制度底色的影响,乡村治理精英的形成发展与演变也不例外。探究乡村治理精英行动逻辑的动因,应该从国家宏观的制度视角,从中国社会转型的内在动力入手进行观察。中国作为一个后发国家,在整个国家建设和社会转型的过程中表现出了三个鲜明的特点。

一是被动性。中国的社会转型是在西方列强的侵略和压迫中进行的,在应对西方入侵的同时,中国的社会内部也在不断地被迫调试,以适应西方的挑战。不可否认这一过程是艰难的,但正是这种强力的压迫感,使得中国社会在自身转型的过程中凸显出了调试性和适应性的优势。

二是主导性。众所周知,西方一些先发国家的社会转型基本都是以市场的发展为内在动因的,市场作为一个重要的调试器,不断推动着社会的发展与进步。中国作为一个被动转型的国家,还未能够实现传统农耕经济向市场经济自然转型的过程,无法通过私人经济的积累为工业化的发展提供坚实的经济基础。自发国家的社会转型之路在中国是行不通的,这就决定了要想实现社会的良性转型,就必须以国家和政府作为主导,充分发挥国家的主导性,推动社会转型。换句话说,如果国家无法承担其工业化和城市化的发展重任,就必然会出现更多、更突出的社会矛盾。

三是先驱性。这个特点是由前两个特点决定的。后发国家在社会转型的过程当中,不仅需要扮演主导者的角色,而且应该出于发展的考虑,站在全球的视野中采取先驱的追赶策略。尤其对中国而言,近百年的落后和屈辱,让我们深刻地明白了"落后就要挨打"的道理。所以加快推进工业化发展步伐,尤其是重工业的发展,把重工业和军事工业相结合,以实现强国的梦想,成为了中国初期发展的重要战略。①

二、转型阶段

在这样的背景下,中国的社会转型具有了鲜明的阶段性特征。新中国成立以来,中国的社会大致经历了两个比较重要的时期。第一个时期是高强度的取之于农业,用之于工业的现代化建设时期。在这个阶段过程中,中国不能采取西方国家早期发展的模式,而是需要把西方国家早期发展几百年的时间,浓缩于十几年或者几十年当中。最为显著的表现是从"三农"中汲取资源,将农业产出、农村资本和劳动力大量地投入到工业化生产与城市化建设当中。第二个时期则是在工业化和城市化发展到一定阶段,工业和城市自身的增长能力已经基本具备,不再需要高强度地汲取农村资源的时候,国家开始减少农业、农村、农民在第一个时期中所承担的国家工业化的繁重责任,转向由工业反哺农业,以城市发展带动农村发展的崭新阶段。

乡村治理精英作为国家和乡村社会之间的重要联结点,见证了两个重要阶段的变迁。在见证变迁的同时,乡村治理精英的行动逻辑深受国家社会转型的影响。也就是说,当代中国乡村治理精英的行动逻辑及其演变的过程,具有深厚的国家制度底色。

---

① 参见曹锦清:《如何研究中国》,上海人民出版社,2018年,第300页。

为了更加深入清晰地了解乡村治理精英是如何在国家制度底色和社会转型的影响下不断发展的,本书利用JAVA设计算法,在人民日报图文数据库中搜索从创刊(1946年)到2018年8月有关"村干部"和"乡村治理"的所有文章,共计701篇,对报道所在版面进行赋值(其中位于1—4版的赋值为"3",位于5—10版的赋值为"2",11版及其以后的赋值为"1"①)。

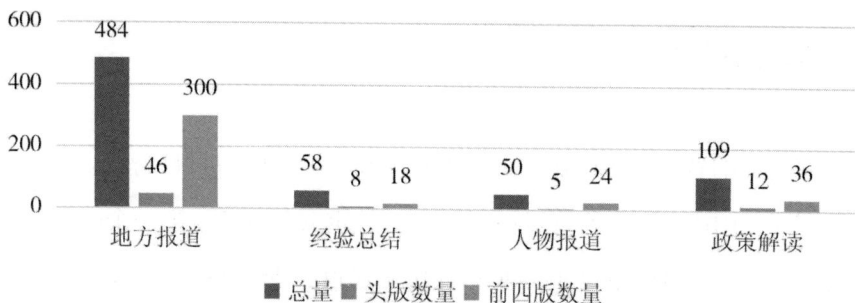

图4-1 人民日报图文数据库检索到的
关于乡村治理精英的报道数量统计(1946—2018)

通过数据可以发现,从1946年到2018年8月《人民日报》中关于乡村治理精英的报道类型最多的是"地方报道"(共计484篇,其中一版报道46篇,1—4版报道300篇),其次是"政策解读"(共计109篇,其中一版报道12篇,1—4版报道36篇)。由此可见,作为官媒,对于乡村治理精英的关注侧重地方实践多样性的宣传和发挥党的喉舌作用,传播相关的方针政策。结合相关的报道内容来看,主要目的在于传播地方实践,当然这其中包含好的经验,也包含曝光和监督。在传播地方实践的同时,通过政策解读来增进乡村治理精英的社会认同和自我认知与提升。

---

① 《人民日报》自2010年以后将版面扩至24版,为了达到统一标准的目的,本书特此将1—4版面作为一组,5—10版面作为一组,11版面及其以后版面作为一组,进行赋值和计量。

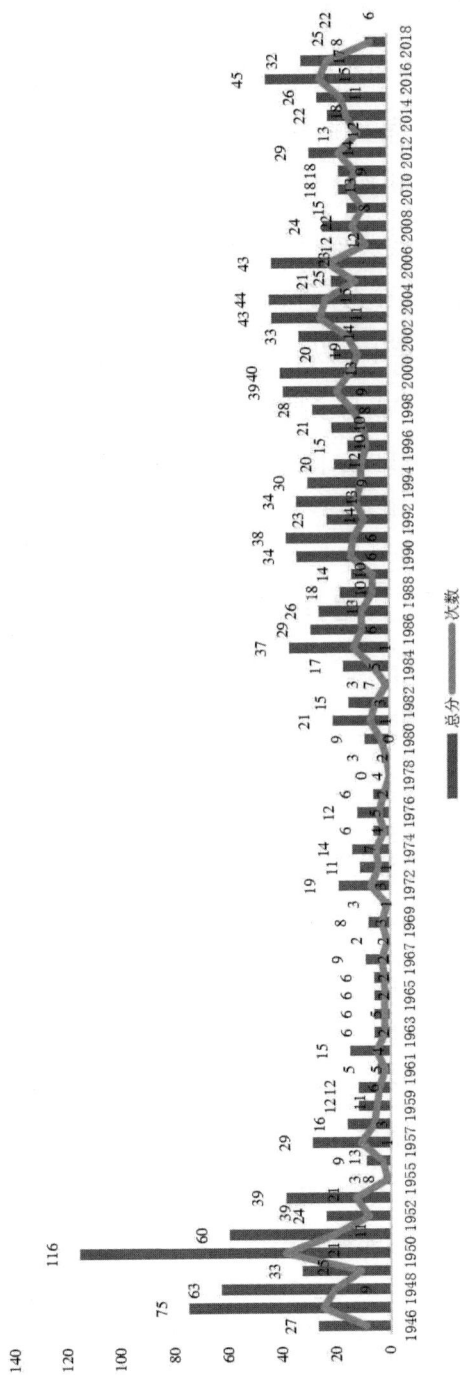

图4-2　《人民日报》关于乡村治理精英的报道次数与评分（1946—2018）

综观《人民日报》有关乡村治理精英的报道，通过研究每年报道的次数和报道版次的评分，可以发现在组织化和制度安排的双重影响下，国家对于乡村治理精英的关注是一个持久性、连贯性的过程。而且它的变化与波动和整个国家的时代背景紧密相连。比如，在20世纪50—70年代，组织更多地关注国家现代化的建设，依靠汲取农村的生产要素来支持城市发展和工业化建设。因此，相较于整个时间轴来讲，这一时期的报道次数和评分总值都是最低的。再如，改革开放以后，农村率先开展了家庭联产承包责任制，乡村社会中的治理精英成为了推动改革发展的主要力量，组织对于乡村治理精英的关注也开始呈现了回升的趋势。

第二节　培育路径

分析不同时期报道的侧重点，其实就是从官媒的视角寻找组织对于乡村治理精英关注点的演变过程。因此，本书将报道分为了新中国成立之前—新中国成立初—改革开放—改革开放到党的十八大之前—党的十八大以后五个不同阶段。通过词频分析软件，提取不同时期的关键词①列表，进而描绘出组织对于乡村治理精英的关注点演变路径，探寻村治理精英发展过程中的组织底色。

研究发现，在国家层面对于乡村治理精英的关注点大致经历了作风建设—监督监管—思想教化—典型树立—素质提升—综合发展—体系构建—精准扶贫这样一个历程（见表4-1）。这些关注点的变化在体现特定时代特征的同时，也体现了国家层面在努力探索对于乡村治理精英由管理

---

　　① 由于在利用java抓取数据时采用了"村干部"和"乡村治理"两个关键词，因此在词频分析时，对文本进行了删除"村干部"和"乡村治理"的处理。

到培养任用的一个重大转变,以便使其能够更好地从事乡村治理,推动乡村治理能级的转型,实现乡村振兴。

表4-1 《人民日报》相关文章关注点演变与举例(1946—2018)[1]

关注点演变	举例
作风建设	1946.12.24第2版 《克服自高自满相互攻击 韩庄干部加强团结》 1947.01.28第2版 《改善干群关系 开展团结运动 区干部自我检讨帮助中峪村干部转变作风》 1948.03.04第1版 《台村干部开始反省错误 准备接受群众审查》 1949.01.27第4版 《村干部强迫结婚应受批评》 1950.06.04第4版 《村干部阻挠婚姻自由 协助家长毒打儿媳妇》
监督监管	1951.04.01第6版 《营口新开河村干部赌博妨碍领导机关已检查禁止》 1952.11.13第2版 《慈云村干部王永明等违反婚姻法》 1953.03.02第3版 《河南获嘉县杀妻凶手逯清连被公审枪决 村干部逯清贵见死不救也被判了徒刑》
思想教化	1953.07.07第2版 《湖南农村干部学习张官长领导生产的方法》 1955.10.26第2版 《提高农村干部的办社能力》 1957.09.28第2版 《为了教育群众自己先受教育 广西农村干部进行大辩论》 1958.05.13第4版 《云南农村干部开始苦学》 1959.01.11第8版 《谈农村干部的学习问题》 1962.11.25第2版 《农村干部社员面临新课题——怎样管好用好国家支援的农业机械》
典型树立	1982.11.16第1版 《珠村干部的胆识》 1985.03.19第2版 《"商品书记":致富路上新风歌》 1986.03.21第1版 《"消肿减肥"深得民心》 1988.08.15第4版 《安化推行乡镇干部聘用制》
素质提升	1990.08.18第3版 《方城建立村干部述职制度》 1991.07.30第3版 《青州强化农村干部培训》 1992.11.09第1版 《村干部给县领导上课》 1993.11.10第3版 《保定农专为农村培养村干部》 1994.05.24第3版 《东海培养"智能型"村干部》 1995.05.25第9版 《在提高农村干部素质上下功夫》 1998.10.31第1版 《村干部要学点新本事》

---

[1] 资料来源:人民日报图文数据库(1946—2018)。

关注点演变	举例
综合发展	2000.06.04第3版 《乡村干部跑市场　架起城乡金桥梁》 2001.03.28第2版 《山东胶南实行农村干部年薪制》 2002.05.08第2版 《村干部进城招工　下岗者下乡就业》 2003.06.10第2版 《村干部:干事还要干成事》 2004.01.11第5版 《村干部"述职"好》 2005.02.04第9版 《安徽:想当村干部　需备三条件》 2006.03.07第4版 《农村需要"新型村干部"(实践"三个代表"重要思想 　　　　　　　　保持共产党员先进性 农民代表专访)》
体系构建	2007.04.23第9版 《湖北:千名村干部应考乡镇公务员》 2007.03.08第2版 《山西今年选聘8000名大学生"村官"》 2008.12.07第7版 《建立村干部激励机制》 2010.04.08第11版 《浙江推行大学生"村官"淘汰机制》 2010.07.09第11版 《大力培育:项目支书(今天怎么当村支书——声音)》 2011.08.19第14版 《柔性自治 让村民自我管理》 2012.01.24第4版 《包村干部来拜年》 2012.09.04第10版 《编外村干部　群众贴心人》 2012.09.06第12版 《他们是"联村干部"》 2012.12.10第12版 《"老板村官"能干啥?》
精准扶贫	2014.10.04第2版 《青海驻村干部架起"连心桥"》 2015.02.23第1版 《7万驻村干部办好事上万件》 2015.08.28第22版 《为扶贫第一书记当起"推销员"》 2017.08.08第5版 《驻村干部要把人扶起来》 2018.02.06第1版 《"咱就是这村里人"(新春走基层　扶贫干部进村来)》

	管理			提升			治理	
	作风建设	监督监管	思想教化	典型树立	素质提升	综合发展	体系构建	精准扶贫
	新中国成立前	新中国成立初—改革开放前		改革开放—党的十八大前			党的十八大以后	

图4-3　组织对于乡村治理精英关注点演变历史轴(1946—2018)

从历史的纵深角度来看,这样的一个发展路径大致是一个由管理到提升再到治理的过程。具体体现在以下三个角度:

一、管理

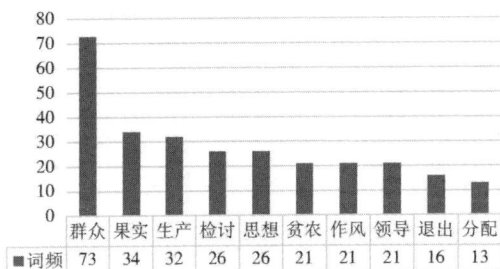

图4-4　新中国成立前词频分布

(一)作风建设

通过新中国成立前的词频分析可以看出,位于前十的词组分别是"群众""果实""生产""检讨""思想""贫农""作风""领导""退出"和"分配"。由此可见,这一阶段组织对于乡村治理精英的关注点侧重于作风建设。结合相关的文本来看,1946年12月24日第2版刊登了题为"克服自高自满相互攻击韩庄干部加强团结"的报道,文章以韩庄在作风建设过程中的积极行动为切入点,通过宣传报道,号召全国其他乡村地区的乡村治理精英加强团结建设,克服自身的自满和相互攻击。1949年01月27日第4版刊登了题为"村干部强迫结婚应受批评"的报道,通过反面的事例教育广大乡村干部应当尊重婚姻自由,不能强迫婚姻。

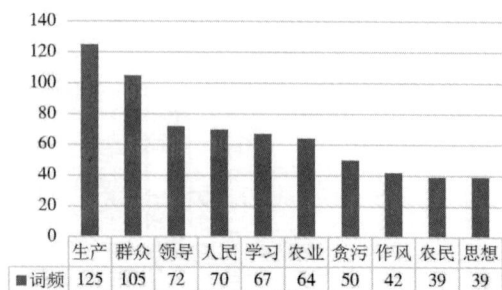

图4-5　新中国成立初—改革开放前词频分布

(二)监督监管与思想教化

　　新中国成立初期到改革之前,国家百废待兴,集中力量发展现代化成为了国家主要任务。为了更好地保障乡村地区供给城市发展和现代化的发展需求,大生产运动、人民公社化运动成为了时代的主题。国家强化了对于乡村地区的控制和思想建设。通过分析这一时期有关乡村治理精英报道的词频,可以发现"生产""群众""领导""人民""学习""农业""贪污""作风""农民""思想"成为了排列在前十位的词组。通过这些词组可以看出,在这一时期组织对于乡村治理精英的要求就是能够更好地执行国家意志,成为组织思想的传播者,发动更多的群众参与到生产过程中。与此同时,强调对于乡村治理精英的监督和监管。比如,1951年04月01日第6版刊登了题为"营口新开河村干部赌博妨碍领导机关已检查禁止"的报道,1953年03月02日第3版刊登了题为"河南获嘉县杀妻凶手逯清连被公审枪决 村干部逯清贵见死不救也被判了徒刑"的报道,这些都可以充分说明,强化对于乡村治理精英的监督监管成为了组织对于乡村治理精英的主要关注点。再如,1953年07月07日第2版刊登了题为"湖南农村干部学习张官长领导生产的方法"的报道,1958年05月13日第4版刊登了题为"云南农村干部开始苦学"的报道,1959年01月11日第8版刊登了题为"谈农村干部的学习问题"的报道,等等。这表明增强乡村治理精英的学习能力,以适应国家建设发展对于农村的要求，也成为这一时期组织对于乡村治理精英的一大关注点。

二、提升

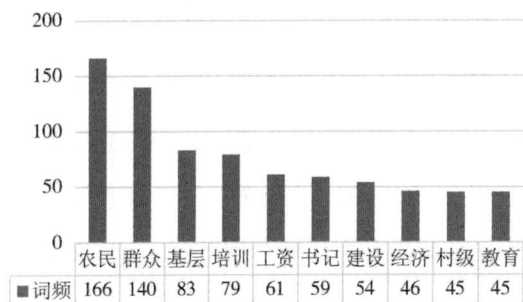

图4-6　改革开放一党的十八大前词频分布

	农民	群众	基层	培训	工资	书记	建设	经济	村级	教育
■词频	166	140	83	79	61	59	54	46	45	45

　　改革开放为中国的乡村社会带来了巨大的变化。实施家庭联产承包责任制,包产到户,鼓励发展乡村集体经济等一系列的变革为中国的乡村社会发展，注入了新的活力。但当时的乡村社会中依旧存在着保守的思想,严重阻碍了乡村社会的转型与发展。乡村治理精英的发展与转型成为了影响乡村社会进步的一个重要因素。这一时期,词频分布排在前十位的依次是"农民""群众""基层""培训""工资""书记""建设""经济""村级"和"教育"。由此可见,从组织的角度来看,转变了以往对于乡村治理精英的监管和控制,而是更加注重发挥乡村治理精英的主观能动性,以期能够通过典型树立、能力培养等多个途径,来提升乡村治理精英从事乡村治理的能力和水平。

(一)典型树立

改革开放初期,我国乡村地区涌现出了若干乡村改革的先行地区和先行者。其中最著名的当属小岗村。为了更好地鼓舞更多的乡村地区实行改革,组织侧重于对一些典型地区和典型人物进行报道与宣传。诸如1982年11月16日头版刊登了题为"珠村干部的胆识"的报道,该报道记录了广州市郊区东圃公社珠村大队开展农村承包的典型事迹,评论员评论道:"对于珠村领导干部,更重视农民群众的创新能力,能够借助本地资源去创新开发一些新事物,更不会因为有无'本本'而做出一些限制或者循规蹈矩地做好乡村管理。"1985年03月19日第2版刊登了题为"商品书记:致富路上新风歌"的报道,报道提及了院头村书记带领全村民众建设了苹果储存库,同时还派遣了村里近三十多个劳力去县城学习烧砖,为更多农民带来了致富的渠道。通过这些实例可以看出,这一时期的报道大都集中在对于乡村转型发展中涌现的先进案例和个人的宣传。组织通过树立典型来增强动员能力,推动乡村社会的改革。

(二)素质提升

改革开放发展到一定阶段以后,乡村社会的整体情况趋好。为了进一步提升乡村社会的治理水平,弥补乡村社会在前期发展过程中与城市之间产生的差距,国家大力推动乡村社会的现代化建设。表现在乡村治理精英层面上,就是组织开始逐步侧重于对乡村治理精英的素质进行提升。诸如1991年07月30日第3版刊登了题为"青州强化农村干部培训"的报道,1993年11月10日第3版刊登了题为"保定农专为农村培养村干部"的报道,1994年05月24日第3版刊登了题为"东海培养'智能型'村干部"的报道等,通过集中报道各地区开展的乡村治理精英培训活动,形成各地的学习竞争模式,推动各地乡村治理精英素质的提升。值得一提的是,1998年10月31日《人民日报》在头版刊登了题为"村干部要学点新本事"的报道。报道以社评的形式比较了传统乡村治理精英的模式:"过去村干部一般都是村里辈分大、威望高、会点武功的人担当。"而当前改革开放对于乡村经济发展提出了新的要求,这需要乡村治理精英(村干部)能够学点新本事、新技能,以适应乡村产业和经济发展需求。

(三)综合发展

进入21世纪以后,中国的乡村建设和发展取得了长足的进步。这也对乡村治理精英提出了更高的要求。这一时期,组织对于乡村治理精英的关注与"三个代表"思想的实践紧密结合,以增强乡村治理精英的党性为抓手,全面推进乡村治理精英的综合发展。诸如2004年01月11日第5版刊登了题为"村干部'述职'好"的报道,2005年02月04日第9版刊登了题为"安徽:想当村干部 需备三条件"的报道,表明组织在关心乡村治理精英能力和素养的同时,开始规范乡村治理精英管理,推崇采用述职等方式加强乡村治理精英考核。2006年03月07日第4版刊登的题为"农村需要'新型村干部'(实践'三个代表'重要思想 保持共产党员先进性 农民代表专访)"则是以专访的形式,宣传报道了新型村干部(乡村治理精英)在贯彻落实"三个代表"思想方面的具体实践,强化乡村治理精英的理论培育,提升乡村治理精英代表人民、为人民谋幸福的思想觉悟。同时,通过研究这一时期报道的内容发现,关于乡村治理精英的管理制度开始有了创新性的实践。部分地区探索依托完备的考核和激励机制,提高乡村治理精英从事乡村治理的工作积极性。诸如2001年03月28日第2版刊登了题为"山东胶南实行农村干部年薪制"的报道,报道中介绍了山东省胶南市通过实行农村干部年薪制,使农村经济发展与三职干部薪酬挂钩,让农村经济发展作为衡量工作班子的标准,改变传统一刀切的管理方式,[1]充分调动了农村干部的工作积极性,促进了农村的发展与稳定。

三、治理

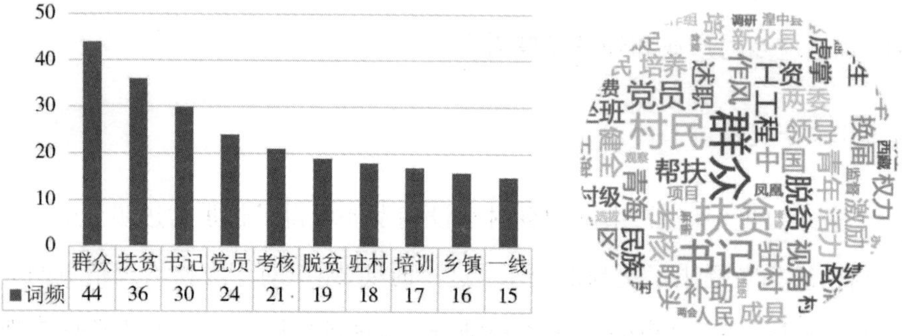

图4-7　党的十八大以来词频分布

党的十八届三中全会通过的《中国共产党中央关于全面深化改革若干重大问题的决定》中对于当前国家治理体系和治理能力的转型发展提出了新的要求,即推进国家治理体系和治理能力现代化。聂平平、王伟等人认为:"这一概念的提出是我国第一次将国家治理体系、治理能力以及现代化三个要素实现了结合。以现代化建设为出发点和落脚点,揭示了现代化与国家治理有着密切的内在关系,即国家治理体系的构建和治理能级的提升离不开现代化的建设,同时治理体系和治理能力的提升也是实现现代化的基础条件。"[2]乡村社会作为国家社会的一部分,自然而然地被纳入到了国家治理体系现代化的构建过程之中。作为国家与乡村社会的一个重要联结,乡村治理精英成为推动乡村治理现代化转型的关键实践力

---

① 参见《山东胶南实行农村干部年薪制》,《人民日报》,2001年3月28日,第2版。

② 聂平平、王伟:《十八大以来国内协商民主研究:回眸与展望》,《社会主义研究》,2019年第2期。

量。因此,组织对于乡村治理精英的关注点也逐渐从规诫、管理向综合治理能力提升方向转化。转向治理的过程大致有两个时间段。

(一)体系构建

转变乡村治理结构使其适应于国家治理现代化的改革与发展需求,最为关键的一环就是构建适应联结国家和乡村社会的体系结构。这一时期,组织对于乡村治理精英的一个核心关注点就是构建乡村治理精英体系。最为显著的表现就是将组织的力量直接嵌入到乡村社会当中,与乡村社会的源生权威结合,形成组织精英、乡村治理精英与乡村社会三方互动的乡村社会治理格局。诸如2007年04月23日第9版刊登了题为"湖北:千名村干部应考乡镇公务员"的报道,2007年03月08日第2版刊登了题为"山西今年选聘8000名大学生'村官'"的报道,2010年04月08日刊登了题为"浙江推行大学生'村官'淘汰机制"的报道等。这些报道可以充分印证,从国家层面开始推广"大学生村干部"等政策,有意识地将干部力量直接嵌入乡村社会,以实现乡村治理格局的重塑,为乡村治理现代化的转型奠定基础。

(二)精准扶贫

党的十八大以来,党中央将扶贫事业上升为了国家治理层面的一项具体举措。旨在通过脱贫攻坚这一事业,实现国家治理主体、治理空间和治理队伍的重塑。而乡村治理精英作为精准扶贫权力结构中的一项重要实践权力,承担着推动脱贫攻坚任务顺利完成的重要使命。为此,中央和地方各级组织部门选派了一大批优秀的党员干部作为驻村"第一书记"到贫困村,通过加强基层党建、推动脱贫攻坚、提升乡村治理等一系列的举措来助力脱贫攻坚卓有成效地完成。因此,在这一时期的报道中我们可以发现,通过驻村干部推动精准扶贫,实现乡村治理格局的重塑成为了组织关注的重点。诸如2015年02月23日第1版刊登的题为"7万驻村干部办好事上万件"的报道，讲述了新疆维吾尔自治区开展"访惠聚"行动，"首批7万余名驻村干部深入基层，为农牧民办好事上万件，基层面貌得到明显改善，各族驻村干部在'访惠聚'中得到锻炼成长"。2018年02月06日第1版刊登了题为"'咱就是这村里人'（新春走基层　扶贫干部进村来）"的系列报道，讲述了驻村干部春节不回家，在所包村里过年的故事。通过先进人物事迹的系列报道，鼓舞更多的驻村干部，扎根基层，奉献自我，为推动精准扶贫的贯彻落实，贡献自己的力量。由此可见，在这一时期，以脱贫攻坚为载体的乡村治理精英已经与国家治理体系构建和治理能力现代化转型实现了接轨，成为国家治理体系中比较重要的一环。

本章小结

组织对于乡村治理精英的培育是组织化在中国乡村社会具体实践的生动表现，这是共产党基于对中国乡村社会的充分认知而做出的正确判断。中国乡村社会的封闭性和保守性，尤其是乡村社会内部村民整体具有思想落后、知识结构薄弱的问题，使得组织化的实践很难落实到每一个乡村社会的主体之上，而将乡村治理精英进行组织化的培育，并发挥其原有的治理能效可以起到事半功倍的组织化效果。

综观乡村治理精英的组织化培育，我们可以发现经过了管理、提升、治理这样一个递进式的组织化培育路径。从宏观的视角来看，这样的一个培育路径与国家治理体系的构建和发展是紧密结合的，这也从一个侧面反映出乡村治理作为国家治理的一个有机组成部分，乡村治理的转型发展逻辑是蕴含在国家治理体系不断发展和完善的过程当中的。从微观的角度来看,在乡村治理精英组织化培育的过程当中,乡村治理精英的属性转化成为了整个培育过程中的重要关注点。它与乡村社会的组织化再造过程的相通之处就在于过程的渐进性和实践性。具体而言,乡村治理精英培育的本质就是通过身份、人格和交往方式的组织化塑造,使得乡村治理精英真正具有组织化的属性特征。

第一,身份组织化。经过组织化培育以后的乡村治理精英已经不再单纯是一个乡村社会的代言人和乡村秩序的治理人了,而是获得了组织化的身份,无论是村支部书记还是村主任,都是组织化过程中对于乡村治理精英身份的重新定义。第二,人格组织化。经由组织化改造以后的乡村治理精英,其行为风格和思维方式都具有了组织化的特性,主要是因为组织化的实践使得乡村治理精英有了制度的约束,使其所有的乡村治理行为均需要在组织的逻辑框架中进行。第三,交往方式组织化。未经组织化改造之前的乡村治理精英,其交往的主体以村民为主,经由组织化改造以后的乡村治理精英,因其权威来源增加了组织的部分,所以作为联结乡村社会和国家之间的纽带,上级组织和政府也成为其重要的交往对象。在这一过程中,他们的交往方式也会随之发生变化。单纯依靠熟人社会建立的交往关系,难以维系乡村治理精英的权威运作。因此,乡村治理精英们会寻求更加有效的方式来实现与乡村社会以及上级组织的有效互动,其交往方式也自然而然地具有了组织化的特性。

第五章　组织权威的联结

　　前文中运用组织化的视角具体分析了中国乡村治理的本质，认为中国乡村社会的治理不是简单地来自中央和上级政府的控制，也不是乡村社会内部之间的一种秩序构建，而是国家治理层面的一种具体表现。但中国的乡村社会受到历史因素的影响，一直处于一种低度政治参与的状态。如何把原生的、离散的乡村治理状态，糅合成一个有机的整体，进而使其成为国家治理的一部分，是需要思考和解决的问题。也就是说，乡村治理作为实现国家治理的一个组成部分，需要寻找一个有效的治理支点，来实现国家和社会之间的有效联结，保障国家治理的触角能够有效地延伸到中国的乡村社会。这个支点源于乡村社会内部，带有鲜明的乡村属性，经组织化以后，具有了国家属性。因此，乡村治理精英的存在是乡村社会组织化的一种具体表现。观察研究乡村治理精英行动逻辑的过程，其实就是展现中国乡村社会组织化生动性的一个过程。

　　乡村社会固有的自治空间使得传统的乡村社会中具有了一定的组织基础。从国家治理的角度来看，实现乡村社会的有效治理最为关键的一环就是要实现国家组织与乡村组织的结合，完成乡村社会组织化，进而将乡村治理纳入到国家治理的体系之中。从本质上来看,乡村组织的基础源自于乡村社会中固有的若干权威,在这里我们称之为"乡村社会源生权威"(Original Authority in Rural Society),组织化的过程就是组织化权威与不同乡村社会源生权威进行联结的过程。因为乡村社会源生权威的存在形式和治理结构具有不同的表现形式,所以组织化权威与乡村社会源生权威的结合自然而然地会产生不同形式的乡村治理精英。这些不同类型的乡村治理精英及其行动逻辑共同组成了中国乡村社会治理的生动图谱。

第一节 组织化权威与族权

一、行动逻辑

族权是乡村社会中存在时间最长的一种权威结构,组织化权威与族权权威的结合塑造了长老型的乡村治理精英。它的产生和发展与中国传统的礼法文化密不可分。中国传统政治制度的行政建制向来以县为基层单位,县以下基本由地方士绅或宗族大户维持秩序,推行教化。很多乡村存在着浓厚的宗族关系,这些关系组成了乡村特殊关系体,既具有经济成分又具有政治成分。①依靠宗族关系来进行乡村社会治理的模式萌芽于夏商周时期,完善于宋元明清,国民政府时期得到丰富且具体的实践,直到今天,在中国的乡村社会地区依旧大量存在长老型乡村治理精英。在漫长的历史过程中,乡村社会的编制不断更新和完善,乡村社会的主体参与者

---

① 参见傅伯言、汤乐毅、陈小清:《中国村官》,南方日报出版社,2001年,第1页。

也随之不断发生着变化,但是从事乡村社会治理的主体始终保持着"乡村绅治"的鲜明特点。

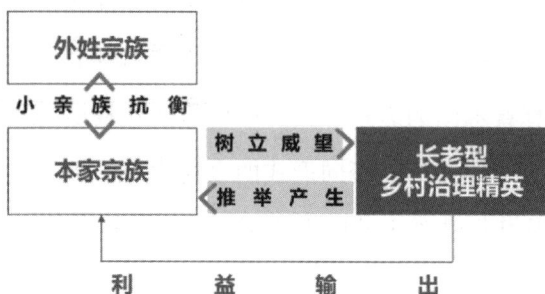

图5-1　长老型乡村治理精英的行动逻辑

长老型乡村治理精英的核心权威来源于同一宗族内部的凝聚力。作为血缘和地缘结合的产物,宗族内推选出来的治理精英经由国家的认同,并通过组织化程序来获得相应的合法性权威,从事乡村治理。一个宗族中产生治理精英就代表着另外一个或者几个宗族在乡村治理中失去了主导的话语权,进而在农村社会中会出现"一家独大"或者"多家抗衡"的局面。贺雪峰曾经指出:"强有力的宗族观念,及由此产生的舆论和面子压力,使村庄内宗族之间的竞争变得重要。"[1]由此可见,长老型乡村治理精英的产生往往伴随着乡村社会内部之间宗族力量的博弈。最为直接的表现就是以小亲族[2]和小亲族的联合为手段,影响甚至决定着村委会的选举,并在日常中影响着乡村社会治理工作的开展。因此,一个长老型治理精英要想登上乡村社会治理的舞台,并获得组织的认可,首先,需要依靠自身公正公平、善于交际、能够代表本家利益等方面的能力,在本宗族内树立威望,进而获得宗族内部的认可,成为本宗族内部德高望重的"长老";其次,宗

---

[1]　贺雪峰:《村治模式:若干案例研究》,山东人民出版社,2009年,第81页。
[2]　贺雪峰认为,小亲族一般是以三服或者五服以内的兄弟、堂兄弟关系为基础,形成一个认同及行动单位。

族内的小亲族通过对内合作、对外竞争等途径获得乡村社会民主实践的主动权，通过笼络选票等手段来实现本宗族内部精英向乡村社会治理精英的升级和转化（见图5-1）。在这个过程中，乡村治理精英始终是一个宗族利益的代名词，因此一个善于妥协甚至善于利益输送的大家族精英是成为长老型乡村治理精英的关键所在。由此可见，依托组织权威与族权结合所产生的乡村治理精英，虽需要得到上级政府（国家）的认可，但因其产生于宗族内部的信任和推举，因此更倾向于与宗族（社会）的联结。

在很长一段历史时期内，受到经济发展水平的限制，农村的生产经营活动相对较为单一。在传统宗族思想和乡村熟人关系社会的影响下，长老型乡村治理精英在我国乡村社会治理过程中存在的时间较为长久。他们对于维护乡村社会地区的稳定，调解乡村社会地区的矛盾纠纷，维持一个长治久安的乡村社会治理局面发挥了重要的作用。当然，这些作用的发挥与特定的历史时期和特定的国家制度安排是密切联系在一起的。

长老型乡村治理精英在制度安排的范围内，发挥主观能动性和组织动员能力，发动村民参与乡村社会基础设施改造，推动乡村社会的发展。山东省潍坊市X村的原村支部书记王书记就是一个典型的长老型乡村治理精英，他的个人权威来源于本村同姓的宗族。在三十余年的村支书生涯中，经历了大生产运动、人民公社运动、"文化大革命"、家庭联产承包责任制等重要历史时期。依靠宗族的支持，王书记在村内发挥了重要的组织动员作用。尤其是在家庭联产承包责任制实施以后，王书记充分利用"三提五统"所收缴的村集体收入作为经济支持，利用"农村义务工"制度作为制度保障，在村内建设乡村小学，修建乡村公路，带动农村的产业转型等。这些举措在带动农村发展的同时，很好地巩固了依靠宗族支持建立起来的长老型权威，这也成为王书记能够在村内担任三十余年村支书的一个重要原因。

二、困境分析

随着我国改革开放事业的发展，尤其是税费制的改革，农村地区的经济结构和人口结构发生了翻天覆地的变化，大量的剩余劳动力从土地上剥离出来涌入城市。传统的宗族意识逐渐被淡化，宗族组织也随着人口的流动而逐渐解体，由宗族的内在联系所构建的一种相对稳定的乡村秩序面临着巨大的挑战。但上述问题的存在并不意味着长老型乡村治理精英会随着社会的发展而退出历史舞台。在调研过程中发现，当前长老型乡村治理精英依旧存在于我国一些经济落后、交通闭塞的贫困农村地区，并依靠自身在宗族内的薄弱影响力，发挥着稳定社会治安等基本职能。但在乡村经济发展和产业结构调整等方面，大多数的长老型乡村治理精英不愿意作出相应的努力，导致所在乡村与周边村落在经济和农村基础建设等方面差距越来越大，农村各项事业停滞不前，脱贫攻坚的工作更是难以有序开展。本书试图在调研的案例中，寻找出现这一问题的原因。

(一)思想滞后性

长老型乡村治理精英大都年龄偏大，思想固化，不愿承担发展经济和产业所带来的风险。因此，致使乡村社会的经济发展难以适应乡村社会发展的内在需求。

案例:"送不出去"的一百万农产品

湖北省A村因交通闭塞等现实问题的存在，农民的生活一直处于贫困状态。在国家实施脱贫攻坚战略以后，对口支援单位着力派驻了"第一书记"和驻村工作队，以期能够帮助A村完成脱贫任务。经驻村工作队调研后发现,A村的土壤十分肥沃,对农作物的质量也很有保障,唯一缺乏的就是市场和销售渠道。因此,驻村工作队积极联系所在单位,希望能够通过将A村的农产品入驻城市里的各大超市,来解决销售问题。

经过几个月的沟通和洽谈,终于第一个100万的单子谈妥了。原本以为是一件皆大欢喜的事情,结果这个一次性销售100万农产品的机会被村支书给制止了。村支书说:"这么多农产品我们上哪里去收购,收购需要花费多少人力、物力,村里年轻力壮的都去城里打工了,剩下一些'老不死'的哪个能去收。再说了,我们这里这么闭塞,怎么运出去还是个问题,实在太麻烦了。没人会同意的。"

就这样,一个可以创收的项目在村支书的制止下最终以失败而告终。当地驻村干部告诉笔者:"就是老支书年纪大了,不想搞事情。没办法,穷日子把人都过懒了。"

(二)利益保守性

长老型乡村治理精英的经济收入基本来自于担任村干部而获得的上级补贴,他们清晰地认识到一旦发展了产业,势必会出现乡村内部新的带头人,自己依靠宗族势力在乡村社会中树立的权威必然会遭到挑战,在新一轮的选举中就没有获胜的把握,为了规避这一风险,长老型乡村治理精英更愿意维持传统状态。

案例:"流产"的脱贫项目

吉林省Z村是出了名的贫困村,为了响应国家号召,上级政府选派了最得力的驻村干部来担任"第一书记"。面对大面积荒废的黑土地,驻村干部们很是痛心。经过讨论,准备引进一条农副产品深加工的生产线,将村里的农副产品深加工以后再往外销售,在增加农村就业机会的同时,延长产业链，给农民更多创收的机会。驻村工作队跑前跑后，争取资金，吸引商家投资。正当所有的环节基本敲定的时候，谁也没想到会在村委这一环节被卡住了。

对于这个项目，村支书说："我说的不算，要经过全体村民同意。"于是村里召开了村民大会。在举手表决之前，村支书一遍遍地强调这个项目的弊端，希望大家慎重考虑。由于村支书是村里的老支书了，又是村里最大姓氏的代表，于是，更多的村民选择了不支持此项目。

驻村"第一书记"说："老书记不愿意盖章就是怕村里产业发展起来，他在村里的'地位'保不住了。以后村民们没人听他的了，再换届就当不上村支书了，政府发的补贴就没法拿到。为了自己的这点补贴，不想让村里发展起来，真是愁人。"

由此可见，长老型乡村治理精英虽然对于稳定乡村社会的秩序还能发挥一定的积极作用，但已不适应当前农村社会发展和乡村振兴的需求，更不适应脱贫攻坚工作的落实。

第二节　组织化权威与政权

一、行动逻辑

组织化权威与政权的结合塑造了任命型的乡村治理精英。任命型乡村治理精英的形成与特定时期的特定国家任务息息相关。新中国成立以后，乡村的基层组织也发生了较大改变，不管是在经济还是在政治文化上,为了稳固国家政权,以农村为核心展开了民主建设,各级民主政权组织纷纷建立,农村地区建设了生产合作社、基层政权组织以及集体经济组织。1954年宪法确立后,村级政权宣布解体,乡镇成为了最基层的单位组织,乡镇以下的区域则被称之为区或村,乡村治理精英则是依托选拔或任命等形式产生的。1958年全国上下展开了社会主义建设,农村地区展开了公社化运动,生产大队成为基层组织,负责开展集体生活和生产活动。在"文革"期间,生产大队改称为革命委员会,直到1978年以后,党的十一届三中全会重新恢复了农村治理体系,确定了公社、生产大队和生产小队三级治理模式。①在这一历史时期,乡村社会基层组织成为政社合一或行政性的经济组织,肩负着行政管理和发展经济的双重历史使命,乡村治理精英具有鲜明的政治属性。

图5-2　任命型乡村治理精英的行动逻辑

　　任命型乡村治理精英的合法性权威来源于国家的直接或间接委任,即国家政权。《农村人民公社工作条例修正草案》(后简称《草案》)中指出:"人民公社的各级组织,都必须执行国家的政策和法令,在国家计划指导下,因地制宜地、合理地管理和组织生产。"该时期能够确保乡村社会治理按照国家的需求有效进行的最佳途径,就是由国家直接委任乡村社会的治理人。分配制下的乡村社会需要治理精英进行组织生产学习、工分统计、粮食分配、义务工分配等工作,这对治理精英的个人素质要求较高。因

---

①　参见傅伯言、汤乐毅、陈小清:《中国村官》,南方日报出版社,2001年,第15页。

此,国家会在乡村中物色政治素养高、群众基础好、宗族势力大且公平公正的治理人,诸如人民公社时期的公社书记和管委会主任等。乡村生产大队一般是由社员代表组成的,经过公社管理委员会审批后,并向上级备案,这些成员均属于治理精英,他们主要负责执行中央政府下达的各种农村政策、法令等。《草案》中就明确规定了公社组织必须坚持贯彻中央政府推出的各项政策法令,同时还要严格督促生产大队日程生产情况,并根据国家下发的生产计划作出相关生产分配,从而更好维护集体利益和国家利益。根据国家计划和各生产队的具体情况,兼顾国家和集体的利益,公社组织向各生产队提出关于生产计划的建议,并且可以对各生产队拟定的计划进行合理的调整。因此,任命型乡村治理精英的行动路径(见图5-2)就是一个单一的接受上级任务、执行上级任务并进行反馈的过程。这其中,任命型乡村治理精英作为国家与社会之间的一个联结纽带,体现出了更强的国家性倾向。

二、困境分析

随着改革开放在中国乡村地区的深入推进,乡村社会的经济结构和人口结构发生了重大的变化。尤其是随着国家"三提五统"政策取消以后,任命型乡村治理精英统筹资源、承担国家税收等职能也逐步丧失。长期以来形成的以管理和控制为主要工作方式的任命型乡村治理精英,已经逐渐与中国乡村社会的发展需求相脱节。当前,我国是否还存在任命型乡村治理精英?其所面临的困境又是什么?笔者在调研中发现,当前,我国出现任命型乡村治理精英的情况大致有两种,这两种任命型乡村治理精英存在的情况,恰恰是他们所面临的现实困境。

(一)难以平息的派系斗争

当前,我国部分乡村内部派系斗争过于激烈,严重影响了乡村社会的有序治理,甚至造成了不良的社会影响。在这样的情况下,为了维护乡村社会秩序,缓解内部矛盾,往往会由上级组织出面协调,推举相对合适且具有党员身份的村民来担任乡村干部,在政府部门的协助下循序渐进地改善乡村治理现状。

案例:"选"出来的村支书

Z书记是黑龙江省某村的村支书,但他在村里的工作却做得十分吃力。调研中发现,Z书记的村支书身份来得十分不容易。作为村里吃苦能干的老实人,Z书记没有想过要担任村支书的职务。但是村里所谓的"能人"太多,村委换届选举过程中频繁发生暴力事件,最终难以完成正常的选举工作。面对激烈的竞争,上级政府不得不出面进行解决,动员村里的党员们另辟蹊径,选一个"老实人"来做村支书。正是这样,Z书记被选成了村支书。而作为一个"老实人",Z书记在村里其实没有多少话语权,唯一能够做的就是发发上级的通知,动员动员村民。整个村里依旧是一片"各顾各家""老死不相往来"的局面。村集体的各项事业也是停滞不前,严重缺乏实现乡村振兴战略的动力。

(二)难以维持的乡村发展

在一些组织软弱涣散、经济发展落后、人口老龄化程度高的乡村地区,单纯依靠乡村内部民主难以产生从事乡村治理的人选。为了维持乡村社会的发展和稳定,上级组织往往会在现有的村民中物色一个相对优秀的人进行培养,进而将其通过相应的程序发展为乡村治理人,完成日常行政工作,维持乡村社会的稳定。

以上两种情况可以说明,当前出现任命型乡村治理精英不再是一种制度构建的硬性要求,而是国家托底乡村社会发展的柔性表现。无论是脱贫攻坚还是乡村振兴,均对乡村治理精英本身提出了更高的要求和更严的标准。任命型乡村治理精英在乡村社会中能力有限,资源不足,甚至面对乡村社会内部因派系斗争产生的矛盾无能为力。这成为乡村社会顺应国家治理转型发展的趋势,推动乡村振兴以及乡村社会治理能力的升级是亟待解决的问题。

第三节 组织化权威与财权

一、行动逻辑

组织化权威与财权的结合,塑造了能人型乡村治理精英。能人型乡村治理精英是改革开放成果在乡村社会的生动体现,是现代化转型发展的必然结果。改革开放为乡村社会的发展注入了思想动力,取消农业税等减负举措为乡村社会的转型提供了契机,不少乡村企业因此发展起来。随之而来的是农村经济社会的分化和农村社会的分层,原有的乡村熟人社会越来越分化为三个群体:一是经商致富的老板群体;二是依靠劳动获得收入的务农群体;三是家庭缺少劳动力或者身体智力残疾的低收入群体。[1]在经济利益的驱动下,乡村社会治理的结构也发生了相应的变化。单纯依

---

① 参见贺雪峰:《治村》,北京大学出版社,2017年,第3页。

靠宗族势力或者国家任命所形成的乡村治理精英很难在乡村社会中掌握话语权，反倒是一些依靠自身发展产业带动大批农村剩余劳动力就业的乡村老板，在乡村社会中拥有了较高的威望，在农村村民自治的民主实践中，自然而然地被选举为乡村治理人。

案例一：辞不掉的村支书

山东省W村在十几年前是一个远近闻名的落后村，村民好吃懒做成性，村风民风也十分差。村里的刘某原本在外地跑长途货车，干了几年后觉得自己的村庄实在是太落后，于是下决心回来要改变家乡。他利用自己多年在外地跑货车的经验，回到村里组了一个运输队，帮周边县区拉货。起初参与的人并不多，直到后来村民们发现这是一个生财之道才逐渐加入进来。跑货车赚的钱越来越多，刘某就想再为村里做点儿长久的事情。于是，他盘下周边村的一些企业，把他们发展成了村集体经济。就这样经过十几年的发展，这个企业已经成为了当地名声显赫的大集团。刘某自然而然被推选成了村支书。正如他自己所说："越是发展落后的村子越是盛行拉票。村子里都是给我满票，也不用举行什么动员大会，就选上我为村支部书记。"

十几年的时间里，村民们住上了楼房，无论是男女老少都有一份稳定的收入，孩子上学村里会给红包，家里有红白喜事村里会统一张罗，年过60岁的老人，村里每个月会给予一定的生活补助……原来的落后村成了远近羡慕的小康村。但刘书记却遇到了难题，随着年纪的增长，他觉得自己已经干不动村支书了，村民们却舍不得他。他说："我现在最大的心愿就是抓紧找到合适的接班人，我也好退休颐养天年去。"

案例二:公路 铁路 致富路

吉林省H村现在是远近闻名的小康村,村庄道路整齐,环境宜人,每个村民的脸上都挂着幸福的笑容。但二十多年前的H村却连一条能进城的公路都没有。这严重制约了村里农副产品的销售和村民收入的增加。身为支部书记的柏书记,深知"要致富先修路"的道理。于是在他的带领下,群众发扬自力更生、艰苦创业、团结协作、无私奉献的精神,劈山修路。两年的实践,终于开通了第一条通往县城的水泥路,结束了百年来全村没有公路的历史。

但柏书记并不满足于修一条公路,而是对经过村里的一条铁路打起了主意。2007年全国铁路大提速,他想让这条铁路上的火车能够在村里停一下,让村民们进城卖货更方便。于是,他想到了模仿小岗村的做法,联名给省铁路局写信。他在信中详细描述了村里发展的困境和对于火车停靠的迫切需求,并组织村民共同署名。2007年的冬天,他一个人带着二十几封复印好的联名信,来到了省铁路局,不知道该找谁就挨个办公室送,终于他对交通的迫切需求得到了上级领导的批复,同意火车在村里停靠一分钟。就是这一分钟,成为了村民们脱贫致富的关键点。

正是因为柏书记带领着村民们修公路,"拦"铁路,走向了致富之路,才让村民们对柏书记产生了极强的依赖,柏书记在每次选举中都是全票通过,这一干就是二十余年。

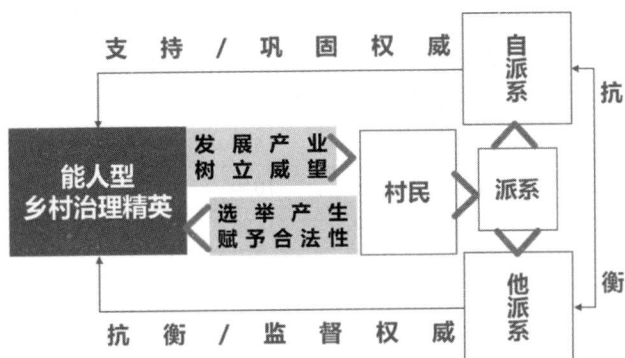

图5-3 能人型乡村治理精英的行动逻辑

　　由此可见，能人型乡村治理精英的权威合法性来源于村民自治的民主实践。村民在《村民自治法》的指导下，通过直选的形式，将可以给自己带来直观经济效益的乡村精英选举为村主任或者其他类型的乡村干部，即能人型乡村治理精英。相较于长老型和任命型，能人型乡村治理精英对于乡村社会的改变和治理能级的提升，效果更为显著。他们通过发展乡村产业和村集体经济，为村庄公共物品的供给提供资金；依托乡村企业搭建矛盾调解平台，从企业员工的视角化解村民纠纷；筹集公益资金，开展乡村社会内部的扶贫救济，让丧失劳动能力的村民或者特困家庭能够共享乡村发展的成果。因此，能人型乡村治理精英对于乡村社会的治理是一个全面性、系统性的过程（见图5-3）。在这个过程中，只要能够持续性地让老百姓受益，老百姓就会持续性地拥护其作为乡村治理的主体。因此，笔者在调研的过程中发现，一个优秀的能人型乡村治理精英往往能够连任数届（见表5-1）。

表5-1　能人型乡村治理精英的工作年限及治理抓手

	所在乡村	年限	治理抓手
孙主任	四川省魁沙村	18年	林木产业/民族教育
丁书记	湖北省黄龙沟村	15年	茶园产业/村民教育
周书记	湖北省管驿村	10年	养殖产业/公共设施建设
柏书记	吉林省黄家崴子村	16年	养殖产业/交通基础建设

二、困境分析

就当前乡村社会发展的需求来讲，能人型乡村治理精英对于改善乡村社会的经济状态和物理形态，推动脱贫攻坚和乡村振兴的发展具有重要的作用。因为能人型乡村治理精英所依赖的内生权威来自于乡村经济的发展，也就是现代化的动力，在此基础上获得了组织权威的认可，能够有效地实现组织与乡村社会之间的联结和互动。但不可否认的是，能人型乡村治理精英在推动乡村社会发展、改变乡村社会经济结构的同时，也为自身的产业发展注入了相应的资源。这种现象的存在使得能人型乡村治理精英这一角色在乡村社会中不仅仅是一个治理人的状态，还存在着一个获利方的状态。正是这两种状态的同时存在，使得能人型乡村治理精英面临着一系列的挑战。

（一）小农思想与乡村产业发展的不对称状态

在小农思想特征显著的乡村地区，当能人型乡村治理精英兼具创造财富和乡村治理两项功能的时候，无法得到全部村民的认可和支持。部分村民的质疑在很大程度上影响了能人型乡村治理精英作用的发挥。

案例：一封联名举报信"告倒"了村支书

丁书记是湖北省H村的村支书，走进H村，笔者被其整结的村容村貌和整齐划一的村集体茶园所吸引。这是丁书记在任15年最骄傲的一件事情。可谁也想不到，就是这样一位带领村民发家致富的好书记却曾在4年前不堪村民联名举报的舆论和道德压力主动辞去了村支书的职务。

事情的起因是丁书记想发展茶叶种植的愿景。村里的土地不多，适合种茶的土地更是少之又少，于是丁书记想把村后的山坡进行规整，然后让村民们来集中种茶。规整山林难免需要砍伐一些树木。有的村民不想种茶受累，但又看不得其他人种茶赚钱，于是就说丁书记带头滥砍滥伐毁坏山林，还发动了村里一些村民写联名举报信。所谓的联名签字，其实就是一些村民把村里那些残疾人、智障人士还有一些在外务工人员的名字写上去了。这封看起来有76户签字的联名举报信，实际上只出自四五户村民之手。这封举报信被送到了县委、市委还有省委。内心无比委屈的丁书记一气之下辞去了村支书职务。后来县里来核实，看到漫山遍野的茶园就知道这举报是子虚乌有。但已经被伤透心的丁书记不愿意再担任村支书了。

直到前年村委换届，在大家的努力下，丁书记又干回了村支书。他建起了农民讲堂，制定了村规民约，快要垮了的茶园又焕发了新的生机。

（二）多重能人及其利益群体之间的抗争状态

随着国家脱贫攻坚的实施，乡村社会中所获得的国家资源越来越充沛，乡村治理精英能够调配的资源也就越来越多。这对于能人型乡村治理精英来讲，无疑是一件好事。一方面，他们能够通过这些资源的调配，通过利益的媒介，打破传统乡村社会中依靠血缘和宗族建立起来的派系隔阂，建立新的利益共同体，从而拉拢更多的支持者和拥护者。另一方面，作为能人型乡村治理精英，自身大都拥有一定的产业基础，掌握资源调配权限的他们，有更多的机会和机遇推动自身产业的发展。因此，在这样的形势下，越来越多乡村治理中的"能人"，想通过成为乡村治理精英，来获得这些资源的调配权限。

当一个乡村社会内部出现多个"能人"时，他们之间会因争夺治理乡村和分配资源的主导权而出现激烈的竞争。相较于长老型乡村治理精英之间的竞争而言，能人型乡村治理精英的竞争不再单纯地依靠宗族势力和血缘关系的远近，更多的是依靠以经济利益为核心所构建的乡村派系。部分派系企图利用非法途径干预选举工作，贿选现象频频发生。更有甚者动用黑恶势力操控选举，严重影响了乡村自治的有序进行，成为了对乡村社会民主实践的巨大挑战。

当前，应以"扫黑除恶"行动为契机，加强对于农村地区选举的监督，严厉打击影响选举工作的任何行为，确保农村地区选举工作的公平性和公正性，真正选出人民信任的治理精英，推动农村地区的深化改革和产业调整。

本章小结

内生型的乡村治理精英在中国乡村社会发展的过程中发挥了巨大的作用。从以族权为核心的长老型乡村治理精英到以政权为核心的任命型乡村治理精英，再到以财权为核心的能人型乡村治理精英。这一演进的过程是组织化发展脉络的一个重要表征。这些依靠乡村社会源生权威和组织化权威的结合来从事乡村治理的管理者，依靠自身在维系宗族稳定、贯彻国家政策、整合乡村发展资源等方面的优势，维系了中国很长一段时期内乡村秩序的稳定和发展。

　　然而随着国家治理现代化的转型发展，尤其是脱贫攻坚和乡村振兴战略的实施，单纯依靠内生型乡村治理精英很难实现乡村治理与国家治理的并轨，也很难挖掘乡村社会持久发展的源生动力。诸如本章中所分析的，长老型乡村治理精英所存在的思想滞后性和利益保守性等弱点；任命型乡村治理精英是为了暂缓难以平息的乡村派系斗争和难以维系的乡村发展而不得不保留的一项制度传统；能人型乡村治理精英在当前的乡村治理过程中所面临的小农思想与乡村产业发展的不对称状态、多重能人及其利益群体之间的抗争状态等现实问题，都是制约当前乡村社会发展的壁垒。当然不可否认，这些困境的存在与乡村社会人口结构、产业结构等因素的巨变有一定的关联，但更为重要的原因在于当前的乡村治理结构与国家治理结构之间存在着衔接上的不足。这些衔接上的不足该怎么弥补，也是本书接下来将着重思考和探索的问题。

第六章　组织权威的嵌入

所谓的组织权威嵌入是指组织化权威直接进入乡村社会的过程及其表现。它与组织权威联结最大的区别就在于承担乡村治理相应工作的人员是由组织直接选派的,到中国的乡村地区承担党建和协助处理乡村社会的日常事务工作。新中国成立以来,尤其是改革开放以后,组织权威嵌入乡村社会的情形较为常见。它以基层党建为主线,大致经历了"第一书记""大学生村官""三支一扶"、驻村"第一书记"这样一个演变过程。

改革开放时期,家庭联产承包责任制确立,农户生产积极性被极大调动,创造力也得到较高提升,农村生产活力被激发。在1978年至1988年十年发展期间,我国农村建设取得了较为可观的成果,20世纪90年代开始中国城市建设也被提上日程,工业化发展程度提高,城市建设规模不断拓展,第二产业和第三产业成为主导产业,更多农村人口开始朝外流动,为城市建设作出了突出贡献。但是任何一件事物都存在两面性,20世纪末国家三农矛盾更加突出,基于农村问题、农民问题及农业问题,国家推出了农村改革发展的战略任务,具体有:

2001年,强化了基层组织建设,创新了农村经济的发展,其中以安徽省为示范地区,选拔了年轻干部进入到贫困农村中,更多年轻干部凭借先进思维和创新思路带领农村走上了新发展之路,以全国百名优秀村干部的代表沈浩为例,他是家庭联产承包责任制的创始者,最先在其带领的村庄实施了家庭联产承包,并获得了较好成果。2010年,全国省市纷纷开展了"第一书记"计划,将更多年轻的优秀干部植入农村建设和发展中,如河南省从19家省直单位中选派了19名干部到19个贫困农村工作,改变了这些农村党政机构涣散的问题,同时以"两委"领导者身份,深入农村群众生活中,带领人们逐步走上了发展致富的道路。2012年,山东省政府也启动了"第一书记"计划,将年轻优秀的党政干部派遣到贫困农村中,赋予他们更多重任,希望可以借助年轻管理者的理念,强化农村经济社会的发展,带领农村村民彻底摆脱贫困现状。此后,全国各大省市纷纷学习"第一书记"经验,并结合地方实际发展情况,将更多优秀干部派遣到地方基层,借助这些优秀干部,切实缓解了农村政治管理软、散、乱、穷等问题,从而推动农村快速进入改革发展中。从年轻干部发展上看,深入农村建设和发展中,不仅能够锻炼干部人员的综合能力,同时还有助于改变机关作风,基于"第一书记"的实践经验,中央印发了《关于做好选派机关优秀干部到村任第一书记工作的通知》(以下简称《通知》),高度肯定了农村"第一书记"的做法,同时鼓励全国各个地区都能推广驻村"第一书记"的做法。

进入21世纪,中央多次在政府报告中提及中国国家发展战略,并将"三农问题"提升到了战略高度上,"三农问题"是重要工作。2003年,提出科学发展观,次年提出构建和谐社会,这些新观点均与"三农问题"紧密融合,创建社会主义新农村成为了"十一五规划"中的重要内容,同时,中央还颁布了《关于引导和鼓励高校毕业生面向基层就业的意见》[1],以此鼓励

---

① 中共中央办公厅、国务院办公厅:《关于引导和鼓励高校毕业生面向基层就业的意见》,2005年6月25日。

高校毕业生能够到农村基层去工作,许多高等院校也为年轻农村干部的培养提供了基础条件。在中国农村建设中,政府也给出了许多利好政策,以鼓励更多年轻大学生能够参与到基层管理建设中,丰富农村干部结构,提高基层政府队伍的综合实力。中国的大学生村干部在全球都树立了典范,许多优秀的青年能够参与到农村建设中,一方面为国家建设储备了更多优秀干部资源;另一方面也为年轻人提供了锻炼机会,夯实了工作基础。

大学生成批地被各地政府聘用驻村支农,这并不是孤立现象,也不是新鲜事物,而是国家宏观战略发展与时代相结合的产物。在工业发展初期,"三农问题"并没有凸显出来,很多农村干部、农村治理方面的问题并没有反映出太多不足。随着工业化发展,很多农村问题凸显出来,客观上的矛盾无法化解。在发展初期,由于一味追求经济利益,导致了可持续发展观无法被真正贯彻,传统生产管理模式已经不能适应新思想,农村建设和治理中先天性不足更加凸显,这就需要在农村干部队伍中植入更多年轻力量。[1]年轻干部们需引领农村更好地贯彻落实科学发展观,并将其践行到农村实践生产中,唤起农村的发展活力。

如1992年,中国人民大学的研究生毕业后返回家乡担任了党支部书记,带领全村走上了改革之路;又如2005年,陕西毕业生回村参与了村主任竞选工作。这些案例在中国大地上屡见不鲜,他们为农村创新建设和发展奉献了充足力量,未来数百万大学生志愿者凭借奉献精神,愿意将青春洒向农村建设之中。如天津科技大学女毕业生到神农架山区插队,将更多创新思维带入了工作中。在我国的媒体报道中,总是能看到优秀村干部学生的相关信息,多数都是报道的优秀人物或先进事件,这样的报道无形中

---

① 薛新生:《选派"大学生村官"的做法和启示》,《领导科学》,2006年第9期。

也给更多大学生村干部带来了精神压力,若是不能创收或没有良好政绩,便无法从容面对国家的重托。但是要知道,农村遗留下的常见问题,并非年轻村干部三下五除二就能解决的。农业生产是自然状态与经济状态融合的结果,若是忽略了自然状态直接去追求经济状态,那么背后肯定需要承担更大的社会风险甚至是自然风险。综上,各种社会价值影响,加上媒体的相关报道,未必就能有利于更多大学生踏实做好农村建设工作。近两年,大学生村干部这一政策慢慢淡出人们的视野,但它的出现与演变值得我们进一步反思。[①]

第一节　驻村"第一书记"

一、制度设计

在全面建成小康社会的新征程中,全国各地纷纷选派党员干部到村任"第一书记",助力基层党组织建设和贫困村的脱贫攻坚。如早在2001年,安徽省便率先推出了驻村"第一书记"计划,直接从企事业单位派遣党员干部进入贫困农村担任"第一书记",以引导并带领农村实现脱贫建设。发展至2010年,江苏省南通市筛选了"三弱两重"[②]村落,将更多年轻力量引流到这些农村中;2011年,湖北省创新了"三万政策"[③],所谓的"三万政策"是组织了三级干部深入农村建设,遍访了湖北省农村和农户,让党员

---

① 温铁军:《大学生村官与新农村建设》,《学习月刊》,2009年第11期。
② 三弱两重:党组织软弱、集体经济薄弱、基础设施脆弱,环境整治任务重、信访维稳任务重。
③ 三万政策:万名干部进万村、入万户。

干部成为政策宣传、民意调查、为群众办实事的队伍，参与到此次活动中的干部有近26460名，形成了8550个工作组，深入近26018个村、1062万农户。①各地选派"第一书记"到村任职，对于推进农村经济社会发展，加强农村基层党组织建设，增强党群、干群之间的联结互动具有十分重要的意义。与此同时，党员干部通过在基层中的历练，磨炼了自己的品行，提升了自身的素养，取得了较为显著的成效。

习近平总书记对于选派驻村"第一书记"工作给予了充分的肯定。他表示将一些优秀的党员干部放入农村去任职或挂职，这对于农村基层建设是具有推动作用和影响的，既培养了干部能力，又改变了机关人员的工作作风，可以说驻村书记计划是实现多赢的重要举措。同时，他还提出了新要求，农村基层队伍建设要与农村脱贫攻坚融合一体，为了更好贯彻习近平总书记提出的要求和指示，中央相关组织部门联合印发了《关于做好选派机关优秀干部到村任第一书记工作的通知》，文件明确表示全国上下各层要全面推动"第一书记"工作，这揭示了"第一书记"选派工作已经由地方实施上升为国家实施的范畴了，驻村"第一书记"工作已经成为农村党建工作和改革的重要内容，对推动党员建设，推动农村改革等都产生了积极影响。②

首先，根据《通知》要求，选派驻村"第一书记"主要是要做到"两个全覆盖"和"三个应派尽派"③：

要覆盖组织软弱涣散的村落：这部分村落组织呈现了班子人员配备不

---

① 中华人民共和国农业部：《湖北"万名干部进万村入万户"全面启动》，http://jiuban.moa.gov.cn/fwllm/jrsn/201103/t20110301_1834075.htm，2011年3月1日。

② 中央党校：《怎样选派好驻村第一书记》，党建读物出版社，2017年，第3页。

③ 中共中央组织部、中央农村工作领导小组办公室、国务院扶贫开发领导小组办公室：《关于做好选派机关优秀干部到村任第一书记工作的通知》，2015年5月13日。

齐全、书记长期空编、工作状态滞后缓慢等,党组织不胜任现职、工作状态不佳等,导致了整个班子工作积极性及创造性严重不足,同时村干部之间互相推诿,不够团结,内耗严重,很多工作无法正常开展,组织制度约束力不强等,甚至在部分村子中存在宗族关系势力、黑恶势力,村务公开混乱,信访较高,村中社会治安问题混乱等。

要覆盖建档立卡的贫困村: 对于建档立卡的14个集中贫困地区,国家已经公示,包含六盘山区、秦巴山区、武陵山区、乌蒙山区、滇桂黔石漠化区、滇西边境山区、大兴安岭南麓山区、燕山-太行山区、吕梁山区、大别山区、罗霄山区和西藏、四省藏区、新疆南疆三地州等,这些地区也是国家扶贫的重要地区重点村落。

应派尽量派遣的地区: 原中央苏区,陕甘宁、左右江、川陕等革命老区,内蒙古、广西、宁夏等边疆地区和民族地区,四川芦山和云南鲁甸、景谷等灾后恢复重建地区等,对于上述地区要强化派遣力度,做到尽量派遣第一书记。除此之外对于其他地区要根据实际情况做到尽量选派,根据实际情况确定派遣数量和范围。

明确驻村"第一书记"的工作职责:根据《通知》中相关内容要求,对于"第一书记"需要做好四关把控:一是把控好政治关,要求书记选定者需要具备较高思想觉悟,具备良好政治素养,能够理解并积极贯彻党政路线、积极贯彻中央推出的各类制度、方针等,并对农村工作积极投入;二是把控好品行关:要求书记选定者要具有事业心、责任感,工作作风要扎实,具有吃苦耐劳的精神,能够严于律己,具有廉政品行;三是把控好能力关,要求工作经验必须满两年以上,且具有较强的工作能力,敢于担当,具有实干精神;四是把控好廉政关,廉政是选定书记人员的基本条件,能够切实从人民群众利益上考虑,具有良好的创新精神和开拓能力,能够为群众发展和村集体发展作出更多贡献。

关于"第一书记"人员的来源渠道主要集中在三个方面:一是各级政府机关中优秀干部或储备干部、尚未达到退休年龄的工作经验丰富的干部;二是由于年龄因素从原有岗位上调整的、未达到退休年龄的工作经验丰富的干部;三是具有农村工作经验或专业技术特征的干部。一般"第一书记"任职周期为一年至三年,由县(市、区、旗)党委组织部、乡镇党委和派出单位共同管理这些"第一书记"干部人员。《通知》还对"第一书记"需要履行的职责作出明确要求:一是坚持做好基层组织建设工作,让村党组织建设基础夯实;二是做好精准扶贫工作,为更多村子寻找新发展之路,培养更多农民生产合作社,提高村庄的"造血"功能,并逐步引导这部分村庄农民走出贫困困境;三是做好基础工作,了解群众所需,为群众做好相关工作;四是提升村庄治理综合水平,在村党委组织领导下构建村民自治、监管制度,逐步完善村民约束内容,切实依法办事,提高村庄管理水平,逐步实现村庄事务公开透明化,确保实现农村和谐发展的目标。

由此可见,驻村"第一书记"的选派作为国家的一项制度性安排,是组织力量嵌入到乡村社会中的一次有益尝试,意在激发乡村社会的内生动力,实现组织权威与乡村社会源生权威的二度融合,共同推进帮扶贫困地区和贫困人口脱贫致富。这充分体现了我国政治体制中政策延续性和地方经验多样性的双重特征。这样的一项制度安排,对于强化农村基层组织建设,切实解决农村地区软、散、乱、穷等突出问题,有效推动精准扶贫事业,不断提升干部队伍的成长具有重要的意义。

二、身份获致

经由推荐报名和组织审定选拔出来的驻村"第一书记",在工作性质上具有了双重身份:第一层身份是原有单位的工作人员,即保留了党政机关干部的身份属性;第二层身份是乡村的"第一书记",其党组织关系使其进入乡村社会,因此也具有了本土化的身份属性。由此可见,国家选派的驻村"第一书记"同时兼具了组织化和本土化的双重身份属性,这也就要求驻村"第一书记"在开展工作的过程中需要承担的职能会更为复杂。但相关政策文本中对于驻村"第一书记"的身份及其功能的界定设计与其实际操作过程的身份及功能定位并不完全一致。本书以云南省为例展开身份及功能的定位分析。驻村"第一书记"是国家选派的村干部,他们在被赋予了更多权力的同时,也被赋予了不同角色。从政策文本的设计内容上看,驻村干部的定位与扶贫操作中的村干部定位还是存在一些不同的,换言之,村干部实际承担的角色要远比预设想象的多。

(一)"理想角色"与"实际角色"

以云南省驻村工作队的职责为例,主要有四个方面:[①]

一是深入宣传党的政策。对于中央推出的各类政策、制度、方针等要深入宣传,结合攻坚克贫的战略计划,对农村建设工作进行全面部署,在扶贫建设中要将扶贫与扶志和扶智有机统一,围绕自强感恩和诚信等专题,做好讲座活动,切实做好贫困群众的思想动员工作,让更多群众参与到扶贫建设工作中,激发群众自我脱贫的创造力和积极性。

二是参与到精准脱贫工作中。驻村干部工作队伍要参与到精准脱贫中,通过贫困识别、帮扶和退出等工作机制,结合地区实际情况制定脱贫计划。创新实施特色产业,创建劳务输出、异地搬迁、房屋改造、教育强化等多种方式进行扶贫建设,推动金融、交通和水电发展的保障,从而让扶

---

① 中共云南省委办公厅、云南省人民政府办公厅:《关于加强贫困村驻村工作队选派管理工作的实施意见》,2018年。

贫政策能够精准落实到每一村、每一户，对扶贫资金使用要落实预算管理机制，将更多资金的运用范围、运用情况等及时公示，确保扶贫工作能够公正有效开展。

三是强化基层组织建设。农村党支部建设要达到规范标准，推行落实党政责任制度，通过整顿、改良逆转党组织涣散状态，基于腐败问题提出解决建议，切实推动农村建设"领头雁"工程，帮助更多贫困人口实现一部分富裕带动另外一部分富裕，吸引发达地区的创业人员投入到农村创业建设中，从而引领各类社会人才进驻农村市场，打造"不走的工作队"。全面推动村集体的良序发展，协助村集体做好用人管理，强化党员教育培训工作，做好基础党务工作。

四是推动乡村善治。督促并帮助农村落实好"四议两公开""一事一议"等制度，从而让农村村务工作能够得到规范运作，强化法治教育，参与到各类村民矛盾解决中，推动村民和谐发展，实现文明农村的建设工作。推行普通话培训，提高对国家通用文字语言的应用能力，尤其是在少数民族聚集地区，更要强化普通话、通用文字的推广。

综合上述职责内容可以看出，驻村干部在该地区扮演了监管者角色和协调者角色，所谓监管者表示驻村干部要能够对农村建设发展过程中的各类物资使用进行有效监管，以实现资源最大化利用；所谓协调者表示驻村干部要深入到村庄和农户家庭中走访，找出贫困原因，协调好市场、农村、政府组织、社会组织等之间的关系，农村治理并不是单独依赖一个管理系统就能实现的，需要社会各界共同帮扶。此外，还可以看出驻村干部在思想解放上也发挥了重要作用，积极带领更多民众参与到脱贫工作中，通过自我建设和发展，借助外部市场机制和扶持政策等，更好地提高农户村民的"造血"功能，扶贫并不是最终目的，而是要培育村民具备摆脱贫穷的能力，更好地应对贫困窘状。在实际工作中，这些驻村干部除了扮演协调者和监督者角色外,他们还充当引导者,引导贫困农村、贫困农户将更多公共产品需求反馈给企业、社会组织,从而精准对接公共产品的供给。他们运用自己的职权、人际关系等,协助县级政府扶贫办公室共同参与到具体扶贫工作的执行中,从而构建多元化扶贫网络格局。

(二)配角与主角的角色转换

从历史角度上看,不管是封建王朝还是在当代社会中,村干部都是村集体权力的象征,虽然在不同发展历史阶段,其叫法不同、定位不同,但可以肯定的是,村干部总是能够凭借信息优势来获得村民支持。在驻村"第一书记"被嵌入村干部中之前,国家也派遣了各类工作小组进入农村,展开了各类推广宣传活动,但是古语有云"强龙难压地头蛇",这些嵌入的村干部始终属于外来客,他们在村中的威信力不足,对村里的情况也不是非常了解,权力合法性也缺少。与原有村干部相比,这类村干部开展工作相对较被动,自己的角色定位也是在配合上,只有对村干部支持才能有效开展自己的工作。

随着"第一书记"嵌入贫困农村后,嵌入型乡村治理精英与内生型乡村治理精英角色发生了转变。从理论上看,"第一书记"下派到村庄后,相当于接管了村庄的党权与自治权,成为村庄"两委"的核心领导者,所有村干部均要服从"第一书记"安排,对于其布置的各种任务必须努力跟进完成;从实践上看,几乎多数"第一书记"都是带着项目、资源、人力等资源下乡的,掌握了资源分配大权,实际上也就掌控了扶贫工作的主动权,也就掌握了村庄治理的领导权。加之"第一书记"背后有相关高层支持,故在村庄中"第一书记"具有一定话语权,要比原有村干部更有底气。若是这些书记能够秉公办事,积极为百姓谋求更多福利,想要获得村民认可是非常容易的。彻底掌握了实权后,他们就会取代原有村干部的地位,而更多村干部就会沦为配角，他们需要做好配合工作，协助"第一书记"做好村庄事务管理工作和治理工作，只有如此才能体现自己的价值，以防止被边缘化。等"第一书记"退出村庄后，原有村干部才能在村庄中占有一席之地。这也是为复位作好铺垫和打算。

由此可见，嵌入型乡村治理精英对于村民自治提升、村庄扶贫管理、基层党建工作都具有积极影响，但是在现实实践中，由于定位不准、激励机制模糊以及他治与村民自治逻辑冲突等原因，在村庄空心化发展影响下，更多驻村干部也遇到了难以攻克的难题：如何在嵌入型干部与村民自治之间寻找更好的平衡点，如何实现角色转化，如何实现权力再平衡发展，如何确定好权责关系，都是需要迫切解决的实际问题。

三、治理重塑

驻村"第一书记"作为一种组织权威的直接嵌入，在体现国家意志的乡村嵌入的同时，更为重要的是体现了一种依靠驻村"第一书记"来实现国家治理能力现代化的转型与升级。在选拔、派驻、任职、考核的过程之中，实现中国乡村社会的治理结构重塑。更为重要的是，它以中国乡村社会为基础，依靠理念更新、空间整合、人员整合、资源整合等形式，实现农村社会治理与国家治理的统一，将个体纳入到整体中，进而实现以乡村社会治理转型带动国家治理转型的目标。具体体现在以下几个方面：

（一）治理理念的重塑

以驻村"第一书记"为载体的贫困治理模式，展示了贫困治理的价值关怀。贫困治理的理念维度包括两大因素：社会主义与儒家伦理。根据改革开放大局观，"先富"是一种权宜性策略而已，"共同富裕"才是社会主义国家的恒久目标。而且"让更多贫困地区和贫困人口一同进入小康社会"是党的十九大报告中明确提出的目标和奋斗方向。因此，不难发现，社会主义与扶贫事业互为因果关系。当代中国的扶贫成效可以成为当代中国维持社会主义认同的依据。同时，有益于巩固当代中国的负责任大国形象。儒家伦理是贫困治理最大的文化之根。尤其是在带有儒家的大同主义的新自由主义浪潮下，西方发展模式失去的对弱者的道德情怀（Moral Sentiment）。于是，儒家伦理具有的以人为本的包容性救济机制为贫困治理提供了道德基础。

(二)治理空间的重塑

治理空间的重塑是指国家通过贫困治理着力提高边远地区的生活水平，显示对边远地区的调控力量。关于边远地区的贫困，大致有两种原因：一是居住的自然条件差。少数民族贫困人口大多生活在中国西部内陆边疆的高寒山区、西南部的大石山区和西北部的干旱荒漠地区；二是社会发育滞后。如何缓解边远地区固有的致贫因素，就成为空间维度要解决的问题。

(三)治理主体的重塑

治理主体的重塑指的是执行贫困治理的主体力量。基于理论分析，治理主体要实现多元化，除了政府组织外，还需要村民、企业、社会组织等参与到治理中，更需要通过公众或基层精英做好扶贫管理工作，从而切实完成精准扶贫的目标。但是构建参与式扶贫机制——主体能动性机制的总体权力还在于国家。换言之，参与式扶贫也属于贫困治理的途径之一，两者并不冲突。由于当代中国的人口、地理、体制等整体环境的特殊，贫困治理之成败很大程度上取决于国家能力的发挥程度。于是，实际掌管国家能力的工作人员——干部之作用极大。可见，政府在贫困治理领域都扮演着积极的角色，贫困治理的主体是政府机关的干部。通过扶贫干部队伍与基层群体之间的纽带连接，起到再造干部队伍的作用。

（四）治理对象的重塑

这一维度主要体现为国家维护贫困妇女、儿童、老年人、残疾人、少数民族等弱势群体权益的程度。具体而言，国家透过社会安全网——社会保护政策的确立，以避免贫困人群的边缘化，进而谋求社会稳定。习近平在云南考察工作时强调："扶贫开发是未来百年要奋斗的目标，更是艰巨的工作任务，任重而道远，对于扶贫开发不是喊喊口号就能解决的，更需要拿出实干精神，让更多贫困群众和地区参与到扶贫开发活动中。"这显示出使弱势群体重新融入国家管理体制的意志。换言之，养老、教育、医疗等社会性扶贫有助于促进党与人民关系的整编。由此，可以恢复国家的基础权力（Infrastructural Power）从而完善国家的治理体系。

第二节　权责匹配冲突

权责匹配又可以称为权责一致。主要是指治理者所拥有的治理权威与责任之间存在着对等匹配的关系，或者说治理者履行职责和义务应该与其所拥有的权力之间是相匹配的。对于驻村"第一书记"权责匹配问题的分析，可以借助权责清单框架。权责清单制度虽然是深化行政体制改革的突破口，目的在于进一步转变权力机关的工作职能、推行简政放权，但同样适用于分析个体治理者权力与责任的配置问题。权力清单和责任清单是相对应的、配套的责任体系，"对于权力清单制度而言，其便捷特征更多的是一种法理上的规定和约束，要求权力清单要有清晰的权力边界"，责任清单与权力清单对应，"要从责任的内涵和外延入手，将责任转化为明确而又具体的清单条目，建立责任主体、责任事项和追责情形'三位一体'的责任体系"。与此相对应，权责匹配冲突或权责不一致是指治理者所拥有的权力和责任之间存在着不对等或不匹配的关系。主要有两种类型：第一种类型是治理者拥有较大的权力，但是承担的责任却十分有限；第二种类型是治理者承担着较大的责任，但拥有的权力不足。驻村"第一书记"作为一种组织力量在乡村社会中的直接嵌入，他们在从事乡村治理活动的过程中，在权责匹配冲突方面表现最明显的就是所承担的责任较大，但是拥有的权力不足。

一、现实表征

厘清驻村"第一书记"的权责匹配问题，应该在扶贫机制的构建中寻找驻村"第一书记"的权威来源及其行动逻辑关系。

驻村"第一书记"的权威合法性来源于国家和乡村社会两个层面，这是由其考核体制所决定的（见图6-1）。驻村"第一书记"的工作成效需要接受派出单位和当地组织部门考核，考核的依据除了脱贫任务完成的指标以外，更大程度上需要参考所驻村贫困户的评价。这个考核过程相较于其他形式的干部考核而言，更为精细和复杂。

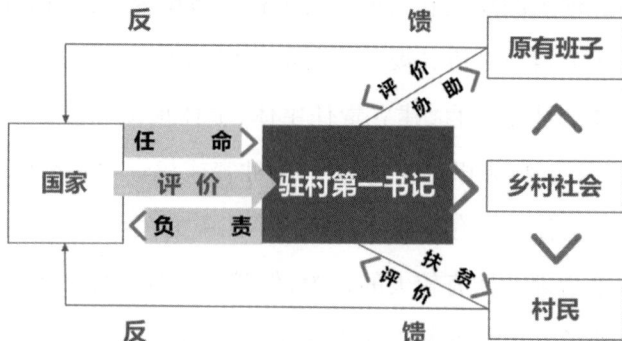

图6-1 驻村"第一书记"的行动逻辑

为了更好地分析驻村"第一书记"的权责问题,2017年出台的《关于加强贫困村驻村工作队选派管理工作的指导意见》文件中对驻村"第一书记"权责作出了规范,2018年云南省委政府发布的《关于加强贫困村驻村工作队选派管理工作的实施意见》(以下简称《意见》)文件中对驻村"第一书记"的权责也作了梳理,具体内容如下:

表6-1 驻村"第一书记"权责清单[①]

	1.指导建议
权力清单	(1)指导开展精准扶贫工作,参与拟定脱贫规划计划; (2)对整治群众身边的腐败问题提出建议; (3)指导制定和谐文明的村规民约。
	2.监督督促
	(1)监管扶贫资金项目; (2)督促落实公示公告制度; (3)监督管好用好村级集体收入; (4)督促落实"四议两公开""一事一议"等制度。
责任清单	**1.宣传动员**
	(1)全面贯彻中央政府在脱贫攻坚上推出的各类政策、部署和工作措施等; (2)全面做好群众思想发动、教育、宣传等工作,从而激发贫困群众的参与脱贫的积极性。

① 资料来源:《中共中央办公厅、国务院办公厅关于加强贫困村驻村工作队选派管理工作的指导意见》,2017年。

续表

	2.基层党建
责任清单	(1)强化基层组织建设工作； (2)优化村庄两委组织涣散状态。
	3.精准扶贫
	(1)培养贫困村创业致富的发展路径，吸引更多社会资源、人才、项目进入农村市场，构建一支"不走的工作队"； (2)推动专项扶贫政策措施落实到村到户； (3)发展村级集体经济。
	4.乡村治理
	(1)加强法治教育、推动移风易俗； (2)参与化解矛盾纠纷，促进乡村和谐稳定； (3)积极推广普及普通话。

表6-2　驻村"第一书记"权责约束①

	1.考核关联制度
制度约束	联合单位年度考核，并由县级驻村工作领导小组实施统一反馈管理。
	2.召回问责制度
	(1)综合能力低，不能履行脱贫职责的； (2)工作作风不务实，造成不良影响，群众意见大的； (3)无正当理由脱岗的； (4)每季度在岗工作时间少于50天的； (5)违法违纪受到处罚的； (6)经主管部门核定无法继续胜任的； (7)民主评议满意度非常低的； (8)由于其他原因或安排需要召回的。
	3.考核连带制度
	(1)凡有工作队员被免职撤换的，派出单位年终综合考核成绩扣分，主要负责人当年年度考核不得评为"优秀"等次； (2)辖区内有3名以上工作队员被免职撤换的，总队长、副总队长当年年度考核不得评为"优秀"等次。

　　《意见》在规定了驻村"第一书记"的权责的基础上，还设置了一系列的考核奖惩制度（主要包括：考核关联与连带，以及召回问责等制度），对

---

　　① 《中共中央办公厅、国务院办公厅关于加强贫困村驻村工作队选派管理工作的指导意见》，2017年。

驻村"第一书记"的工作进行监督和考察。如在云南省年度干部考核档次分配中，规定优秀名额不能超过20%。

笔者有幸在湖北保康县的调研过程中，观察和参与过一次贫困户的满意测评。上级考核小组深入到每一个贫困户中核对脱贫指标、调研评价情况。脱贫指标相对而言客观公正，但研究贫困户对于驻村"第一书记"的评价情况，可以了解到扶贫过程中的细微利益抗衡对扶贫第一书记工作的开展提出了挑战。很多贫困户的基本假设是评价越低，所能获得的扶持力度就会越大，时间也就越长久。因此，态度评价的过程中会刻意地倾向于选择"差"。更有非贫困户因不满于不能享受扶贫政策，也会刻意地选择"差"这一态度评价。由此而得出的评价结果往往总体上要差于驻村"第一书记"的实际工作成效。驻村"第一书记"所面临的挑战不仅来自于村民，也来自于原有的乡村领导班子。这一现象大多出现在经济落后、交通闭塞、原有乡村领导班子思想固化的地区。在吉林省白山市调研时，老岭村驻村"第一书记"宋书记说："原本想为村里落实一个农作物的产业项目，村民大会也都通过了，镇上的部门也都同意了。村支书却'装傻'表示不知道，不签字也不盖章，最后导致这个产业项目'流产'。他就是怕村里发展起来以后，村民们不听他话了，做不了村支书，拿不到补贴，生活就没保障了。他这把年纪自己干不了，也不让村民干，我们这些外面来的，只能干着急。"当然，也会有驻村"第一书记"因在村里"站队"不对，招致了原有村班子的不满或者不配合开展工作。

由此可见，嵌入型乡村治理精英作为乡村熟人社会以外的陌生群体，进入乡村社会以后，依靠国家所赋予的乡村治理权责，在较短的时间内打破了长期以来乡村社会形成的稳定秩序空间，带来了乡村社会内部资源和治理结构的重新洗牌。与此同时，其工作的开展在很大程度上受制于乡村社会原有的权力结构。如何处理好与乡村社会源生权力结构之间的关系,如何做好群众工作,如何完善基层党建、推动精准扶贫、提升为民办事服务能力、提高治理水平成为当前嵌入型乡村治理精英所面临的主要问题。

二、生成机理

驻村"第一书记"在实践的过程中存在着较为明显的权责匹配冲突,主要是承担的责任要多于所拥有的实际权力。出现这一现象的原因是多方面的。但在调研中发现,主要存在领导理念、路径依赖和组织结构三个层面的原因。研究也将从这三个方面出发,探讨驻村"第一书记"权责匹配冲突的生成机理。

(一)领导理念:集权管理理念根深蒂固

驻村"第一书记"权责匹配冲突首先受制于集权式管理理念根深蒂固。集权式管理偏好将决策权牢牢把控在上一级的组织手中,上级组织对于下级组织及其人员的行为实施严格的控制,下级组织及其人员主要执行上级组织的任务和命令,缺乏实践过程中的自主权。从前文中对于驻村"第一书记"的权责清单分析来看,上级党委和政府掌握着精准扶贫政策的决定权,并以命令的形式将党委和政府在精准扶贫方面的决策传递给乡镇党委及政府和驻村"第一书记",乡镇党委及政府和驻村"第一书记"完全执行上级党委和政府的决策。在这一过程中,驻村"第一书记"被排斥在扶贫政策制定环节之外,丧失了对所帮扶村采取何种扶贫政策的决策权。

案例："被规范"的合作社

某市在实施精准扶贫的过程中采取产业扶贫的政策。政策规定：只要贫困户加入农业生产合作社，政府就给予一定的经费补贴。但是在实际的实践过程中，驻村"第一书记"们发现，每个村的经济基础和产业基础差别很大，也就是说，并不是每一个村都具有开展农业生产合作社的条件。但作为一项扶贫政策，驻村"第一书记"的职责就是进行贯彻落实。一些驻村"第一书记"为了完成任务费尽心思，尤其是在一些贫困偏远地区，驻村"第一书记"推动农业生产合作社的阻力不仅仅来自于政策执行的难度，更来自于乡村社会中源生权威的阻挠。因此，部分农业生产合作社在耗费了大量公共财政以后，没有获得理想的效果。

"被规范"的农业合作社的初衷是好的，是为了给贫困的农村建立起长久脱贫的产业机制。但在落实过程中因为设置了统一标准，而且驻村"第一书记"也没有根据实际情况进行因地制宜发展合作社的权力，因此导致产业与实际脱节的现象，不能真正地推动脱贫攻坚目标的实现。

(二)路径依赖：驻村"第一书记"原有制度的延续

领导干部的路径依赖思想主要是驻村"第一书记"权责匹配冲突的重要影响因素。众所周知，驻村"第一书记"扶贫制度以驻村"第一书记"制度为基础，将扶贫作为驻村"第一书记"的主要职责由此衍生而来。起初，驻村"第一书记"制度中并未涉及赋予"第一书记"扶贫决策与纠错等权力，即由驻村"第一书记"统筹贫困村的精准扶贫工作，根据贫困村的现实情况确立扶贫方案，针对精准扶贫实效对精准扶贫政策进行适当调适。与此相对应，也不需要驻村"第一书记"为精准扶贫实效承担责任，不存在所驻贫困村在精准扶贫实效评估中不理想而会受到严重处罚的情形。随着驻村"第一书记"工作责任发生变化，如各地区均出台了要求驻村"第一书记"为精准扶贫的实效承担责任的规定,从责任范畴上来看,当前正有扩大化的趋势,但是相关的权力建设却未能及时跟进,这便导致了驻村"第一书记"的权责匹配冲突。

案例:力不从心的驻村"第一书记"

在当前的精准扶贫过程中,驻村"第一书记"的职责大于权力的现象十分普遍。尤其是对没有基层工作经验的一些年轻驻村"第一书记"而言,面对工作中的一些现实问题,特别是面对工作中自己的职责大于权力时。

张书记是某事业单位派出的驻村"第一书记",作为一名不到三十岁的年轻人,他对于自己的驻村工作充满了期待,想在所驻的贫困村发挥自己的力量,帮助村民们脱贫致富。然而当他在这个工作岗位上工作了一段时间后发现,事情没有想象得那么简单。最为主要的原因是组织要求的职责太多,而真正能够去发挥职责的"底子"却很薄弱。正如张书记所说:"第一书记没啥权,都是责任。我要负责村里的党建、脱贫、基层治理、档案管理,就连村里的卫生都需要我管。这些事务性的工作做起来还好,但是我还有管理干部的职责。只有这个责任,没有这个权力,实在是很难管,也没法管。"

(三)组织结构:驻村"第一书记"位于尖型组织底端

"精准扶贫"作为我国进行贫困治理的一项重要途径,在其实践过程中重厘了以乡村社会为实践平台的权力结构。这种权力结构体现出了三种权力(总体权力、技术权力和实践权力)之间的互动与联结,其中,总体权力直接来自于组织的最高层,决定着这一过程中的各项资源配置与利益调节。技术权力来自于各级党委及政府相关部门,决定着二次资源分配的倾向性。实践权力则是驻村"第一书记"、村"两委"等在乡村社会中开展精准扶贫的权力，是三种权力中最为基础的权力，它与乡土秩序相互依存。村干部尤其是驻村"第一书记"就属于乡土秩序中基层秩序的维护者。从制度设计上来讲，三者权力应该属于一种立体式的结构，贫困治理的治理绩效主要看这三种权力之间是否能够形成一种合作、互动的运作格局。在这个权力运作格局当中，最重要的一点就是，能否依靠组织的建构和权力的调节，调动最为基础的权力：乡土秩序中以实践推进的权力。因为只有以实践推进的权力才能推动乡土社会的治理行动。

图6-2 理想组织结构与实践组织结构

但是在实践过程中我们会发现，由于决策具有一定的层级性，所以以驻村"第一书记"为代表的实践权力所处的组织结构会被认定为是一种"尖型"的组织结构。以市委及政府出台的扶贫政策来看，包含了四个层级，分别是市委及政府、区县党委及政府、乡镇党委及政府与驻村"第一书记"。在这样一个组织结构中，驻村"第一书记"位于整个组织架构的底端，虽然在落实精准扶贫政策中具有领导权，但是从前文的分析中可以看出，存在着较为严重的"先天不足"的现象。从组织结构设计来看，尖型组织结构的职责划分为上层负责决策，中层负责传递，下层负责执行，故处于组织架构底端的驻村"第一书记"从职责体系上看主要负责执行扶贫政策，不可能在精准扶贫政策制定中具有决策权。驻村"第一书记"受制于组织结构限制而未能参与到精准扶贫政策制定环节，却要为精准扶贫实效承担全部责任，无疑造成了驻村"第一书记"权责匹配冲突的问题。

第三节　冲突耦合

一、组织结构再造

与分权式管理相适应的组织结构是扁平型组织结构，只有在扁平型组织结构中，驻村"第一书记"的权力才能得以最优化运用。因为尖型组织结构具有层级性，它通过层层把控的方式实现信息传递，而层级之间具有领导与被领导的关系，每个层级都会把控下一层级的权力，组织底端的权力则被层层削弱，基本上仅存政策执行权，这是官僚体制所固有的局限。驻村"第一书记"作为精准扶贫政策落地者，长期生活在贫困村，从组织结构看，处于组织底端，只有缩减组织层级，减少权力的被"剥夺"，形成扁平型组织结构，统筹精准扶贫工作的权力才能落实到位。由尖型组织结构向扁平型组织结构转变，应改变乡镇党委对驻村"第一书记"进行领导的制度设计，由市委组织部直接管理驻村"第一书记"，驻村"第一书记"不接受乡镇党委及政府的领导，不对乡镇党委及政府负责，且跳过区县党委及政府层级，直接接受市委及政府的领导，防止区县一级、乡镇一级的党委及政府削弱驻村"第一书记"的权力。按照市委市政府在方向上对精准扶贫的统一安排，驻村"第一书记"充分发挥主观能动性，行使市委市政府一级授予的扶贫权力。

二、管理模式转变

化解精准扶贫过程中驻村"第一书记"权责匹配冲突需要转变传统的管理方式，实现由集权式管理向分权式管理的转变。"每个人都是仅与本身利益有关的事情的最好裁判者，都完全能够以自力满足本身的需要"，这足以说明分权的重要性。分权式管理强调将集体行动中每一项事务放置在尽可能低的组织层级上，赋予利益相关者最大的自由裁量权，由利益相关者统筹集体行动事务，并由其承担相应的责任。因此，倘若要扩大驻村"第一书记"的实际权力，必须采用分权式的管理方式，将市委市政府现行的一些权力赋予驻村"第一书记"，市委市政府发挥监管责任，不直接参与贫困村精准扶贫的具体工作，充分调动驻村"第一书记"工作积极性，发挥其主观能动性。毕竟，市委市政府更多站在全市整体性的角度行使权力，出台政策，而贫困村的情况并非完全相同。要使精准扶贫政策更具适应性、针对性，驻村"第一书记"对所在村庄更为了解，因此由驻村"第一书记"统筹贫困村精准扶贫的各项事务更为理想。由集权式管理向分权式管理转变，需要地方党委与政府转换行政理念，自上而下推动相应的改革，以制度形式规范地方党委与政府的权力和驻村"第一书记"的权力，实现精准扶贫权力的"下沉"，并对权责体系进行规范。

三、扶贫机制升级

当前，驻村"第一书记"的扶贫工作主要发挥协助作用，而管理方式与组织结构变化将驻村"第一书记"权力坐实，这便对创新驻村"第一书记"扶贫机制提出了新的要求。本书主张将扶贫村如何脱贫致富的部分决策权交由驻村"第一书记",上级政府部门不为具体的脱贫路径作出统一的、详细的规定和部署,仅提供方向性引导和政策性指导。由驻村"第一书记"根据乡村的实际情况,设计脱贫致富的操作方案,市委市政府仅需参与评估及引入第三方评估,对驻村"第一书记"设计的脱贫致富方案进行审核和验收,充分利用竞争机制,提升脱贫致富方案的质量。

评估需要贯穿脱贫致富方案的立项及验收全过程,引入第三方评估主要基于第三方机构的专业性和独立性,以降低在制定政策和方案环节中出现失败现象的概率。立项获得通过,上报市委市政府进行备案,方可实施脱贫致富的方案。驻村"第一书记"在这一过程中全权负责方案的实施,驻村"第一书记"实施脱贫攻坚方案的资源汲取由市委市政府牵头进行统一协调,根据每个贫困村的具体情况,拨付公共财政,改变以往统一口径下的贫困经费支持行为,真正做到资金使用的精准化。驻村"第一书记"开展实际工作需要乡镇党委及政府的协作,毕竟驻村"第一书记"组织力量在乡村社会的直接嵌入,不属于内生型的乡村治理精英,外部力量与乡村熟人社会之间存在着一定的抵牾。因此,要求驻村"第一书记"与乡镇党委及政府、村"两委"合作更有利于实现脱贫致富的目标,实现路径为乡镇党委及政府安排人员专门协助驻村"第一书记"开展扶贫工作,村"两委"全程参与精准扶贫。

四、责任规则重厘

创新驻村"第一书记"扶贫机制意味着将与脱贫攻坚方案相关的所有权力均授予驻村"第一书记"。从权力范畴看,改变了当前驻村"第一书记"仅仅具有精准扶贫政策执行权的尴尬际遇,整个脱贫致富方案的实际与执行由驻村"第一书记"统筹,且扶贫资源的使用与分配等也由驻村"第一书记"来决定。而精准扶贫资源的投入量相对较大,加强对驻村"第一书记"权力的限制属于应然之义。因而,有必要针对驻村"第一书记"所掌握的新型权力,重厘扶贫责任与追责规则,以及新增的权力之间实现责任的对等。倘若违反了相关规定,则对驻村"第一书记"进行相应的追责。以建立"三位一体"的责任体系为导向,驻村"第一书记"是精准扶贫的责任主体,脱贫致富方案的设计与执行过程中所发生的违规行为均由驻村"第一书记"负责;责任事项则是驻村"第一书记"在行动过程中存在违规行为,以及未能完成扶贫任务的结果性考核,责任认定主要包括政治责任、法律责任和工作责任三个具体层面。根据不同行为的性质确立责任范畴,并在责任范畴下决定承担责任的具体形式。如驻村"第一书记"挪用扶贫经费,此行为具有双面性,可从法律责任和工作责任两个层面对驻村"第一书记"进行处罚;追责由市委组织部及国家监察部门负责。将市委组织部作为追责主体源于市委组织部是驻村"第一书记"的管理者,将国家监察机关作为追责主体源于国家监察机关部门的职能设置。此外,强化对驻村"第一书记"的监督,应当高度重视公民参与,为公民参与监督作出制度性安排,实现公民的有序有效参与。

本章小结

以驻村"第一书记"为代表的嵌入型乡村治理精英,在进入乡村社会以后,改变了村庄治理的发展模式。长久以来,中国乡村社会内部的二元互动格局被打破,形成了嵌入型乡村治理精英、内生型乡村治理精英和村民的三元交互格局。具体体现在以下三个方面:

一、实现治理主体由内生型向嵌入型转型

以往,村支书或村主任等都是经过村民选举后由内部产生,这种依靠村庄内部资源实施的治理方式也称为内生型治理。但是嵌入型乡村治理精英则是将村庄外部资源引入村庄中, 如驻村干部就是通过外部渠道植入村庄治理系统的干部人员,驻村干部进入村庄后负责村庄的主要工作,这也是我国治理整体框架下实施的外力推动内力发展的一次尝试。这些驻村干部多数来源于上级党政组织,他们经验丰富、能力强、思维开阔,能够将更多新方法新思维引入到农村治理和发展中, 从而切实解决好农村贫困问题。同时,嵌入型乡村治理精英的编制指标不会占用村"两委"指标数量,他们不参与换届选举,任期一般为2至3年,所有的人事关系、工资福利等均由派出单位负责,他们的工作经费也由派出单位负责。

从利益上看,这些驻村干部是十足的"局外人",他们不会占用村庄原有资源,同时还会给村庄带来更多外部资源,引入更多发展项目。唯一带来的最突出的改变是村庄由内生管理改为了嵌入管理, 他们承担了多种角色,是村庄代理人,更是国家政府代言人,这也是驻村干部区别于其他管理模式的一种特征体现。选派一些优秀干部注入村庄治理中,将更多国家权力融入到村庄自治中,这才是治理的关键。故此,国家在驻村干部的挑选上是非常严格的, 同时也对这些嵌入型乡村治理精英提出了更高的工作要求:坚持从全村利益出发;坚持从村民利益出发;培育村民更好的自治能力,推动社会主义和谐农村的建设。

二、实现了治理目标由维护到重建的变革

农村社会经济落后,政治组织涣散,面对这一现实问题,越来越多的嵌入型乡村治理精英承担了乡村建设的任务。一方面,要发展好农村基层组织建设,重新搭建一套领导班子,提高务实作风,切实解决村民的各种问题。乡村社会的经济发展,促进了人口的流动性,由此带来了较为严重的乡村社会空心化现象。对乡村社会的组织而言,人口流动带来的后果是组织内部人员的流失与失联。根据调研情况可以发现,当前我国乡村社会中,党员群体具有明显的老龄化趋势,在一定程度上影响了乡村组织的活力。作为驻村"第一书记",其首要任务是加强基层的党组织建设。因此,作为驻村"第一书记"要引导乡村社会党组织内部的老党员积极发挥自身的带头作用,同时要注重培养和发展乡村社会中积极进取的青年人,为乡村社会党组织的发展、增强党组织的活力不断储备更多优秀人才。逐步完善基层管理制度,搭建一套团结务实、工作积极的领导班子,通过储备干部不断实现党员动态化管理。

另一方面,重新构建农村公共产品及服务供给系统。当前,农村在水电、通信等基础设施建设上还是非常薄弱的,尤其是医疗供给、教育文化供给,以及社会保障供给上已经不能满足村民日益增长的需求。故此,嵌入型乡村治理精英要解决好这些关系民生的问题,重新建立公共产品及服务的供给机制,帮扶力度要强化,构建多维度的供给服务系统。此外,重建农村经济体系。当前,农村劳动力外流是一个很大的发展趋势:一是受到了城镇建设拉引,更多农村劳动力朝城镇流向;二是农村经济发展落后无法满足这些劳动力的需求,为了争取更多的财富积累,他们往往会选择外出务工,在农忙时节才会回到村中。当前,农村建设都依托在了老人身

上,很显然这是不符合建设需求的。驻村干部被派遣的村庄都是基础设施薄弱、经济发展落后的村庄,通过精准扶贫,从而帮助更多村民脱贫。精准扶贫就是需要立足村庄发展情况、发展前景等,制定不同的发展战略,从而将扶贫扶到根本上,制定发展项目或引入更多资源,实现乡村真正的脱贫。①故此,嵌入型乡村治理精英需要根据乡村发展实际情况,结合相关政策、发展战略引导乡村社会经济高质量发展,为构建组织完备、经济发展、富有活力的新型乡村社会治理格局提供保障。

三、实现了治理引导由权威到参与的变革

　　嵌入型乡村治理精英是基层组织的主要负责人之一,但这并不是说他们就能够对乡村实施权威统治,更多驻村"第一书记"的角色是党建引领和驻村帮扶。最终的落脚点应该是激发乡村社会内部的组织活力,进而通过乡村社会组织来推动构建一个自治的治理格局。各级政府对村委工作给予指导和帮扶,但是不会干预村民自治工作。农村治理方式还需要强化改革,要处理好国家治理与村民自治的关系,嵌入型乡村治理精英带入农村的治理并非是要对其进行高压,而是要与村民自治融为一体,从而发挥地更好村民自治功能。具体有:一是国家的角色是引导帮扶;二是村民主体本身的积极性和能动性不会受到压制,封闭式的权威治理模式已经不能适应时代发展,更需要参与式的治理方式。对于嵌入型乡村治理精英则应以开放包容的心态去对待工作,协助做好全村民主选举工作,培育并构建各类组织协会,完善村民参与机制,如通过社区论坛、民意调查等多种方式推动民众真正地参与乡村治理,发挥当家作主的作用。

---

① 赵秋丽:《"第一书记"开的致富"药方"——山东省东营市东营区精准扶贫加快脱贫步伐》,《光明日报》,2015年4月15日。

第七章 乡村治理精英与中国乡村振兴

　　党的十九大报告指出："中国特色社会主义进入新时代，我国社会主要矛盾已经转化为人民日益增长的美好生活需要和不平衡不充分发展之间的矛盾。农业、农村、农民发展不充分，成为中国不平衡不充分发展的最突出表现之一。"①为此，国家推出乡村振兴战略，力求解决矛盾，激发农村的良序发展。而推动乡村振兴的基础是乡村社会的有效治理，关键还是在人。也就是说，乡村振兴需要依靠各类主体的积极参与：一方面政府要积极引导，构建社会上下协同发展的格局；另一方面不断完善乡村治理机制，形成自治、法制和德治的治理格局，从而保证乡村发展充满活力，和谐有序。从某种意义上来讲，激发乡村治理精英的活力和治理能量是确保乡村振兴战略实施的动力所在。因此，在本章中将着重从乡村治理精英的视角探索乡村振兴的途径。

---

　　① 习近平：《决胜全面建成小康社会　夺取新时代中国特色社会主义伟大胜利——在中国共产党第十九次全国代表大会上的报告》，2017年10月28日。

第一节 内生型互动

前文中，根据乡村社会源生权威的来源对内生型乡村治理精英进行了类型学划分。在此基础上，根据不同内生型乡村治理精英的组织化过程，即组织权威与乡村社会源生权威的结合形式，阐述了内生型乡村治理精英的行动逻辑。类型学的划分及其研究为我们探究内生型乡村治理精英的权威来源以及由此带来的乡村治理成效提供了一定的参考依据。但中国乡村社会长久以来发展的深厚积淀告诉我们，单纯依靠类型学这种具有清晰界限的研究，不足以阐释内生型乡村治理精英行动的复杂性。因此，本节着重在类型学的基础之上，探究内生型乡村治理精英之间的互动关系与转化关系，即具体研究内生型乡村治理精英之间是否存在着互动的关系？内生型乡村治理精英之间是否存在转化的条件？不同类型的内生型乡村治理精英会在什么样的条件下实现转化？

一、互动符号

研究认为，前文中所分析的长老型乡村治理精英、任命型乡村治理精英以及能人型乡村治理精英三种内生型乡村治理精英之间是存在着转化空间的。转化的空间来源于组织化权威与乡村社会源生权威之间互动的空间，来源于组织化权威对于乡村社会源生治理形态的尊重和充分利用。而转化的过程并不是一蹴而就的，它需要一定的媒介作为支撑。通过媒介，乡村社会秩序在精英转化的过程中能够保持相对稳定的状态。

L		I	L		I
文化系统	社会系统		文化模式托管系统	社会共同体系统	
行为有机系统	人格系统		经济系统	政治系统	
A		G	A		G
行 动 系 统 的 结 构			**社 会 系 统 的 结 构**		

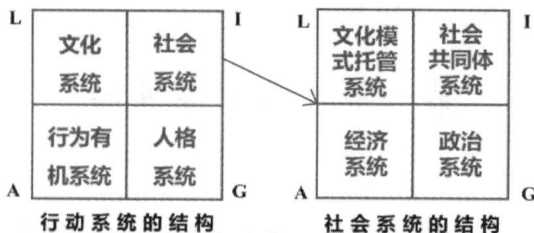

图7-1　帕森斯社会系统理论

帕森斯认为,社会系统分为"输入"与"输出"两个部分,通过物质交换社会系统才得以运转。而在复杂的社会系统中需要一定的媒介才能实现内部的交换关系。金钱、权力、影响、义务就是交换媒介。[①]这些媒介都可以作为一种符号,在集体行动和人与人的交往过程中被使用。帕森斯认为: "社会系统的各部分存在着相互依存和相互交换的关系,并使社会系统趋于均衡。四种基本必要功能的满足,使系统得以保持稳定性。当系统出现越轨和偏离常态的现象时,可通过系统本身的自动调节机制,使系统回复到新的正常状态。"[②]内生型乡村治理精英在从事乡村治理的过程中便是通过这些不同的媒介来实现不同的乡村治理效果的。探讨他们之间的互动,其实就是探讨这些媒介在内生型乡村治理精英之中的交互转化。

二、互动逻辑

媒介符号的来源决定了内生型乡村治理精英之间转化互动的效能,这也决定了并不是任何两种内生型乡村治理精英之间都能实现转化互动。本书所研究的三种内生型乡村治理精英,根据其不同的核心属性可以判断出:长老型乡村治理精英掌握的互动符号是"影响",即依靠宗族势力

① ［美］帕森斯:《社会行动结构》,张明德、夏翼南、彭刚译,译林出版社,2003年,第103页。
② 同上,第115页。

所建立起来的权威体系；任命型乡村治理精英所掌握的互动符号是"义务"，这里的"义务"是根据上级的指示和要求完成相应任务的一种从属关系；能人型乡村治理精英所掌握的互动符号是"金钱"，即依靠增加农民财富而获得的治理权威。

表7-1　内生型乡村治理精英的互动符号及其来源

类型	互动符号	符号来源	治理效果
长老型	影响	组织+乡村内部	好
任命型	义务	组织	差
能人型	金钱	组织+乡村内部	好

不同互动符号的来源主体也是不同的，诸如符号"影响"的来源为组织和乡村社会内部，符号"义务"的来源为组织，符号"金钱"的来源为组织和乡村社会内部。前文中的分析告诉我们，不同的内生型乡村治理精英所实现的治理效果是不同的，具体表现为：在中国的乡村社会，长老型乡村治理精英与能人型乡村治理精英所表现出来的治理效果要优于任命型乡村治理精英。作为治理效果较好的两类内生型乡村治理精英，长老型和能人型具有的共同点在于他们所拥有的互动符号来源是相同的——均来自于组织和乡村社会内部。基于这样的特点，本书从长老型乡村治理精英与能人型乡村治理精英之间的转化互动入手，探究内生型乡村治理精英的转化空间及其可能性。

图7-2　长老型与能人型乡村治理精英之间的互动转化

实现长老型乡村治理精英与能人型乡村治理精英两者之间转化互动的基础在于互动符号之间的交换、叠加与转化。在中国的乡村社会中，存在着长老型乡村治理精英转化为能人型乡村治理精英的可能。在实践中，这种转化具有单向性的特点，即其过程是由长老型乡村治理精英向能人型乡村治理精英的转化。要想实现两者之间的转化，除了需要依靠国家政策的引导和地方政府的推动以外，更大程度上取决于长老型乡村治理精英本身是否具有吸收政策的能力，在原有治理权威的基础上，充分发挥组织动员能力，利用自身所掌握的影响力，转变乡村发展模式，实现乡村社会的传统−现代化转型。这一过程的本质就是在长老型乡村治理精英自身所拥有的"影响"符号基础之上附加"金钱"的符号。

改革开放以后，在中国的乡村社会中涌现出了一大批由长老型向能人型成功转化的案例。诸如小岗村在实现农村土地改革的基础之上，迎来了"第二春"的发展。引进工业，发展现代农业和旅游业，推行"二次土改"，建立新型土地流转机制，跳出种粮的单一结构，走向规模经营；实现从"户户包田有地"到"人人持股分红"的升级变革。[①]这一过程有赖于国家政策的扶持，更离不开乡村治理精英审时度势推动乡村改革的魄力。严宏昌是当年小岗村"歃血为盟"的带头人，为了让越来越多的村民不靠要饭过日子，他带领村民签订了生死契约，实行分田到户，开启了中国农村土地改革的先锋之路。不满于现状的严宏昌顶着巨大的压力选择给村里招商引资，虽然在当时压力重重，但正是严宏昌敢于改革、不畏阻力的精神，将自身原有的"影响"符号附加上了"金钱"的互动符号，实现了长老型向能人型的转型升级，同时也推动了乡村地区的治理升级，成为了中国乡村转型发展的先驱样板。

长老型向能人型治理精英的转化逻辑为当前中国乡村治理的升级转型提供了以下三个方面的启示：

---

① 参见《小岗村40年：在改革中走向"不惑"》，《中青在线》，2018年10月8日。

第一，内在逻辑的彰显。中国的乡村社会在长期的历史发展中形成了自身固有的发展和更新逻辑。当前，长老型和能人型的乡村治理精英之所以能够在乡村治理过程中实现较好的治理效果，最为根本的原因是组织权威把握住了乡村社会固有的规律性，集合了乡村社会固有的治理要素，将组织化的权威赋予拥有"影响"和"金钱"等符号的乡村治理人，实现了乡村社会源生权威的组织化升级。相反，任命型乡村治理精英所达到的乡村治理效果较差的原因也是在于没有充分把握住乡村社会的内在规律。因此，推动乡村社会有序发展的前提是要尊重乡村社会的内在发展逻辑，尊重乡村社会源生权威的治理，组织化在乡村社会的实践必须与乡村社会的源生权威相结合。

第二，政策空间的把握。长老型乡村治理精英向能人型乡村治理精英的转型升级需要外部政策环境的刺激。综观我国在乡村社会的重大改革实践，以改革开放为时间节点，促成了部分地区长老型乡村治理精英向能人型乡村治理精英的成功转型。当前，我国进入了改革发展的关键时期，乡村社会也面临着由脱贫攻坚向乡村振兴转型的重要时期。对内生型的乡村治理精英而言，能否把握住此次转型的政策空间，充分利用国家对于乡村社会的政策支持和资金倾斜，将"影响"因素的功能发挥到最大化，进而附加"金钱"的符号因素，是推动乡村社会的产业转型发展和治理能级提升，推动乡村振兴战略落实的关键所在。

第三，内部淘汰机制的实施。中国乡村发展的内在规律性表明，以乡村社会源生权威为基础的内生型乡村治理精英具有鲜明的内部淘汰性。尤其是随着改革开放的不断深入，中国乡村社会的治理活力和治理能量不断被激发，乡村社会对于内生型治理精英的要求也不断升级。从乡村治理的角度来看，应当正视并充分尊重乡村社会内部的淘汰性，更多地从制度构建的层面助力长老型乡村治理精英的转型，培育能人型乡村治理精英发展乡村产业。同时，要利用乡村社会内部的淘汰性，推动任命型乡村治理精英的转型升级。

第二节　内生—嵌入型互动

党的十八大以来，扶贫成为中央高度重视的国家事务。习近平总书记不断强调精准扶贫工作，每年在"两会"期间都会谈及。可以说，扶贫是中国共产党应对公平挑战的主要方法。扶贫事业显示出中国共产党正努力靠近共同富裕的理想。扶贫的目的不仅在于扶贫本身，还在于国家治理层面的扶贫事业。王绍光认为，国家能力的构成可以分为八个维度：强制能力、汲取能力、濡化能力、国家认证能力、规管能力、统领能力、再分配能力、吸纳和整合能力。[1]当前，我国的精准扶贫事业正是体现国家能力不断完善的一个过程。在20世纪80年代开始的救助式扶贫、开发式扶贫阶段，国家政策主要侧重于重新分配资源，始终仅限于以发展经济和提高收入水平为核心的原意上的扶贫。但是随着扶贫工作力度的扩大——从"精准扶贫"到"脱贫攻坚"过程，逐渐需要更加细致的国家能力。由此，目前的扶贫事业已到达了"治理式扶贫"的阶段，已走向综合性治理模式。简言之，通过扶贫，国家会提高对社会的有效治理能力，从而促进和完善国家的治理体系转型升级。

---

① 参见王绍光：《国家治理与基础性国家权力》，《华中科技大学学报》(社会科学版)，2014年第3期。

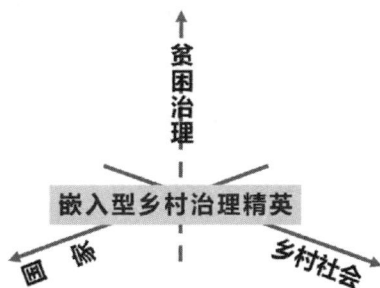

图7-3　中国乡村三元交互治理格局

乡村社会作为精准扶贫实施的主阵地，自然而然地被纳入到了国家能力精细化提升和国家治理现代化的过程之中，最为明显的表现就是组织权威在乡村社会中的直接嵌入。在这种情况下，长久以来中国乡村社会内部的二元互动格局被打破，形成了嵌入型乡村治理精英、内生型乡村治理精英和村民的三元交互治理格局。在本节中，将重点探讨三元交互治理格局下嵌入型乡村治理精英与内生型乡村治理精英的互动关系，为从乡村治理精英的视角寻找精准扶贫与乡村振兴之间的切入点，提供现实参考。

一、互动壁垒

嵌入型乡村治理精英作为国家脱贫攻坚的一项制度安排，在实践中表现出了较为明显的优越性，这一点在前文中已经作了详细的介绍，此处就不再赘述。在认识到嵌入型乡村治理精英的积极作用的同时，我们也需要看到其在从事乡村治理过程中自身的不足和面临的困境。这些不足和困境一方面来自于嵌入型乡村治理精英自身缺乏基层工作经验，对于乡村社会的现实了解程度不够；另一方面来自于部分地区的乡村社会长期处于封闭状态，本身就面临着诸如资金短缺、政策不足、资源有限等一系列的现实问题。从根源上来讲，中国乡村社会在长期历史发展过程中依靠内生型乡村治理精英形成了固有的内生型治理能量，嵌入型乡村治理精英的介入带来了嵌入型治理能量。两种治理能量之间存在一定的冲突和壁垒，这些冲突和壁垒成为了制约内生型与嵌入型乡村治理精英有效互动的关键因素。这些冲突和壁垒主要表现在：

第一，利益冲突壁垒。中国的乡村社会在长期的历史发展过程中形成了固有的利益集合。这种利益集合以小农生产为基础，以家庭、血缘关系为纽带，在长时间的磨合与发展过程中具有了一定的确定性和不可更改性。利益集合的形成与固化，其目的在于维持乡村社会中的基本生产平衡与秩序和谐稳定。中国乡村社会治理的实践证明，以内部固化利益为基础的乡村秩序，具有稳定性和持久性的特征。嵌入型乡村治理精英进入乡村社会以后，因其具有组织所赋予的从事乡村治理和进行资源配置等职能，因此对于乡村社会固有的利益集合形成了一定的冲击。这些冲击在很大程度上改变了原有的利益格局，并突破了基于内部利益格局所形成的乡村治理秩序。嵌入型乡村治理精英进入乡村社会以后，改变了原有的乡村治理格局，同时也改变了乡村社会原有的利益格局。这一变化最为直接的表现就是内生型乡村治理精英的利益受到了冲击，这些现象的存在使得内生型乡村治理精英与嵌入型乡村治理精英在乡村社会治理实践的过程中形成了一种互动的壁垒。

第二，熟人社会壁垒。长久以来，"人地不离"的经济基础使得中国的乡村社会具有了鲜明的不流动性。这并不是说乡村社会中的人口是不流动的，而是个体在空间上与乡村社会之间存在着一种固定且缓慢的关系。这种关系的存在，使得乡村社会与外部处于一种孤立、隔阂的状态，但在乡村社会内部却有着"聚村而居、终老是乡"的特征。基于这样的特征，中国的乡村社会在发展的过程中形成了一种熟人社会的关系。乡村社会的秩序构建和利益分配都是以熟人社会关系为基础的。嵌入型乡村治理精英进入到乡村社会,并且要发挥相应的治理功能,在冲击中国乡村社会原有治理秩序与利益关系的同时,也在一定程度上冲击了熟人社会的关系。这种冲击是两方面的:一是对乡村社会关系链条的冲击。基于熟人建立起来的双向关系链条,被嵌入型治理力量的进入所阻断,形成了三方主体参与的立体关系链条;二是对于嵌入型乡村治理精英的挑战。作为外来的治理力量,如何在乡村熟人社会中开展有效的治理实践,如何破解与熟人社会之间的隔阂,成为了嵌入型乡村治理精英所面临的首要问题。

二、互动优化

对当前中国的乡村社会而言,内生型乡村治理精英与嵌入型乡村治理精英并存会是一个长期的状态。这是国家治理体系现代化转型的要求,也是脱贫攻坚与乡村振兴有效衔接的必由之路。破除嵌入型与内生型乡村治理精英之间的壁垒,是促进二者有效互动、助力乡村振兴战略实施的有益探索。破除壁垒的关键在于寻找内生型与嵌入型乡村治理精英之间的联结要素。

表7-2　治理精英互动联结点分析

类型		存在的挑战
内生型	长老型任命型	1. 个人利益导向显著 2. 缺乏乡村发展的经验、能力和动力 3. 发展的内在动力不足
	能人型	1. 发展的政治资源有限 2. 派系斗争 3. 贿选霸选
嵌入型		1. 乡土基础差 2. 双重考核压力大

所谓的联结要素就是寻找不同类型在治理困境中的契合点, 然后互为补充。研究中发现,长老型乡村治理精英的个人利益导向显著,缺乏乡

村转型发展的经验、能力和动力，在其通过内在转化成为能人型乡村治理精英之前，很难适应乡村社会的发展和乡村振兴战略的需求。因此，要想实现长老型与嵌入型乡村治理精英之间的联结是十分困难的。就任命型而言，存在的最大问题是发展的内在动力严重不足，这也制约了其与嵌入型乡村治理精英的联结。能人型乡村治理精英虽然面临发展政治资源有限、派系斗争和贿选霸选等现实困境，但是嵌入型乡村治理精英的存在正好能够弥补能人型乡村治理精英在治理过程中的缺陷。因为第一，嵌入型乡村治理精英作为组织权威的直接嵌入，本身就带有鲜明的政策资源和资金资源优势，能够有效弥补能人型乡村治理精英在乡村社会发展转型过程中存在的政策资源短板，并为乡村产业的发展转型提供更多的资源供给。第二，组织权威的直接嵌入，通过有效的基层党建，能够在很大程度上起到监督规范乡村社会民主运作、规避乡村派系斗争的效果，进而有效地推动能人型乡村治理精英的关注点转向乡村经济发展、治理提升和产业转型等方面，推动乡村振兴战略的有效实施。

图7-4　能人型与嵌入型乡村治理精英的互动联结

　　基于这样的分析，本书认为，乡村振兴战略的实施关键在于破除能人型乡村治理精英与嵌入型乡村治理精英之间的互动壁垒，实现两者之间的有机共融，使其能够共同致力于乡村振兴战略的实施，具体而言：

　　第一，组织保障。办好乡村的事情，实现乡村振兴，关键在党。要坚持和完善党对"三农"工作的领导，健全党委统一领导、政府负责、党委乡村工作部门统筹协调的乡村工作领导机制。[①]嵌入型乡村治理精英作为一项制度安排,其在实践中所面临的困境同样在完善制度设计中得以解决。因此,这就需要从组织层面更加明晰嵌入型乡村治理精英的权责关系,破解责任大、权限小的困境。将责任机制、权力机制和激励机制纳入到同一个体系中进行考量。在一定程度上赋予嵌入型乡村治理精英进行乡村治理的权限,以及合理汲取资源、分配资源的权限,使嵌入型乡村治理精英在乡村社会中拥有更多的自主权。

第二,优势互补。能人型乡村治理精英与嵌入型乡村治理精英在乡村社会中均具有较为明显的优势,实现两者优势的有机融合是推动乡村振兴的必由之路。能人型乡村治理精英具有乡村治理以及发展乡村产业的优势和经验,特别是由长老型乡村治理精英转化而来的能人型乡村治理精英能够更加有效地挖掘并发挥乡村熟人社会的治理能量。而嵌入型乡村治理精英具有汲取上级政策、资金资源的优势,能够为能人型乡村治理精英的治理提供有益的补充,同时,嵌入型乡村治理精英作为组织权威的直接嵌入,在组织运作方面掌握更多的规范经验,能够为规范乡村社会的基层党建、提升乡村社会的智力水平提供支持。

第三,制度持续。要想真正实现能人型乡村治理精英与嵌入型乡村治理精英之间的优势互补,并长期作用于乡村社会的发展,推动乡村振兴战略的实施,关键在于政策制度的持续性。嵌入型乡村治理精英,尤其是驻村"第一书记"是为了适应脱贫攻坚这一任务而设置的,五年的实践表现出了其在脱贫攻坚、基层党建、乡村治理等方面的优越性。2020年,脱贫攻坚的目标即将实现,驻村"第一书记"这样一项有效的制度安排不应该随着脱贫目标的实现而取消。而应该作为一项长期的制度设计,纳入到乡村

---

① 参见人民日报评论:《书写中华民族伟大复兴的"三农"新篇章》,《人民日报》,2018年2月5日。

振兴战略之中,将其优势发挥到最大。这不是说要像脱贫攻坚时期一样,全面铺开地进行制度落实,而是要探寻一种更加精准的制度延续逻辑,这个逻辑的关键在于厘清不同类型乡村治理精英的行动逻辑、权力结构和以其为中枢所构成的国家与乡村社会之间的利益权衡关系,因地制宜、有选择性地搭配不同类型的内生型乡村治理精英与嵌入型乡村治理精英。对于发展基础薄弱的乡村,应着力培育能人型乡村治理精英,对于发展基础较好的乡村,应着力推动嵌入型与能人型的有机融合,在这样一个循序渐进的过程中,充分发挥精准制度的优越性,推动乡村社会有步骤、有节奏地解决农业、农村、农民发展不充分、不平衡问题,推动乡村振兴战略的有效实施。

第三节　乡村组织化升级模式

综观中国的革命、建设和发展的不同历史时期,"组织起来"是中国共产党长期执政以来最为宝贵的实践经验之一, 也是当前中国国家治理能力现代化转型的主要动力之一。改革开放以后,受到市场经济和西方资本主义思想的影响,在一段时期内国家体制建设中出现了"去组织化"的困境。这些困境主要表现在两个方面:第一,体制层面的改革,加大了党组织的流动性。大量的党员和党员干部散落到社会和经济市场当中,不少党员尤其是党员干部在这一过程中出现了组织意识、纪律意识淡薄的问题,这在削弱组织能量的同时也成为了滋生腐败的一个重要原因。第二,社会层面的开放,带来了原子化时代的变革。经济的开放使得原有的单位制体制被瓦解,社会人口流动性的增强,加大了社会治理层面的成本。乡村社会大量人口流出,"空心化""老龄化"问题凸显。大城市人口几近饱和状态,城市治理问题在同一时期出现了"井喷式"增长。

面对发展过程中遇到的问题，共产党所具有的内在调适性发挥了重要的作用。分析党的十八大以来的相关制度构建和政策推行可以看出，其核心目的就是推动制度的改革和治理体系的重塑，归根结底就是共产党对于发展过程中出现的"去组织化"现象要进行纠正。诸如党的十八大以来提出的全面从严治党，是"再组织化"的战略性选择。国家治理能力现代化转型这一概念的提出则是从制度层面进行"再组织化"的设计。这一过程具有清晰的组织导向，这是共产党自身治理能力变革的前提基础，同时从长远来看，这也是完善和发展中国特色社会主义制度、推动国家治理转型的行动先导。[①]

就乡村治理而言，组织选派以驻村"第一书记"为代表的嵌入型乡村治理精英进入乡村社会，并赋予他们从事乡村治理的权威，便是共产党在乡村社会开展"再组织化"的具体实践。这一点，我们从驻村"第一书记"的职能中可以看得出。驻村"第一书记"的首要职能是加强农村的基层党组织建设，解决农村基层党组织在长期发展过程中出现的软弱涣散等弊病。因此，在本节中将着重从驻村"第一书记"的视角出发，探究乡村社会"再组织化"的途径，并试图提出乡村社会组织化升级的体系。

一、组织衔接

驻村"第一书记"是国家在精准扶贫领域的一项重要制度安排，旨在通过组织权威在乡村社会中的介入，解决脱贫攻坚过程中所面临的资源短缺、政策短缺等现实问题。在这项制度安排中，驻村"第一书记"作为嵌

---

① 参见郭为桂：《"再组织化"：全面从严治党的战略抉择及其制度化导向》，《经济社会体制比较》，2019年第1期。

入型的乡村治理精英被赋予了四项重要的职能，即组织建设、脱贫攻坚、服务人民和推动乡村治理。组织建设作为其中一项基础性的职能，应当以此为主线贯穿其余四项职能的发挥。这是解决中国乡村社会基层党组织"去组织化"的关键一步，也是实现脱贫攻坚与乡村振兴有效衔接的重要一环。

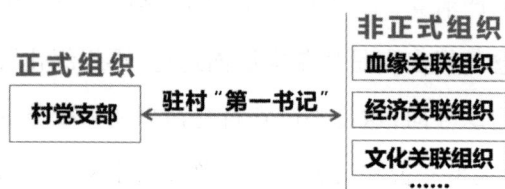

图7-5　乡村组织衔接

从驻村"第一书记"权威合法性的来源看，驻村"第一书记"在组织方面所具有的优势不仅仅应该体现在推动乡村正式组织的巩固与发展上，更为重要的是在于依托党组织的力量衔接乡村社会中正式组织与非正式组织，创新乡村社会的组织模式，实现乡村组织的升级。具体而言，中国乡村社会长期发展过程中形成了特定的生活方式、生产方式、交往方式、认知水平，使得非正式组织在乡村社会中具有更深远的影响力。在当前的中国乡村社会中，非正式组织表现出了鲜明的内在关联性，也就是说乡村非正式组织都是依靠相应的关联要素而形成的。诸如依靠血缘关系形成的红白喜事会，以传统的"三服""五服"为基础，通过规范化、简洁化的流程整改，推动移风易俗在乡村社会中的落实。农业合作社则是以经济要素为基础，以集中生产为载体的非正式组织形式。作为正式组织的党支部，应当充分认识到非正式组织在乡村治理过程中的积极作用，并发挥正式组织的内部能量，激活乡村社会中非正式组织（诸如农业合作社、红白喜事会等）的能量。克服乡村社会中传统非正式组织的不确定性等弊端，鼓励农村致富以能人为核心聚合农民的组织化方式。充分挖掘乡村协会所具有的广泛兼容性、充分自主性、非盈利性和高度灵活性等优势,以协会模式将农民联结起来。通过组织升级,提高村民收入的稳定性和持续性,进而增强村民对于乡村社会的认同感和归属感。

案例:小南河村的蜕变

小南河村是黑龙江省双鸭山市饶河县的贫困村,肥沃而又广阔的黑土地因为村民的好吃懒做而被大量荒废,村里的房子基本都停留在20世纪90年代的样貌。大量的年轻人离开村子到外地打工,整个村子没有一点儿生机和活力。在国家实施脱贫攻坚以后,驻村"第一书记"冷书记作为市里的驻村干部被派驻到了小南河村。面对村里的落后,冷书记想到了用"就地取材"的方式来搞活村里的发展。她开始策划利用这些老房子来做农家乐,吸引更多城里的人来到小南河村感受童年的味道。开始并没有村民响应,冷书记就带头打扫卫生、粉刷墙面,直到越来越多的城里人到村里吃东北菜、睡热炕头,村民们渐渐感受到自己的腰包开始鼓了,才开始加入到了开办农家乐的行列。为了创造良好的口碑,规范农家乐的运作,冷书记在村里成立了农家乐协会。协会以村委为依托,充分发挥党员在协会中的作用,充分发扬基层民主,协会的核心成员由协会内部成员选举产生。协会通过制定统一的食品安全标准、物价标准、卫生标准,实现了对于村内农家乐的规范化管理,并很快形成了集聚型产业。不少在外务工的青年人也回到了家乡,参与到了农家乐的事业当中。四年的时间里,小南河村从一个贫困落后村发展成为了明星脱贫村。实现这一转变的主要原因在于驻村"第一书记"将乡村社会内的正式组织与非正式组织进行了有效的衔接,并以此来推动乡村产业的升级与持久发展。

实现乡村社会正式组织与非正式组织有效衔接的实践意义表现在两

个方面。第一，保持乡村社会基层组织的持久活力。当前，我国乡村社会基层组织出现软弱涣散的关键原因在于乡村社会的发展状态与乡村居民对于高质量的生活追求之间存在较大的差距。"留不住人"的乡村，自然会出现"去组织化"的现象。正式组织与非正式组织在乡村社会中的衔接，能够满足乡村社会经济发展的需求，并为乡村社会的转型提供相应的组织保障。产业的发展与组织的稳健则会吸引更多在外务工的青年回到家乡，进而为基层组织的发展和乡村社会的转型升级注入持久的力量。第二，巩固脱贫攻坚的成效，并为向乡村振兴转型提供基础。对乡村社会而言，正式组织与非正式组织的有效衔接，最为深远的影响在于能够保持乡村产业发展的态势和乡村治理的成效，从而规避很多在脱贫攻坚过程中产生的"为了脱贫而脱贫""形式性脱贫"的不良后果。乡村社会产业持久发展，是巩固脱贫攻坚成效的最佳途径，也是实现脱贫攻坚与乡村振兴有效衔接的内在动力。

二、体系重构

案例：全国文明村背后的组织体系逻辑

十几年前，山东省庵上湖村是所在县区内有名的"空村"。因毗邻县城，大量的农村劳动力流向城区，村内的集体经济收入几乎为0。2005年，村支书赵书记上任。看到村里凋敝的现状，赵书记下定决定要发展农业合作社，带领村民致富。先从党员入手开展工作，是赵书记当时唯一能够想到的动员方法。历时两年左右，赵书记于2007年牵头15户党员家庭和6户村民组建起了县域以内第一家农业合作社，一起种植西瓜蔬菜，成为了当时赵书记的奋斗目标。到了2010年，合作社的收益十分明显，赵书记看到了党员带头发展合作社的优势所在，于是他提出了"党支部+合作社"的发展理念，村里合作社的规模也随之不断扩大。村民在县城里开起了直营店，在网上开起了网店，村集体的收入实现了质的飞跃。2012年，在食品安全成为人们关注的热点问题的时候，庵上湖村向全社会作出了不使用任何化肥农药的承诺。因坚持种植良心菜，庵上湖村于2015年被评为了"全国文明村"，这个荣誉体现了庵上湖村背后的组织体系逻辑。简单来讲，包含三个方面的核心要义：第一，坚持以规则为导向，以严格的规章制度把关产品生产；第二，坚持构建有效机制，将党支部与合作社进行联结，实现正式组织与非正式组织的结合；第三，坚持以发展的眼光看待乡村建设，注重人才梯队的构建和乡村能人的挖掘。

组织的稳定性和延展性取决于组织内部制度体系机制的完整与健全程度。因此，正式组织与非正式组织在乡村社会中的衔接，需要依靠科学的体系构建来作为支撑，从而确保这种衔接的有效性和持久性。通过案例分析可以发现，一个成功的乡村社会组织体系大致包含规则、机制和发展三个要素。三个要素之间存在着一种递进式的关系，其中，规则是乡村组织体系得以良性运行的基础，机制是乡村组织体系发展的实践空间，发展是确保乡村组织体系延续性的动力。脱贫攻坚与乡村振兴有效衔接的基础在于规则、机制和发展三个要素结合的有效性和稳定性。

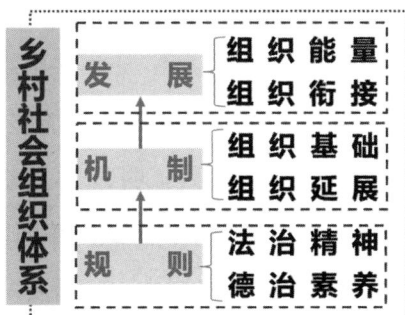

图7-6 乡村社会组织体系

（一）规则

中国乡村社会在长期的历史发展过程中形成了一系列的内部治理规则，诸如依靠血缘宗族、共同信仰等。这些规则对于维持乡村社会的秩序能够发挥相应的正向作用，却无法满足当前中国乡村社会转型发展的内在需求。因此，我们需要探寻一种全新的规则模式。这种规则模式既要能够保留乡村社会内部治理规则的基本属性，又要能够与国家的法治建设相匹配。从本质上来讲，就是需要在传统德治和现代法治之间寻找一个平衡点；从实践上来讲，就是需要乡村社会能够依据自身的实际，制定相应的村规民约。村规民约的制定过程需要以熟人共同体、情感共同体和自治共同体为理念主导，通过村民大会等形式进行协商讨论，进而形成约定俗成并为乡村社会共同遵守的规则体系。这一过程包含了对于乡村社会中每一个主体的充分尊重，能够为形成有序、有信、有义的乡村秩序奠定基础，为乡村社会组织体系的构建提供约束保障。

（二）机制

机制的构建在于为乡村组织的体系化建设提供相应的实践空间。前文中所讲到的关于正式组织与非正式组织的衔接便是乡村社会组织体系的一个重要机制。通过机制的构建，厘清正式组织与非正式组织之间的关系、非正式组织与非正式组织之间的关系、非正式组织内部之间的关系这三种基本关系，从而使得正式组织和非正式组织能够在规范化、合理化的过程中运行。不少乡村社会的成功实践证明，正式组织是机制构建过程中的主心骨，非正式组织成立与发展必须在正式组织的引导下进行。在这样一个正式组织与非正式组织衔接的机制中，还需要一些衍生机制作为保障，诸如考核机制、奖惩机制、退出机制等。依托机制来保证正式组织的基础性地位,同时扩大非正式组织的延展性和规范性,进而将两者纳入一个统一的有机体当中,共同推动乡村社会的转型发展和乡村振兴的落实。

(三)发展

发展是保障乡村社会组织体系延续的内在动力和重要保障,也是乡村社会中组织规模不断扩大、组织能量不断积聚的基础。有效的发展体系和健全的发展机制有赖于乡村社会内部人才的培养和延续。调研中发现,不少乡村社会尤其是中西部地区的乡村,在当前的转型过程中遇到的最大困境就是缺人。驻村"第一书记"的进入在一定程度上解决了这些乡村地区智力缺乏和人才缺乏的问题。但从整体性和长远性的角度来看,要想解决发展的问题,需要依靠多类型乡村治理精英的共同作用,推动乡村社会人才梯队的构建与交互。在这一过程中,既要注重正式组织中人才的培育,保障正式组织高质量延续,同时也要注重非正式组织中能人的培育,使非正式组织中的能人能够成为正式组织中源源不断的力量补给。从本质上来看,这其实是实现正式组织与非正式之间组织能量交互的过程,这一过程对于巩固脱贫攻坚成效,推动乡村振兴具有深远影响。

本章小结

随着农村社会的发展,当前乡村社会中出现了内生型乡村治理精英与嵌入型乡村治理精英并存的治理局面。两者以一种工作配合的关系共同致力于乡村振兴的发展。然而三种内生型乡村治理精英与嵌入型乡村治理精英的结合会出现不同的乡村治理效果。当前,国家将乡村的发展作为乡村社会改革的首要任务时,乡村治理精英们如何发挥自身的能力成为需要思考的一个重要问题。长老型乡村治理精英因思维模式比较传统，自身的能力和素质已经无法适应当前乡村社会发展的需求；制度型乡村治理精英出于对个人利益的维护，不愿为乡村的发展和产业结构调整作出相应的努力,阻碍了一些有发展条件的乡村地区的转型之路。相比于前两种内生型乡村治理精英，能人型乡村治理精英因其通过发展乡村经济和集体产业而获得了治理乡村社会的权威。因此,能人型乡村治理精英就带有了显著的现代化属性，这也决定了能人型乡村治理精英能够为乡村地区的产业结构调整带来更多的契机。实践证明,能人型乡村治理精英的确为乡村社会的发展作出了突出的贡献，不少在以能人型乡村治理精英为治理主体的乡村,短短几年内村容村貌、基础设施、产业结构等方面均发生了十分可观的变化。但研究也发现,能人型乡村治理精英对于乡村社会的改变是有限的,最为主要的原因在于自身所掌握的资源,尤其是政策资源十分有限。而嵌入型乡村治理精英作为一种组织化的直接渗入，能够更多地汲取上级单位的资金资源和政策优惠。当这两种治理精英进行结合并实现优势互补的时候,乡村治理的能级会有一个更大的上升空间,乡村振兴的战略实施也就有了一个坚实的基础。

当前，中国绝大多数乡村社会正处于脱贫攻坚与乡村振兴的衔接过渡期,如何实现两者之间的有效过渡并推动乡村振兴战略的具体落实,成为学者们普遍关心的话题。基于本书所选取的组织化视角,实现脱贫攻坚与乡村振兴的有效衔接可以从以下两个方面作出努力:第一,将选派嵌入型乡村治理精英作为一项长效性制度安排与培育内生型能人乡村治理精英相结合,是乡村振兴发展的必由之路;第二,嵌入型乡村治理精英与内生型乡村治理精英之间互动的基础是乡村社会内部正式组织与非正式组织的有效衔接,并依据组织的升级构建适应乡村振兴发展的组织体系。

结　论

传统研究
- 缺乏整体视野
- 忽视制度优势
- 缺乏发展视角

中国乡村治理的研究

本研究分析框架

国家政体的本质属性与国家治理的宏观视角 → 组织化

方式
- 政治动员
- 资源整合
- 实践纠偏

组织化与乡村治理

过程 → 渗入 — 叠加 — 替代

属性转化
- 增强：整合、统摄、整体性
- 中和：血缘、宗族、宗教性
- 削弱：封闭、群体性

具体表现

组织化权威与乡村源生权威结合

内生型

组织化权威 +
- 族权
- 政权
- 财权

实现
- 身份组织化
- 人格组织化
- 交往方式组织化

组织化塑造乡村治理精英

嵌入型 — 组织化权威直接嵌入

乡村组织化升级
- 内生型互动
- 内生－嵌入型互动

- 组织衔接：正式组织+非正式组织
- 体系重构：规则、机制、发展

回应

回答

中国共产党的组织化是如何影响乡村治理精英的行动逻辑的？

从乡村治理精英的角度来看中国的乡村治理应如何实现从秩序构建到乡村振兴的升级？

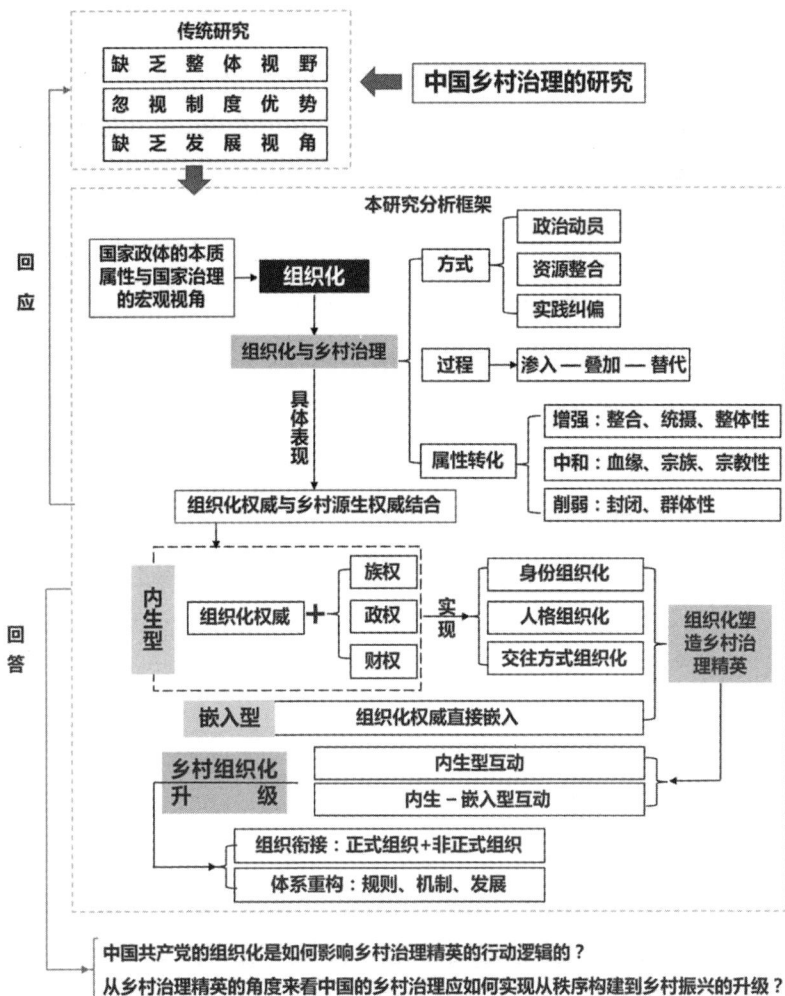

本书的逻辑梳理

本书作为一个立足中国乡村治理的研究，在梳理了以往中国乡村治理的相关研究以后，认为这些研究主要存在以下三个方面的不足：一是缺乏整体的视角，没有将中国乡村治理纳入到国家治理体系的构建逻辑中进行思考；二是忽视了中国国家制度的优越性，中国共产党领导中国从革命到新中国成立再到改革开放和现代化建设的历程，充分证明了共产党组织化实践的成功性，因此研究中国乡村治理应当立足于国家制度的优越性进行思考；三是缺乏发展的视角，马克思哲学辩证法告诉我们，任何事物都是不断向前发展的。中国的乡村治理亦是如此，作为一项学术研究，我们应当以前瞻性的眼光看待中国乡村治理的未来。尤其是当前处于脱贫攻坚与乡村振兴的交错期，我们更应该用发展的思维去探索中国乡村治理转型的内在逻辑。基于这样的思考，本书选取了组织化的理论视角，从国家治理的维度出发，将乡村治理纳入国家治理体系现代化的构建过程中思考。具体而言：

首先，本书从宏观维度出发分析组织化视角下中国乡村治理的历史根源。众所周知，中国共产党革命胜利的源泉在于农村，正是有了农村的支持，中国共产党才能领导中国人民实现各项历史的突破。而这背后的逻辑根源在于中国共产党在乡村社会中适时、适地、适宜地采取了组织化的实践。即通过政治动员、资源整合、实践纠偏等途径，实现了正式组织在乡村社会中的渗入—叠加，并最终完成了对乡村社会中源生组织的替代。这一过程的最终结果是催化了中国乡村社会的属性转化，即削弱了封闭性和群体性，中和了宗族性、血缘性和宗教性，进而增强了正式组织在乡村社会中的整合性、统摄性和整体性。特殊时期的特殊发展路径，为之后中国乡村社会的发展和转型奠定了组织化的基础。然而中国乡村社会在长期发展过程中所形成的思想保守性等弊端，使得中国共产党很难在乡村地区展开全面性的组织工作，只有抓住联结组织与乡村的一个关键点，才能实现乡村社会组织化的有效实践。

　　以熟人社会为主要特征的乡村内部关系,为找到这一关键点提供了有益参考。中国共产党清晰地认识到,只要抓住乡村熟人社会中的精英(或是领袖),依靠乡村社会的自组织性就能有效地保障组织化实现的延伸。因此,中国共产党以培育乡村治理精英为切入点,确保组织化成果在乡村社会中的延续性。从中央媒体的视角(分析《人民日报》从1946年创刊到2018年5月有关乡村治理精英的701篇报道)可以发现中国共产党对于乡村治理精英的培育大致经历了管理—提升—治理的发展路径,这个发展路径与中国国家治理体系的构建过程具有高度的一致性。这也从一个侧面反映出,中国的乡村治理是国家治理体系构建与转型的一个重要组成部分。

　　其次,本书从具体实践的微观视角分析以组织化为基础、以乡村治理精英为联结的中国乡村治理。中国乡村社会在长期历史发展过程中出现了族权、政权、财权等不同类型的乡村社会源生权威。从本质上来讲,组织化在乡村社会的实践过程其实就是组织化权威与不同类型乡村社会源生权威不断结合的过程。这一过程与乡村社会的内在发展需求相一致,与中国国家治理体系的转型和升级相吻合。具体而言,组织化权威与族权的结合,产生了长老型乡村治理精英,其基本职能是维持乡村社会的秩序稳定;组织权威与政权的结合,产生了任命型乡村治理精英,其基本职能是作为国家集中发展过程中汲取资源的"代理人";组织权威与财权的结合,产生了能人型乡村治理精英,其基本职能是推动乡村社会的产业发展和治理能级的提升。直到党的十八大以后,为了配合精准扶贫政策的有效实施,国家开始大量选派驻村"第一书记"进入乡村社会,从事基层党建、精准扶贫、乡村治理等事务,这一项举措的实质是组织权威在乡村社会中的直接嵌入。至此,中国的乡村社会中出现了内生型乡村治理精英与嵌入型乡村治理精英并存的治理格局。以内生型乡村治理精英为联结的二元乡村治理格局也转变为嵌入型与内生型乡村治理精英共同联结的三元互动治理格局。治理格局的升级,对于推动乡村社会治理转型,落实精准扶贫,实现脱贫攻坚的目标具有积极的作用。而对嵌入型乡村治理精英而言,以"外来人"的身份进入乡村社会,必然会与传统乡村社会的治理格局产生一定的冲突。这些冲突源于制度设计过程中形成的权责匹配冲突,同时也源自嵌入型乡村治理精英与乡村社会源生权威之间的冲突。本书认为,只有实现组织结构再造、管理模式转变、扶贫机制升级,以及责任规则重厘,才能缓解嵌入型乡村治理精英在实践过程中所面临的挑战,在当前的乡村治理过程中更好地发挥其自身的资源优势和政策优势。

最后,本书落脚现实,探讨了从组织化视角出发,以乡村治理精英为切入点推动乡村振兴的路径。内生型乡村治理精英与嵌入型乡村治理精英并存的治理格局是当前中国乡村发展的客观现实也是内在需求。如何更好地发挥两者的功效,最为关键的就是要建立起内在的稳定互动机制。从内生型乡村治理精英的互动来看,需要把握并落实内部淘汰的规律。也就是说,在当前长老型、任命型和能人型乡村治理精英同时存在的乡村社会中,应当充分发挥乡村社会内部的淘汰机制,将不适合乡村社会发展需求的治理精英淘汰,同时实现符合乡村社会发展需求的治理精英之间的互动转化。从内生型与嵌入型乡村治理精英的互动来看,需要解决两者之间存在的利益冲突壁垒和熟人社会壁垒,优化两者之间的互动。站在脱贫攻坚与乡村振兴衔接的现实维度,实现内生型乡村治理精英与嵌入型乡村治理精英的有效持续衔接,是实现历史跨越的基础。而要想保障脱贫攻坚与乡村振兴衔接的质量,则需要从组织化的视角推动乡村组织化的模式升级。

自2018年12月开始实施的《中国共产党农村基层组织工作条例》[①]中，增写了"乡村治理""领导保障"两个部分，并从经济建设、精神文明建设、乡村治理等方面明确了乡村社会中基层党组织的任务。这为从组织层面推动脱贫攻坚与乡村振兴的有效衔接提供了制度保障。落实条例的相关要求，需要内生型与嵌入型乡村治理精英强化联结功能，实现乡村社会中正式组织与非正式组织的结合，进而从基层组织的层面，构建有益于乡村社会产业发展、生态改善、移风易俗、治理升级的组织体系。本书认为，这个体系中应当充分体现规则、机制和发展三个基本要素，以巩固组织基础，确保组织的延展性和持续性。

基于这样的一个分析逻辑，从中国乡村治理研究的延续性来看，本书提出了一个新的研究视角，即组织化的视角。从中国乡村社会发展的前瞻性来看，本书回答了中国共产党的组织化实践是如何影响中国乡村治理精英的行动逻辑的这一问题，探讨了一种以组织化为基础，以乡村治理精英互动为联结的乡村振兴发展模式。当然，受到时间、精力等因素的限制，本书没有将西部的部分地区纳入研究范围，在一定程度上影响了研究的完整性。作为一个小小的遗憾，笔者在未来的研究中将尽力予以弥补。

---

① 中国共产党中央委员会:《中国共产党农村基层组织工作条例》,2018年12月28日。

附　录

附录1　乡村治理精英访谈案例概要

编号	精英类型	访谈对象	访谈时间	访谈地点	访谈提纲
1	嵌入型	四川省魁沙村驻村"第一书记"（原工作单位：县旅游局）	2018年8月1日	魁沙村村委会	1.如何稳定脱贫成效？ 2.如何推动困难村与原工作单位的联系？
2		湖北省管驿村驻村"第一书记"（原工作单位：县委组织部）	2018年8月9日	城关镇政府	1.青年大学生担任驻村"第一书记"的困境。 2.个人未来的职业发展规划。
3		吉林省老岭村驻村"第一书记"（原工作单位：县纪委）	2018年8月22日	党建服务中心	1.驻村工作的难点与痛点。 2.如何协调与村"两委"的关系？
4		吉林省头道阳岔村驻村"第一书记"（原工作单位：县经信办）			
5		贵州省小河口村驻村"第一书记"（原工作单位：贵州省委党校）	2018年9月9日	贵州省委党校	1.如何发挥研究机构的优势助力脱贫攻坚？ 2.如何看待当前的脱贫攻坚与乡村振兴之间的衔接问题？
6		贵州省罗柏村驻村"第一书记"（原工作单位：贵州省委党校）			
7		黑龙江省小南河村驻村"第一书记"（原工作单位：市安监局）	2018年9月13日	小南河村村委会	1.如何发展村集体经济及农家乐产业？ 2.如何筹集发展资源？ 3.完成排贫回到原单位后的个人发展规划？ 4.如何看待自己成为驻村工作的典型？
8		云南省曲侗村驻村"第一书记"（原工作单位：复旦大学）	2018年9月26日	永平县人民政府	1.教育扶贫和医疗扶贫的实践评价？ 2.作为外来人员参与乡村治理的困境？ 3.与原工作单位的关系及完成扶贫回到原单位后的个人发展规划？
9	任命型	四川省魁沙村支部书记	2018年8月1日	魁沙村村委会	1.对于驻村"第一书记"的工作如何评价？ 2.与驻村"第一书记"如何进行分工？ 3.驻村"第一书记"在本村工作的认可度。

续表

编号	精英类型	访谈对象	访谈时间	访谈地点	访谈提纲
10	能人型	湖北省黄龙沟村支部书记	2018年8月9日	黄龙沟村村委会	1.乡村产业（茶叶）的发展思路与规划？ 2.被村民"告下台"以后的心理状态以及为什么又选择重新担任村支书？ 3.乡村法治文化广场的理念来源及推行效果？
11	能人型	湖北省管驿村支部书记	2018年8月10日	管驿村村委会	1.如何在深山中发展村集体经济？ 2.作为村支书被评为"贫困户"有什么样的想法？ 3.对于当前脱贫攻坚的持续性有什么考虑？ 4.对于村两委村务延续性的考虑。
12	能人型	吉林省黄家崴子村支部书记	2018年8月23日	黄家崴子村村委会	1.如何实现村内"1分钟火车小站"的？ 2.带领村民开山修路的历程及困难。 3.对于村两委村务延续性的考虑。
13	长老型+能人型	山东省万山村原支部书记	2018年8月28日	万山集团办公楼	1.超大型乡村产业的发展路径。 2.乡村党支部延续性与产业延续性之间的内在关系。
14	长老型	山东省徐家庙村原支部书记	2018年8月29日	支部书记家中	1.人民公社化时期、家庭联产承包责任制时期乡村治理理念的不同？ 2.税费制改革以后乡村发展过程中出现的问题？
15	能人型	山东省庵上湖村支部书记	2018年10月15日	庵上湖蔬菜加工园区	1.支部发展的理念及思路？ 2.乡村党支部延续性与产业延续性之间的内在关系？ 3.对村内新兴能人的培养方式？
16	长老型+能人型	浙江省四合村支部书记	2018年10月24日	四合村村委会	1.乡村振兴战略提出对本村的影响？ 2.对于本村的未来发展设想？ 3.乡村党支部延续性与产业延续性之间的内在关系？

附录2 组工干部访谈案例概要

编号	职务	访谈时间	访谈地点	访谈提纲
1	四川省汉源县县委组织部部长	2018年8月2日	汉源县委组织部会议室	1.本地区脱贫攻坚的落实情况； 2.本地区乡村振兴的推动情况； 3.本地区对于驻村"第一书记"的选拔、培训以及考核标准； 4.本地区各单位人员参与驻村工作的积极性如何，他们的年龄结构以及学历结构大； 5.本地区针对驻村"第一书记"返回原单位后有无明确的待遇引导（诸如政治待遇、精神鼓励，工资待遇等）； 6.本地区给予村支书的待遇（含政治待遇和工资待遇等）情况； 7.如何看待脱贫攻坚与乡村振兴的衔接。
2	四川省雅安市组织部人才科科长	2018年8月3日	雅安市组织部会议室	
3	湖北省保康县县委组织部部长	2018年8月9日	保康县委组织部会议室	
4	湖北省保康县城关镇组织委员			
5	吉林省白山市市委组织部人才科主任（原乡镇党委书记）	2018年8月23日	白山市组织部办公室	
6	黑龙江省双鸭山市组织部副部长	2018年9月12日	双鸭山市组织部会议室	
7	黑龙江省双鸭山市组织部人才科科长			
8	黑龙江省饶河县组织部部长	2018年9月14日	饶河县组织部会议室	
9	云南省永平县副县长	2018年9月25日	永平县人民政府会议室	
10	山东省昌乐县县委秘书长	2018年10月14日	昌乐县人民政府会议室	
11	山东省昌乐县组织部部长			
12	山东省昌乐县五图镇党委书记			

附录3 《人民日报》相关报道及评分（1946年—2018年5月）

年份	篇名	形式	版面	版面赋值
2018	有事，爱找村干部商量（关注乡村人才振兴）	地方报道	11	1
2018	村干部补助待遇保障到位	政策解读	11	1
2018	别让手机捆住村干部的手脚（建议）	政策解读	20	1
2018	村干部培训别光"开眼界"（党员论坛）	经验总结	18	1
2018	青年人外出务工村干部如何充实（社会观察）	经验总结	20	1
2018	"咱就是这村里的人"（新春走基层·扶贫观察 干部状态新观察·关注驻村干部进村来）	地方报道	1	3
2017	找准穷根扶到点上（干部状态新观察·关注驻村干部）	地方报道	11	1
2017	扶贫攻坚不能搞花拳绣腿（干部状态新观察·关注驻村干部）	地方报道	11	1
2017	西藏累计派出13万驻村干部	地方报道	9	2
2017	脱贫了，驻村干部撤不撤？（干部状态新观察·关注驻村干部）	地方报道	11	2
2017	干部奔前线关爱到一线（干部状态新观察·关注驻村干部）	地方报道	10	2
2017	管理抓到位干部更有为（干部状态新观察·关注驻村干部）	地方报道	11	1
2017	评出优良中差排名靠后整改（延伸阅读）	政策解读	11	1
2017	驻村干部为轴全局出力帮扶（延伸阅读）	地方报道	11	1
2017	驻村扶贫，要过几道关（干部状态新观察·关注驻村干部）	政策解读	11	1
2017	专职化村干部扶贫添活力	地方报道	23	1
2017	西藏驻村干部一年争取扶贫项目近千	地方报道	3	3
2017	村里开了国语课	地方报道	10	2
2017	缺氧气，不缺精神	地方报道	15	1
2017	驻村干部要把人扶起来（一线视角）	政策解读	5	2

续表

年份	篇名	形式	版面	版面赋值
2017	为村干部"淬火加钢"（党员论坛）	政策解读	18	1
2017	取来致富经学成脱贫技（学党规、学系列讲话，做合格党员）	地方报道	6	2
2017	村干部，咋监督？	地方报道	9	2
2017	69名村官学了啥？有啥用？（走转改·一线调查）	地方报道	6	2
2017	让村干部有头有盼头	地方报道	18	1
2017	青海启动万名村干部能力提升工程	地方报道	11	1
2017	澄迈打破村官任职"天花板"	地方报道	13	1
2017	村干部走上两会新闻发布台	地方报道	12	1
2016	"公平"管住村官优亲厚友	地方报道	11	1
2016	如何让村干部"有办法"（一线视角）	政策解读	5	2
2016	生命定格在扶贫路上（打赢脱贫攻坚战）	人物报道	3	3
2016	石塘村咋做休闲文章？	地方报道	10	2
2016	干部走心群众安心	地方报道	10	2
2016	渠县公租房怎么这么乱（记者调查）	地方报道	18	1
2016	村干部及其近亲属享受惠民政策须公示	政策解读	11	1
2016	村民说他累了睡了（抗洪一线的共产党员）	人物报道	4	3
2016	驻村干部当养"四气"（中国道路中国梦）	政策解读	5	2
2016	银川建村干部住房保障制度	地方报道	10	2
2016	国家文件符合百姓利益乡村干部不按标准补偿（身边事）	地方报道	20	1
2016	村官"迟孝"不动笔	地方报道	11	1

续表

年份	篇名	形式	版面	版面赋值
2016	村干部请回村（今日谈）	政策解读	1	3
2016	虎掌沟村选举亲历记（蹲点笔记·直击基层民主）	地方报道	17	1
2016	从脱贫摘帽村干部公选公务员	地方报道	4	3
2016	"太平官"不好干了	人物报道	11	1
2016	驻村干部惠民生	政策解读	9	2
2016	灌防村干部借扶贫树"政绩"	政策解读	20	1
2016	乡村干部不用"跑部钱进"了	政策解读	10	2
2016	这里的"村官"撑起一片天（人民眼·乡村治理）	地方报道	16	1
2016	生活变了样日子有奔头（新春走基层）	人物报道	1	3
2016	确认扶贫对象，不能村干部了算（脱贫攻坚，说说我们的心里话⑥）	人物报道	20	1
2016	"逐户排查是村干部的义务"	人物报道	4	3
2016	农村危房改造资金存乱象	政策解读	20	1
2016	村干部必须种好"责任田"	地方报道	6	2
2015	广东廉江:网格管理侦破毒案295宗	地方报道	15	1
2015	给村干部念念"紧箍儿"	地方报道	17	1
2015	新疆锻造"永久牌"工作组	地方报道	1	3
2015	"微权力"清单管住村干部	地方报道	11	1
2015	从"联村户"到"联心"	政策解读	9	2
2015	为扶贫第一书记当起"推销员"	地方报道	22	1
2015	瞄准薄弱环节提升廉洁指数	地方报道	11	1

续表

年份	篇名	形式	版面	版面赋值
2015	驻村干部抓党建解决服务—情挑	地方报道	11	1
2015	乡村干部"比武"化解群众难题	地方报道	11	1
2015	村干部本乡本土为啥还"走读"（人民眼·本期聚焦·村官城居）	地方报道	16	1
2015	第二批七万名驻村干部启程	地方报道	11	1
2015	为"村干部坐班"点赞（今日谈）	经验总结	1	3
2015	7万驻村干部办好事上万件	地方报道	1	3
2015	7万驻村干部的精彩答卷	地方报道	2	3
2015	去年查办贪贿犯罪2万余人	政策解读	11	1
2015	驻村干部帮民致富	地方报道	14	1
2015	"三提三知"群众点赞	地方报道	11	1
2014	驻村干部苦不怕（点赞中国·爱国、敬业,诚信,友善）	人物报道	4	3
2014	村官"坐班"带来了啥（看点·记录基层改革故事）	经验总结	13	1
2014	青海首次驻村干部架起"连心桥"	地方报道	2	3
2014	广西首次村干部宣誓就职	地方报道	11	1
2014	考核驻村干部不再凭感觉	政策解读	18	1
2014	晕倒在抗洪一线	人物报道	16	1
2014	村干部该忙啥（腾点·沉下去,观察中国）	政策解读	23	1
2014	"阿佳"永远在高原（以先锋模范为镜）	人物报道	4	3
2014	村干部不能成为"官老爷"（微观·不矜细行小方成善政）	政策解读	14	1
2014	村干部青黄不接须重视（读者论坛）	政策解读	20	1

续表

年份	篇名	形式	版面	版面赋值
2014	让优秀村干部有"盼头"(党员来信)	经验总结	17	1
2014	湖南新化县水车镇,天门乡食堂堂而不管管以公务用餐每人5元一般性会议不管社会消费文明)	地方报道	11	1
2014	农村干部,干字当头(两会好声音)	人物报道	12	1
2014	村干部用权,咋监管?(走转改·一线调查)	经验总结	6	2
2014	干部要述职村民敢挑刺	地方报道	14	1
2013	村官小错不断万宁这样来管	经验总结	14	1
2013	村干部角色不可"跑偏"	政策解读	5	2
2013	村干部豪华婚宴区纪委介入调查(微观·不弃微小方成善政)	地方报道	11	1
2013	请走"麻雀"迎"凤凰"	经验总结	15	1
2013	村官履职群众评议	地方报道	9	2
2013	村干部评星定级党组织活力激发	地方报道	11	1
2013	村干部领到了绩效工资	地方报道	11	1
2013	农村干部喜欢上党校了(党员来信)	地方报道	17	1
2013	成都大幅提高村干部收入	地方报道	11	1
2013	让村干部得值(农村基层组织建设·大家谈)	政策解读	17	1
2012	开展特色教学培训乡村干部	经验总结	11	1
2012	"村官"好不好,群众说了算	地方报道	18	1
2012	"老板村官"能干啥	经验总结	12	1

续表

年份	篇名	形式	版面	版面赋值
2012	一心为扶贫百姓泪沾襟	人物报道	8	2
2012	他们是"联村干部"	人物报道	12	1
2012	河南尉氏大力扶持大学生村干部创业	地方报道	20	1
2012	编外村干部群众贴心人（一线纪事）	地方报道	10	2
2012	驻村干部解难题（心声）	地方报道	6	2
2012	村干部审计常态化	政策解读	7	2
2012	创新农村干部培养机制	政策解读	7	2
2012	"村民需要，我就长在长河"（走基层·干部在一线）	人物报道	5	2
2012	开展廉洁教育落实惠农政策	地方报道	11	1
2012	下乡的日子很充实（走基层·干部在一线）	人物报道	5	2
2012	债没了村干部更有底气了（政策聚焦·关注乡村债务）	经验总结	2	3
2012	"五星级"村干部，咋评（倾听·行进中的基层回声）	地方报道	14	1
2012	农村干部"好当"不是好感觉（党员论坛）	政策解读	18	1
2012	包村干部来拜年（新春走基层新风扑面来）	人物报道	4	3
2012	大学生村官任职从容变实	地方报道	11	1
2011	给山民建起"绿色银行"（走基层·一线见闻）	地方报道	5	2
2011	河北村干部干好干坏不一样（走基层·前沿观察）	地方报道	17	1
2011	农村干部更要"走基层"	政策解读	1	3
2011	河南专项行动惩治村官腐败	地方报道	11	1
2011	勤廉指数，打量村干部（倾听·行进中的基层回声）	经验总结	23	1

续表

年份	篇名	形式	版面	版面赋值
2011	动力足面貌新	经验总结	7	2
2011	柔性自治,让村民自我管理	经验总结	14	1
2011	补助水平与村干部衔接(政策解读)	政策解读	2	3
2011	河北广平村干部轮流坐班	地方报道	11	1
2011	让村干部有奔头(倾听·乡村调查)	地方报道	14	1
2011	月补贴提高至1000元	地方报道	14	1
2011	别让乡村干部"栽"在拆迁款上(预防涉农职务犯罪)	政策解读	16	1
2010	村干部和群众谈话面对面解疙瘩	地方报道	11	1
2010	农民的家农民自己当	地方报道	7	2
2010	清理村集体家底剑指小官大贪	地方报道	11	1
2010	村干部任满10年离任过道德关	地方报道	11	1
2010	要当好村官先过道德关	地方报道	11	1
2010	沈阳选拔使用24位村支书	地方报道	11	1
2010	贵州省遵义市委常委、组织部长周素平:变"等事干"为"找事干"(今天怎么当村支书)	人物报道	11	1
2010	河南省信阳市委常委、组织部长乔新江:让村干部会干不会干(今天怎么当村支书)	人物报道	11	1
2010	河北省张家口市委组织部副部长、市委基层办主任张迁:保障支书心无劳务抓村务(今天怎么当村支书)	人物报道	11	1
2010	大力培育"项目支书"(今天怎么当村支书)	经验总结	11	1
2010	激励干部惠及百姓夯实根基	经验总结	7	2
2010	浙江推大学生"村官"淘汰机制	经验总结	11	1

续表

年份	篇名	形式	版面	版面赋值
2010	收入有保障干好有希望	地方报道	7	2
2010	"做沈浩式的农村干部"	地方报道	5	2
2009	农村廉情监督员监督村干部(政府创新)	经验总结	10	2
2009	福建面向优秀村干部考录百名乡镇公务员	地方报道	10	2
2009	"易村挂职"冲击波	地方报道	5	2
2009	"还有一户要赶去寻访"	人物报道	5	2
2009	村干部不应离村(读者论坛)	经验总结	13	1
2009	河北磁县3名村干部"冒领"粮补款被查处	地方报道	10	2
2009	群众最有发言权	政策解读	13	1
2009	优秀村干部党考公务员	地方报道	13	1
2009	干得好不好 群众说了算	地方报道	7	2
2008	期待明天会更好	经验总结	7	2
2008	建立村干部激励机制	经验总结	7	2
2008	我和母亲的合法权益被村干部剥夺(信访窗口)	地方报道	7	2
2008	村干部骗卖村民千亩山场使用权(记者调查)	地方报道	13	1
2008	我们最先这样说	经验总结	10	2
2008	村干部欺民敛财(监督)	地方报道	8	2
2008	探索构建"四保"机制激发村干部廉洁干事(来自基层)	经验总结	13	1
2008	20万县乡村干部接受国土法培训	地方报道	15	1
2008	甘肃规定村干部不得代领代发救灾物资	地方报道	2	3

续表

年份	篇名	形式	版面	版面赋值
2008	救灾物资发放，关键在"公"字	地方报道	7	2
2008	陕西旬邑"村官"享受副科待遇	地方报道	10	2
2008	"村官"有了"退休金"（调查）	地方报道	10	2
2008	甘肃将选聘500名大学生村干部	地方报道	11	2
2007	农村干部有了廉政档案	地方报道	13	1
2007	"村官"能当政府雇员	地方报道	10	2
2007	河北徐水推行村干部目标监管制度	地方报道	13	1
2007	领头雁，飞起来	人物报道	13	1
2007	湖北千名村干部应考乡镇公务员	地方报道	10	2
2007	山西今年选聘8000名大学生"村官"	地方报道	2	3
2007	村干部"值周"受好评	地方报道	13	1
2007	真情关爱村干部（议论风生）	政策解读	13	1
2006	述职质询制"村官"戴"紧箍"（基层传真）	经验总结	10	2
2006	内蒙古开鲁：着力培养"复合型"村干部	经验总结	9	2
2006	干部下村吃派饭（基层传真）	地方报道	10	2
2006	江西宁都村干部"双述"促农村和谐	地方报道	8	2
2006	村干部奖金村民定（今日谈）	经验总结	1	3
2006	江苏东海综合考核让无为村干部下岗	地方报道	9	2
2006	青海大学生将下农牧区任职锻炼	地方报道	8	2
2006	新田荒芜村村得利（监督哨）	地方报道	13	1

续表

年份	篇名	形式	版面	版面赋值
2006	村干部说林改	政策解读	14	1
2006	每月25日村里的"民主议政日"（基层传真）	地方报道	10	2
2006	龙泉：驻村干部"三诊"解民忧	地方报道	9	2
2006	"村官"工资与村民收入挂钩	地方报道	10	2
2006	村干部发奖金村民打分定	地方报道	10	2
2006	农村干部怎么管	经验总结	2	2
2006	村里来了"六大员"（建设新农村）	地方报道	2	3
2006	民选"村官"村民管	地方报道	15	1
2006	关键要规范村干部行为（观点）	政策解读	9	2
2006	新农村需要"新型村干部"（实践"三个代表"重要思想保持共产党员先进性·农民代表专访）	人物报道	4	3
2006	禾鸡山村要"变"金凤凰"（脱贫致富）	人物报道	7	2
2006	村干部当免费劳务中介（"十五"：小视角大变化）	地方报道	6	2
2006	村干部聚财有方众村民告状无门（记者调查）	地方报道	13	1
2005	谁当村干部村民投票选（紧扣二十字建设新农村）	地方报道	5	2
2005	重庆大足：农民办事干部跑跑腿（基层传真）	地方报道	10	2
2005	湖北鹤峰："村官"也要被过审计关（基层传真）	地方报道	10	2
2005	村官也要审计（政策解读）	政策解读	2	3
2005	霸州：村干部常逛"典型超市"	地方报道	9	2
2005	选能人当"村官"	人物报道	6	2
2005	村民评议"村官"（基层传真）	地方报道	10	2

续表

年份	篇名	形式	版面	版面赋值
2005	村干部违法处置集体资产（信访窗口）	地方报道	13	1
2005	"水晶"生于沃土	人物报道	15	1
2005	青春火神热播黄土地	人物报道	9	2
2005	贱卖土地大兴土木　公款旅游损公肥私（信访窗口）	地方报道	13	1
2005	安徽：想当村干部须备三条件	经验总结	10	2
2005	齐齐哈尔给农村干部确立"新标准"	经验总结	16	1
2004	新沂：致富能手当村官（聚焦）	人物报道	5	2
2004	三个村干部瓜分村资产（监督与思考）	地方报道	5	2
2004	以"双述双评"强化村干部监督（党政干部论坛）	政策解读	13	1
2004	海口驻村干部暖了农民心	地方报道	4	3
2004	雄县：乡村成立"农村党建研究会"	地方报道	12	1
2004	邓州四级联动保障农民权益	地方报道	8	2
2004	临汾："两定一查三评"让村干部说话算数（本期聚焦）	地方报道	13	1
2004	喜看今日农家女将《贯彻实施〈中国妇女发展纲要〉〈中国儿童发展纲要〉》	地方报道	10	2
2004	农村干部要当好"三员"（我说农村）	经验总结	5	2
2004	让心和农民一起跳	人物报道	6	2
2004	莱地里"神"出"拆迁房"	地方报道	15	1
2004	山东：农村干部远程教育频道开播	地方报道	1	3
2004	说说农村干部的求真务实	政策解读	10	2
2004	村干部已还欠账	地方报道	15	1

续表

年份	篇名	形式	版面	版面赋值
2004	一纸霸王协议　数千村民穷困(记者调查)	地方报道	15	1
2004	把致富能手培养成村干部	政策解读	2	3
2004	淮安安行三项制度加强村干部队伍建设	经验总结	4	3
2004	"农村干部都应向他学习"	人物报道	2	3
2004	农村干部不宜勤换(我说农村)	经验总结	5	2
2004	沙湾区里访"村官"(农村新风)	地方报道	6	2
2004	农民口粮田　哪堪随意占(记者调查)	地方报道	15	1
2004	村干部"述职"好(我说农村)	经验总结	5	2
2004	村干部"八忌"(怎样当好村干部)	经验总结	5	2
2003	素质是关键(怎样当好村干部)	政策解读	5	2
2003	知识很重要(怎样当好村干部)	政策解读	5	2
2003	怎样当好村干部	政策解读	5	2
2003	怎样当好村干部	政策解读	5	2
2003	怎样当好村干部	政策解读	5	2
2003	为群众谋利益就要敢于坚持原则(怎样当好村干部)(新闻摄影比赛)	政策解读	5	2
2003	村民评议村干部(怎样当好村干部)	人物报道	1	3
2003	自己先得有致富的能耐(怎样当好村干部)	地方报道	5	2
2003	干部要带头 苦干(怎样当好村干部)	人物报道	5	2
2003	村干部卖地发财开官　众村民失地生活艰难(信访窗口)	地方报道	14	1
2003	村干部工资由乡镇统发(乡村新事)	地方报道	5	2

续表

年份	篇名	形式	版面	版面赋值
2003	三位村支书吐心声	人物报道	13	1
2003	群众为何盼干部令"三个代表"在基层	地方报道	2	3
2003	卖耕地作坟场	地方报道	14	1
2003	真是普法惹的祸？(决策参谋)	政策解读	16	1
2003	村干部要敢闯(议论风生)	经验总结	13	1
2003	村干部：干事还要干成事(本期聚焦)	经验总结	13	1
2003	不宜频繁变动村干部(建议与要求)	政策解读	5	2
2003	村干部述职(民主之窗)	地方报道	16	1
2003	加强对卸任村干部教育管理(民主评说)	政策解读	16	1
2003	仪征村官进"学堂"	地方报道	10	2
2003	村干部退有所用(微型调查)	地方报道	15	1
2003	"好样的,村干部"(特写)	人物报道	2	3
2003	突破(本期聚焦)	经验总结	13	1
2002	不要冷落"落选"村干部(基层传真)	政策解读	10	2
2002	霸州调动农村干部积极性	地方报道	10	2
2002	"支部联建"使我们村干部说话灵了	经验总结	10	2
2002	如何深化对村干部的教育	政策解读	10	2
2002	金华红旗村村干部超标占地建豪宅	地方报道	6	2
2002	山东村干部交叉任职	地方报道	2	3
2002	广西调动村干部为民办事积极性	地方报道	4	2

续表

年份	篇名	形式	版面	版面赋值
2002	警惕村干部选任三种倾向	政策解读	10	2
2002	村干部生财无道害子孙毁地卖土	地方报道	2	3
2002	村干部新的"三点一线"	政策解读	10	2
2002	樟树：村干部的"大事小事观"	地方报道	4	3
2002	村干部进城招工下岗者下乡就业	地方报道	2	3
2002	安陆群众帮村干部整改	地方报道	6	2
2002	莫把村干部家当成"接待办"	地方报道	6	2
2002	台安规范村干部行为"九不准"	地方报道	4	2
2002	非法占有公款将退还	地方报道	11	1
2001	京津沪村级"三个代表"学教活动扎实开展	地方报道	4	3
2001	这样的村干部为啥不处理	地方报道	10	2
2001	驻马店包村干部解民忧	地方报道	6	2
2001	这种做法不可行	地方报道	12	1
2001	平邑县乡干部丰富服务内容	地方报道	6	2
2001	向广大农村干部和农民群众推荐一部好书	政策解读	5	2
2001	廊坊农村干部转变作风	地方报道	6	2
2001	成案率低	政策解读	12	1
2001	村干部无权批地卖地	政策解读	12	3
2001	山东胶南实行农村干部年薪制	地方报道	2	3
2001	强行"倒包"农民受损	经验总结	11	1

续表

年份	篇名	形式	版面	版面赋值
2000	《农村干部学习"三个代表"重要思想文件汇编》出版	政策解读	3	3
2000	莆田县消肿裁冗节支减负	地方报道	4	3
2000	舒城村干部工资"打卡"发放	地方报道	3	3
2000	上饶密切乡村干部与群众关系	地方报道	4	3
2000	直选的村干部缘何难当？（民主建设在乡村）	政策解读	10	2
2000	广饶实施村干部集中办公	地方报道	4	3
2000	村干部切莫乱承诺（民主建设在乡村）	政策解读	10	2
2000	村干部换届应审计财务（各地报刊读者来信摘编）	政策解读	3	3
2000	高检要求依法查处村干部职务犯罪	政策解读	2	3
2000	村干部挠头：好建议为何被"抛锚"众乡亲叫真——不咂民情就得"搁浅"（心连心）	经验总结	3	3
2000	乡村干部跑市场架起城乡金桥梁（读者论坛）	地方报道	3	3
2000	灵璧县徐场村干部殴打军属口出狂言（监督后录）	地方报道	3	3
2000	村干部"土""变""洋"的危害（观察台）	经验总结	3	3
2000	新任村干部办好事应注意的问题（建议与要求）	政策解读	3	3
1999	减轻农民负担从娃儿上抓起	地方报道	5	2
1999	农村干部养老保险亟待规范	政策解读	9	2
1999	村干部贪利办保险违规	政策解读	10	1
1999	固始县系统培训乡村干部	地方报道	3	3
1999	长业县"两票制"选配村干部	地方报道	3	3
1999	湖北村级班子"消肿"（头条竞赛）	地方报道	4	3

续表

年份	篇名	形式	版面	版面赋值
1999	汉川市出台规范措施管理村干部	地方报道	3	3
1999	让村干部安心工作(实话实说)	政策解读	10	1
1999	冯家镇便民公司多(农村新事)	地方报道	11	1
1999	成都村干部带领农民走入小康	地方报道	3	3
1999	查处村干部经济犯罪有"三难"	政策解读	12	1
1999	嘉兴:减村扩镇	地方报道	4	3
1999	廊坊实行农村干部结构工资制	地方报道	3	2
1999	应取消村干部"挂账"工资(建议与要求)	政策解读	5	2
1999	三岁幼童惨遭杀害可怜 村干部调解"结案"荒唐(民与法)	地方报道	11	1
1999	郑州农村村民主选举选出活力	地方报道	3	3
1999	采取非法手段破坏选举富平三名村干部被判刑	地方报道	9	2
1999	陕西农村村干部走进"空中课堂"	地方报道	5	2
1999	这个村干部为何行凶报复?(监督广角)	经验总结	12	1
1998	老河口市查处5名村干部	地方报道	9	2
1998	村干部岂能如此组织村民上访(信访调查)	地方报道	10	1
1998	宜宾异地公开选拔村干部	地方报道	9	1
1998	村干部要学点新本事(今日谈)	经验总结	1	3
1998	有感于大学生当村干部(今日谈)	经验总结	1	3
1998	安徽严查乡村干部违法违纪	地方报道	3	3
1998	廊坊着力培训村干部	地方报道	9	2

续表

年份	篇名	形式	版面	版面赋值
1998	潍坊对农村干部进行学历培训	地方报道	11	1
1998	高阳县季朗村干部五年挥霍42万元	地方报道	4	3
1998	都市里的"村干部"（普通人的故事）	人物报道	11	1
1998	有益的尝试	经验总结	10	2
1998	信阳把千余村干部送入高校	地方报道	4	3
1998	做给农民看带着农民干	地方报道	4	3
1997	黑龙江省万名村干部获得上岗证	地方报道	4	3
1997	缴纳提留统筹费是村民义务 乡村干部应为群众排忧解难（观察台）	政策解读	9	2
1997	清丰县村干部离任接受审计（短波）	地方报道	3	3
1997	剎住村干部违法租卖土地歪风（读者论坛）	经验总结	9	2
1997	吕梁地区农村干部培训成效显著	地方报道	3	3
1997	村干部"脱产化"问题不容忽视	政策解读	11	1
1997	让农村干部在实践中成长起来（公仆心声）	人物报道	11	1
1997	慰问村干部给农民拜年	地方报道	2	3
1997	兰山村的"空中课堂"	地方报道	3	3
1996	陕西农村干部争上"空中课堂"	地方报道	5	2
1996	西街村干部不要骄车要精神	地方报道	3	3
1996	村干部单方撕毁合同,我该怎么办？	政策解读	9	2
1996	邹城评议调整农村干部	地方报道	3	3
1996	称职的村干部为何想"撂挑子"？	地方报道	11	1

续表

年份	篇名	形式	版面	版面赋值
1996	森林的怒吼	地方报道	11	1
1996	村干部工作的关键在干	政策解读	9	2
1996	安丘管理农村干部有章法	地方报道	11	1
1995	致富建立县乡村干部选好乡村干部（党建纵横谈）	政策解读	7	2
1995	府谷建立县乡村干部党建联系点	地方报道	7	2
1995	在提高农村干部素质上下功夫	经验总结	9	2
1995	日照市民主推选村干部	地方报道	3	3
1995	连云港为农村干部请教师建"课堂"	地方报道	11	1
1995	邓州四名杀害上访农民的村干部伏法	地方报道	1	3
1995	新沂一批回乡知青担任村干部	地方报道	11	1
1995	济宁强化农村党建	地方报道	3	3
1995	荆门市刹住盗窃古墓风	地方报道	5	2
1995	浙江实施农村学历培训	地方报道	11	1
1994	三百多懂经济的村支书挑大梁	地方报道	4	3
1994	连云港市实行农村干部交叉兼职	地方报道	3	3
1994	抚顺农村干部养老有保障	地方报道	2	3
1994	麦播前后说化肥	地方报道	2	3
1994	村干部为什么要躲起来	地方报道	2	3
1994	淮阴市委组织农村干部学理论	地方报道	3	3
1994	香河县委指导村支部建设	地方报道	3	3

续表

年份	篇名	形式	版面	版面赋值
1994	东海培养"智能型"村干部	地方报道	3	3
1994	绥化加强培训乡村干部	地方报道	3	3
1994	湖南培训乡村干部一万多人	地方报道	4	3
1993	保定农专为农村培养村干部	地方报道	3	3
1993	长清县培训村干部形成制度	地方报道	3	3
1993	环江自治县村干部喜领养老金	地方报道	3	3
1993	村干部的负担也该减轻	经验总结	2	3
1993	六种乡村干部受欢迎	经验总结	1	3
1993	守水记	人物报道	1	3
1993	抚宁县采取措施激励村干部建功立业	地方报道	3	3
1993	稳定农村承包制依法办事是关键	政策解读	5	2
1993	村干部的苦衷	政策解读	5	2
1993	襄阳县村干部"断奶"办企业	地方报道	3	3
1993	晋州市村村干部减少三分之一	地方报道	4	3
1993	运城千余村村干部参加养老保险	地方报道	3	3
1992	村干部给县领导讲课	地方报道	1	3
1992	乳山口镇改革农村村干部工资制度	地方报道	3	3
1992	佳木斯市重视农村干部选拔	地方报道	3	3
1992	目无国法阻碍押解人犯 村干部李宗堂等人被捕	地方报道	5	2
1992	村干部为民办实事 众乡亲奖励村干部	人物报道	5	2

续表

年份	篇名	形式	版面	版面赋值
1992	让报纸走出村干部的家	地方报道	8	1
1992	龙游县开办新险种支持农村干部工作	地方报道	2	3
1992	博山实施"村级后备干部工程"	地方报道	3	3
1992	诸暨推行村干部养老保险	地方报道	3	3
1991	松花江地委选拔优秀青年党员任村干部	地方报道	3	3
1991	安徽实行农村干部养老保险	地方报道	3	3
1991	湘西查处农村干部复任村干部事件	地方报道	3	3
1991	大冶县认真抓好农村干部培训	地方报道	3	3
1991	青州强化农村干部培训	地方报道	3	3
1991	推行村干部养老保险应量力而行	政策解读	5	2
1991	高淳县大力扶持村干部	地方报道	3	3
1991	卫辉关心爱护村干部	地方报道	3	3
1991	济宁市郊复退军人多数被选为村干部	地方报道	3	3
1991	新泰对村干部实行科学管理	地方报道	3	3
1991	建湖县为村干部办养老保险	地方报道	3	3
1991	玉林开办村农村干部综合保险	地方报道	1	3
1991	焦作农村普建村干部"政绩图"	地方报道	3	3
1990	芮城重视培养农村后备干部	地方报道	3	3
1990	史庄村干部贪污提留款	地方报道	5	2
1990	沅陵县选拔农村干部任乡镇领导　阳城县注重培养农村后备干部	地方报道	5	2

续表

年份	篇名	形式	版面	版面赋值
1990	咸宁办村干部养老保险	地方报道	5	2
1990	全州利用乡镇党校培训村干部	地方报道	3	3
1990	莱阳实行驻村干部管理	地方报道	2	3
1990	多好的村干部	人物报道	3	3
1990	方城建立村干部述职制度	地方报道	3	3
1990	大荔县关心离任村干部	地方报道	3	3
1990	不法分子蓄意破坏 乡村干部屡遭损失	政策解读	5	2
1990	复兴区试行农村干部养老金	地方报道	2	2
1990	洞口县村干部受侵害剖析	地方报道	6	2
1990	要有好的村干部（编者的话）	政策解读	6	2
1990	理解支持关怀村干部	政策解读	6	2
1989	牛滩村干部为政不廉 一项城县纪委严肃查处	地方报道	6	2
1989	公用款订报村干部把持	地方报道	6	2
1989	令人忧思的宴席	地方报道	6	2
1989	来自田头地边的声音	经验总结	5	2
1989	宣化县对农村干部实行结构工资制	地方报道	4	3
1989	多关心村干部	政策解读	1	3
1988	大张楼乡建立村干部功过档案	地方报道	4	3
1988	丰城县裁减干余不称职村干部	地方报道	4	3
1988	安化推行乡镇干部聘用制	地方报道	4	3

续表

年份	篇名	形式	版面	版面赋值
1988	廖家村支部吉普车盖起教师楼	地方报道	1	3
1988	麻城市法院依法惩处强奸犯	地方报道	4	3
1988	行唐"功业录"激发农村干部艰苦创业	地方报道	4	3
1987	法院的判决不经村干部同意难道就不具有法律效力吗？	地方报道	5	2
1987	我村村民火灾赔偿款被乡、村干部挪用	地方报道	5	2
1987	我村干部大量卖地　农民几乎无田可种	地方报道	5	2
1987	沅江农村学习经济理论成风气	地方报道	2	3
1987	平舆县委查处私分扶贫款	地方报道	2	3
1987	农村干部目标管理的"经"不能念歪	政策解读	2	3
1987	长垴口区委选用村干部重德才　百余年轻干部带领农民奔富路	地方报道	4	3
1987	我们的村干部竟请"司公"咒骂（愚后录）	地方报道	5	2
1987	东莞为村干部解除后顾之忧　离职干部老有所靠精神愉快	地方报道	4	3
1987	原平县为卸职村干部送暖	地方报道	4	3
1986	表彰不忘前任村干部　天水太京乡整党有人情味	地方报道	3	3
1986	专业户当上村干部　后甫村致富迈大步	地方报道	2	3
1986	霍丘一些乡村干部钱送心药目无法纪竟挪用挥霍救灾款	地方报道	1	3
1986	送富上门的"财神"	地方报道	4	3
1986	农村干部应当学法知法守法（编后）	政策解读	2	3
1986	"消肿减肥"深得民心	地方报道	1	3
1986	淄博市淄川区裁减乡镇村干部二千四百余人	地方报道	1	3

续表

年份	篇名	形式	版面	版面赋值
1986	平阴县选拔青年担任村干部	地方报道	4	3
1986	凉水井村干部闻过则改	地方报道	5	2
1986	农村干部已把抓教育视为分内事	政策解读	3	3
1985	裁减乡村干部冗员	政策解读	2	3
1985	帮助乡村干部运用法律武器管好耕地	地方报道	4	3
1985	巢湖地区二千多有文化青年农民担任村干部	地方报道	1	3
1985	这里的乡村干部为千家万户办实事	地方报道	4	3
1985	我们这里的村干部任意卖地占地	地方报道	7	2
1985	需要这种眼光:汉阳新项目与高效益挂钩　压缩基本建设规模竟有如此黑心　德阳包工头和村干部合谋侵吞集资办学经费(今日首都和各省市区报纸要目)	地方报道	3	3
1985	祁县领导人深入山区抓教育　现场办公帮助小学校　仙河村干部进出餐馆打秋风　赊账吃喝吃垮小吃店(今日首都和各省市区报纸要目)	地方报道	3	3
1985	求知·求活·求美	地方报道	5	2
1985	村干部造“工资津贴林”	地方报道	2	3
1985	鸡东县选聘干部当经济顾问包村致富	地方报道	1	3
1985	宁啃“骨头”不包“肉头”	地方报道	2	3
1985	致富路上新风歌	地方报道	2	3
1985	红眼病害了红眼人:汀畈村干部敲竹杠遭查处丢了党籍团籍	地方报道	3	3
1984	农村干部要有新本领	政策解读	3	3
1984	莲塘村干部在“办厂热”中头脑冷静	地方报道	2	3

续表

年份	篇名	形式	版面	版面赋值
1984	西流乡从"两户"中选村干部	地方报道	2	3
1984	农村干部的苦和甜	地方报道	4	3
1984	勒石立碑表功德:赵堡村干部克己兴学功在当今泽被后世	人物报道	3	3
1984	《同农村干部漫谈工作方法》出版	政策解读	5	2
1983	吉林万余名农村干部和农民收听农业广播教学	地方报道	3	3
1982	华农培训大批农村干部和教师	地方报道	3	3
1982	珠村干部的胆识	经验总结	1	3
1982	抓好教育农村这件大事	经验总结	1	3
1982	农村干部在春耕生产中应坚守岗位	经验总结	3	3
1982	农村干部要大胆工作	政策解读	2	3
1981	临清县及其所属两个公社和一个大队向山东省棉花科研所赠款三万六千元	地方报道	1	3
1981	好党风带出了好民风	经验总结	4	3
1981	佳木斯市请农村干部介绍责任制经验	经验总结	1	3
1981	制止侵占耕地建房节约用地	政策解读	1	3
1981	河南不断完善各种生产责任制	地方报道	1	3
1981	天长县培训农村干部巩固生产责任制	地方报道	1	3
1981	海东地区培训农村干部	地方报道	2	3
1980	加强秋田管理力争以秋补夏	政策解读	1	3
1980	农村干部迫切需要学科学	政策解读	3	3
1980	北流县加强对农村干部的培训	地方报道	2	3

续表

年份	篇名	形式	版面	版面赋值
1979	要求各级党委重视吸取教训	地方报道	2	3
1977	无灾要防有灾要抗	地方报道	2	3
1977	农村干部要学习农业技术	政策解读	3	3
1976	河北大地响彻灭灾丰年的战斗誓言	地方报道	1/2	3
1976	我国夏粮征购计划超额完成	经验总结	3	3
1976	华北东北和黄河以南部分地区喜降雨雪	地方报道	4	3
1975	山西辽宁小麦获得丰收	地方报道	3	3
1975	坚持党的基本路线抓紧批林批孔深入学大寨夺取今年农业全面丰收	政策解读	1	3
1974	深入批林批孔加速农业发展步伐冀鲁豫农田基本建设又快又好广大农村干部和社员坚持党的基本路线，坚持社会主义方向，发扬自力更生，艰苦奋斗精神，决心夺取明年农业丰收	地方报道	1	3
1974	冬天多流汗秋天多打粮辽宁吉林黑龙江三省广大农村干部和群众在批林批孔运动推动下，破旧习，战严寒，变"冬闲"为"冬忙"，大规模地进行冬季农田基本建设	地方报道	1	3
1974	金日成主席到平安南道进行现场指导时指示农村干部推进思想技术文化三大革命掀起农业生产新高潮	地方报道	5	2
1974	广大农村干部和社员决心把批林批孔运动深入、普及、持久地进行下去，夺取今年农业生产的全面丰收	地方报道	1	3
1974	"文化大革命"促进了农业生产的发展——北京市房山县农村干部座谈无产阶级"文化大革命"	地方报道	2	3
1973	浙江科技人员同农村干部，贫下中农结合进行农业科学实验在农业劳动者应用放射性同位素取得初步成果	地方报道	4	3
1973	精选良种大量积肥维修农机具朝鲜广大农业劳动者加紧准备春耕春播农村干部深入基层宣传劳动党和金日成主席重要指示并亲自参加劳动	地方报道	6	2

续表

年份	篇名	形式	版面	版面赋值
1973	广大农村干部和社员群众积极支援国家社会主义建设浙江陕西超额完成去年粮食征购任务	地方报道	1	3
1973	福建、湖北农村干部和社员因地制宜开展冬季农田水利建设	地方报道	3	3
1972	学习马列原著提高理论政策水平辽宁省营口市广大农村干部，从理论原则上加深对党的政策的理解，自觉落实党的政策，进一步调动群众的积极性，促进生产不断发展	地方报道	1	3
1972	通县县委举办读书班培训学习辅导员帮助农村干部认真看书学习	地方报道	1	3
1972	苏丹农村干部代表团离京回国	地方报道	5	2
1972	沙风会见苏丹农村干部代表团	地方报道	2	3
1972	苏丹农村干部代表团到京	地方报道	6	2
1972	中共丹风县委认真总结对农村干部、社员进行党的基本路线教育	地方报道	2	3
1972	各地农村干部深入第一线领导春耕生产	地方报道	3	3
1970	受称赞的农村干部家属——何淑琴	人物报道	2	3
1969	胸怀朝阳干革命气蓬勃水向前——记国庆观礼代表、甘肃天祝藏族自治县藏族农村干部卓福山	人物报道	4	3
1969	密切联系群众改进领导作风促进思想革命化广大农村干部坚持参加集体生产劳动	地方报道	6	2
1969	坚决走毛主席指引的与工农兵相结合的道路四川大批知识青年踊跃到农村落户广大贫下中农和农村干部热情欢迎 妥善安置，耐心教育，极大地鼓舞了下乡知识青年，他们决心认真接受再教育，一辈子在农村干革命	地方报道	4	3
1968	在劳动党和霍查同志教导下努力实现思想革命化广大农村干部坚持参加集体生产劳动	人物报道	5	2
1967	广州部队炮兵某部指战员热情传授经验帮助农村干部突出无产阶级政治自觉用毛泽东思想指挥春耕生产	人物报道	3	3

续表

年份	篇名	形式	版面	版面赋值
1967	农村干部要欢迎贫下中农的批评；德州市七里铺生产大队革命干部座谈应该怎样对待革命群众的批评	地方报道	4	3
1967	亿万贫下中农和农村干部欢呼党中央的信息及时是天下大喜事的伟大号召坚决抓革命促生产，立即播起春耕战鼓 毛主席和党中央热烈响应一些犯过错误的干部激动地表示：一定同群众一起共同搞好春耕生产，以实际行动将功补过	地方报道	3	3
1966	珠江三角洲广大贫农下中农和农村干部用铁的事实回击"三家村"黑帮的污蔑	地方报道	2	3
1966	浙江广大农村干部和群众重学"全国农业发展纲要"听毛主席的话，努力实现"四十条"	地方报道	1	3
1965	满足广大农村干部和社员要求 全国大寨式农业典型展览复制品将在各地展出	地方报道	2	3
1965	农村干部参加劳动和工作时间要合理安排	政策解读	2	3
1964	运用唯物辩证法解决实际工作问题的一次良好实践 阜新具体分析矛盾找到稳产高产方向 辽宁日报社论希望全省农村干部从阜新经验中学习唯物辩证法	地方报道	1	3
1964	全国农业会议号召学习解放军充分发扬农村干部坚持革命工作作风脱鞋下田领导生产的革命精神乘胜前进争取今年更好收成	政策解读	1	3
1963	龙溪专区广大农村干部学习当好带头人办好生产队同社员并肩抗旱鼓舞了广大群众的斗争意志	地方报道	1	3
1963	吉林省广大农村干部向刘希廷学习	人物报道	1	3
1962	增强党性锻炼改进工作风 安徽省举办农村干部训练班	地方报道	2	3
1962	农村社员面临的新课题——怎样管好用好国家支援的农业机械	政策解读	2	3
1962	长期钻研农作物害虫生活习性和防治方法农村干部黎润初写成土农药专书	人物报道	2	3
1962	加强农业战线阿尔巴尼亚大力培训农村干部	地方报道	4	3
1962	农村干部家属上海市奉贤县庄行公社的女社员顾秀龙，带头参加劳动，尊老爱幼，勤俭持家	地方报道	2	3

续表

年份	篇名	形式	版面	版面赋值
1961	完成小春作物播种计划后再鼓干劲四川挖掘潜力继续扩种夏粮许多农村干部用"试验田"方法指导生产效果显著	地方报道	2	3
1961	农村干部和农民谈《太阳刚刚出山》	政策解读	8	2
1960	帮助郊区落后队改变面貌重庆下放农村干部工作获成效	地方报道	4	3
1960	武汉农村干部学赶罗华清	人物报道	4	3
1960	湖南农村干部开展学罗阳春运动罗阳春深入实际，和群众同吃，同住，同劳动，办好食堂，搞好生产，模范地执行了党的群众路线的工作方法，迅速改变了后进队的面貌。	人物报道	3	3
1960	坚持以普通劳动者的姿态同群众一起劳动一起生活广东农村干部学叶养改进作风	人物报道	1	3
1959	湖南农村干部学习杨宏典	人物报道	6	2
1959	会师田间策划增产措施	地方报道	3	3
1959	农村干部要学习科学技术	政策解读	3	3
1959	加强第一线的领导力量	政策解读	6	2
1959	谈农村干部的学习问题	政策解读	8	2
1958	少奇同志视察河北山东	地方报道	6	2
1958	三官庙乡农村干部学习哲学	地方报道	7	2
1958	广东农村干部全种试验田	地方报道	3	3
1958	云南农村干部开始学苦学	地方报道	4	3
1958	是指挥员是战斗员又是技术员	地方报道	4	3
1958	三年内掌握普通农业科学技术	政策解读	1	3
1957	湖北农村干部的新作风广泛建立试验地指导冬种	地方报道	4	3

续表

年份	篇名	形式	版面	版面赋值
1957	为了教育群众自己先受教育广西农村干部进行大辩论	地方报道	2	3
1957	要把辩论领导好,干部思想态锋湖北省七万名农村干部参加大辩论	地方报道	5	2
1957	农村干部的新风气	政策解读	5	2
1957	农村干部	政策解读	8	2
1957	笼统地说"农民生活苦"不合事实强调农村干部"一团糟"不够公平	政策解读	2	2
1957	头脑清醒了湖北农村干部学习毛主席报告的初步收获	地方报道	4	3
1957	在政协第二届全国委员会第三次全体会议上的发言应该用什么态度来对待农村干部	政策解读	3	3
1957	保护农村干部的工作积极性宁武在政协第二届全国委员会第三次全体会议上的发言	政策解读	3	3
1957	通过"十对比"看到今年生产的有利条件蒲城农村干部提高了争取大丰收的信心	地方报道	3	3
1957	出色的工作为今年大丰收创造了条件扬湖南表扬大批优秀乡村干部	地方报道	4	3
1956	精简会议明确分工责福建海澄乡村干部参加生产时间增多	地方报道	3	3
1956	提高农村干部工作信心,做好农业社年终分配山东甘肃努力扭转冬季生产迟缓现象	地方报道	1	3
1956	教育和鼓励农村干部依靠贫农和下中农广东省采取积极措施巩固执行互利政策,坚持按劳取酬的原则	地方报道	1	3
1955	提高农村干部的办社能力	政策解读	2	3
1953	河南信阳专区农村干部认清资本主义自发势力危害性决心走互助合作道路并把余粮卖给国家	地方报道	2	3
1953	中共抗县县委召开全县区、乡、村干部会议认清两条道路	地方报道	3	3
1953	湖北、河南两省全面展开总路线的学习广东省农村干部学习总路线后工作热情大提高	地方报道	3	3
1953	四川二十多万名区、乡村干部学习总路线后明确认识了农村实行社会主义改造的前途	地方报道	3	3

续表

年份	篇名	形式	版面	版面赋值
1953	克服"五多"现象　掌握以生产为中心任务的方针　华北区农村干部的领导作风大有改进	地方报道	2	3
1953	湖南农村干部学习张官长领导生产的方法	人物报道	2	3
1953	积极向中共肇源县委员会书记任国栋学习　安阳县农村干部改进领导作风和领导方法把春耕生产作为农村工作中心的方法	人物报道	2	3
1953	中共河北省委安排今后三个月的农村工作使农村干部和农民群众集中力量进行农业生产	地方报道	2	3
1953	吉林省永吉县组织区村干部学习婚姻法的经验	地方报道	3	3
1953	河南获嘉县杀害凶妻公审枪决　村干部逞清贵见死不救也被判了徒刑	地方报道	3	3
1953	福建闽侯专区有些乡村干部对宣传婚姻法的顾虑很多	地方报道	2	3
1953	安徽寿县农民贾新奎检举村干部违法行为遭官僚主义分子重重阻难被迫自杀	地方报道	3	3
1953	史维兰控告村干部违法行为经过三年多问题还没有解决——读者来访	地方报道	2	3
1952	农村干部应普遍学习中共肇源县委领导增产运动的经验	经验总结	2	3
1952	慈云寺村王永明等违反婚姻法	地方报道	2	3
1952	农村干部应该对一般互助组加强领导	政策解读	2	3
1952	怀来县人民政府对杨庄子村进犯婚姻法的检查者对人民日报读者批评建议的反应	地方报道	2	3
1952	山西文水县北胡家堡村干部严重违反婚姻法侵犯人权	地方报道	2	3
1952	怀来县杨庄子村干部包办婚姻虐待妇女应受处分	地方报道	2	3
1952	河北省涞水县车厂村干部竟违法没收募妇林纪龄的财物	地方报道	2	3
1952	吉林省一些地区春耕准备工作陷于自流各县自应立即抽调大批干部下乡解决区村干部的思想问题，同时帮助群众解决肥料、种籽、牲畜等项具体困难	地方报道	2	3
1951	北京市第十三区有些村贫农群众捐献款项受到严惩	地方报道	6	2

续表

年份	篇名	形式	版面	版面赋值
1951	广西永淳县武堂村干部届济朝等非法对一个妇女施用毒刑 县人民法院判刑太轻应重新处理	地方报道	3	3
1951	临湘县某些农村干部思想麻痹使工作遭受到损失	地方报道	6	2
1951	组织农村干部参观工厂和展览会的办法值得推广	经验总结	2	3
1951	北京市东郊观音堂村赵敬明敲诈群众财产被政府逮捕	地方报道	2	3
1951	安新县寨里乡寨里村干部杨凤池等非法贪污救济粮和生产贷粮	地方报道	2	3
1951	湖北武昌县改判的婚姻案件对作伪证的村干部也应处分	地方报道	2	3
1951	浙江金华县浦口村干部干涉群众婚姻自由坏分子俞章全秉章逼死妇女金华人民法院对有关案犯判处太轻应重新处理	地方报道	3	3
1951	中共温县县委召开村干部扩大会议批判干部的命令主义作风	地方报道	3	3
1951	福建德化县某少乡村干部封建思想作怪不执行婚姻法	地方报道	2	3
1951	河北成安领导干部放松购棉储棉工作有的区村干部有盲乐观情绪或单纯任务观点全县一个多月才完成两个月总任务的百分之十三	地方报道	2	3
1951	浙江上虞县下管东里溪乡村干部不应干涉婚姻自由	地方报道	2	3
1951	偏峪村村干部贪污问题丰润县人民政府将继续处理	地方报道	2	3
1951	村干部兼职过多影响工作惠民县王兑华身兼十三职的现象应予解决	地方报道	2	3
1951	山西平顺县国和村干部思想麻痹丢失武器区武装部已注意纠正	地方报道	2	3
1951	对人民日报记者批评建议的反应固始县接受意见处理贪污贷款的区村干部	地方报道	2	3
1951	河南翻身农民生产情绪高涨棉粮比价政策发挥剌激生产作用有些乡村干部忽视种棉领导应即纠正	地方报道	2	3
1951	营口新开河村干部赌博妨害生产领导机关已检查制止	地方报道	2	3
1951	中共河北省冀县县委会书记韩化一亲在全头村处理村干部强迫唱戏问题	地方报道	2	3

续表

年份	篇名	形式	版面	版面赋值
1951	读者来信通县人民政府接受读者反映依法处理村干部违法行为	地方报道	2	3
1951	年关娱乐应适应群众需要冀县垒头村干部强迫唱大戏及吃喝浪费现象，应认真检查处理	地方报道	6	2
1951	本报报组员百余人致函本报抗美援朝现正配合村干部进行宣传活动	地方报道	2	3
1950	科长回乡盛气凌人手足无措陵川县委通讯组来信报告	地方报道	3	3
1950	天镇东沙河等村秋耕自留村干部假报秋耕情况经工作组检查已开始紧张起来	地方报道	2	3
1950	涿鹿秦安等县部分区村干部中片面揭发错误现象整风后发生束手束脚现象，个别地区尚有打马虎眼现象	地方报道	3	3
1950	博爱孝义村克服"单打一"工作作风按时完成工作	地方报道	2	3
1950	为土地改革作好准备湖北大批训练区村干部经过总结工作，肯定成绩，检查缺点，干部在政策思想水平上提高一步	地方报道	2	3
1950	浙江万余乡村干部参加轮训进行整风	地方报道	2	3
1950	对村干部今后如何领导生产的意见	政策解读	5	2
1950	山东峄县夏征工作中部分村干部非法摊派县府已根据情节轻重分别处理	地方报道	2	3
1950	皖南宣城专区整顿农村基层组织农村坏作风已有转变	地方报道	2	3
1950	清丰县村干部贪污浪费事件该县人民政府来信答复和平签名	地方报道	2	3
1950	农民珍视和平反对侵略邢台一区村干部宣传和平签名	地方报道	2	3
1950	东北各地村干部改进作风亲自参加和领导生产密切与群众联系	地方报道	1	3
1950	前街村干部贪污犯违法事件通县人民政府来信报告处理经过	地方报道	4	3
1950	涿县小郡村干部贪污公粮欺压群众小郡村六十九户农民向本报申诉	地方报道	4	3
1950	中共湖北省委召开全省组织工作会议布置农村干部整风运动准备秋后实行土地改革	地方报道	1	3

续表

年份	篇名	形式	版面	版面赋值
1950	京市十六区蓝靛厂村村干部集体贪污中共十六区委会报告处理结果	地方报道	4	3
1950	寿阳县大峪村村干部抽动农民土地受处分	地方报道	4	3
1950	平山烟堡村村干部贪污公粮受处分	地方报道	4	3
1950	县委存在官僚主义作风这村干部犯了强迫命令错误河北成安县打井工作发生偏向县委接受《河北日报》批评进行检查纠正	地方报道	3	3
1950	恩县阎庄村村干部非法侵犯中农土地望恩县县府调查处理	地方报道	4	3
1950	村干部阻挠婚姻自由协助家长毒打儿媳妇	地方报道	4	3
1950	读者揭发村干部贪污浪费望清丰县府深入调查处理	地方报道	4	3
1950	北京十五区政府来信答复农民对村干部的批评	地方报道	4	3
1950	村干部张全印横行不法获能望县委主张要惩办	地方报道	4	3
1950	杜寺村村干部目无法纪打人捆人侵害婚姻自由新乐县党政机关分别给以惩处	地方报道	4	3
1950	邯郸马堡村村干部党员带头组织群众互助打井	地方报道	4	3
1950	从三面受气到三面满意兰意村干部工作作风的转变	地方报道	3	3
1950	雄县四区魏家庄村村干部自利自私自利引起群众不满	地方报道	4	3
1950	通县曹大庄发生破坏树林事件村负责区村干部分别受处分	地方报道	4	3
1950	副区长聚打村干部宁晋县府已呈请上级给以处分	地方报道	4	3
1950	村干部拆实群众房屋望滦南县府及时调查	地方报道	4	3
1950	京郊若干村村干部贪污浪费被纠正	地方报道	4	3
1950	不少地方司法机关和区村干部未能正确处理婚姻案件亟应广泛开展对婚姻法的宣传	地方报道	1	3
1950	察省宣化某些村村干部贪污浪费非法摊派脱离群众的恶劣作风亟应克服	地方报道	2	3

续表

年份	篇名	形式	版面	版面赋值
1950	察北村财政情况混乱村干部贪污现象严重县区领导应坚持贯彻统一财政政策	地方报道	2	3
1950	天津专署宁河县傅合子村村干部偷盗救济粮博明义等被撤职将子法办	地方报道	2	3
1950	区村干部深入领导教员运送左权冬学运动规模超过往年困难适当解决	地方报道	3	3
1950	向毛主席报告生产教灾河北安新县留村村干部和党员的一封信	地方报道	2	3
1949	山西省府发出冬学补习充实指示试行重点规定各科教学方法识字教育的主要对象是青年男女和村干部各专署组织辅导署各署组织辅导区视导实验区视导检查	地方报道	3	3
1949	轮训全体区村干部东北人民政府民政部指示:从当前需要出发,着重解决业务问题	地方报道	3	3
1949	提高农村干部文化水平武强抓紧领导学习卅四个文盲学会写信	地方报道	3	3
1949	研讨土改具体办法步骤京农代会即分区召开并将训练村干部积极分子	地方报道	4	3
1949	如此贺功定襄县北社村村干部通着羊属杀猪宰羊请客继续发动群众加强村干部教育	地方报道	2	3
1949	太原区两个行政村建人民政权今后要继续发动群众加强村干部教育	地方报道	2	3
1949	获鹿某些村干部严重侵犯妇女婚姻自由	地方报道	2	3
1949	留客村干部申同福强迫换张友梅驴骡	地方报道	4	3
1949	抗日战争中牺牲的村干部应称烈士	政策解读	2	3
1949	林县十八个村党员检查对妇女错误观点	地方报道	2	3
1949	村干部强迫结婚应受批评	地方报道	4	3
1948	娄底村干部带动群众生产加紧支援前线前方打胜仗后方劳军热慰劳信第二辑	地方报道	4	3
1948	新区建设工作基本关键之一豫西奖惩区村干部培养好的淘汰坏的	地方报道	2	3
1948	屯国三区许多村干部深入农户推动秋耕	地方报道	1	3
1948	保证儿童识字文化平顺榆社村村干部积极劝学有成绩	地方报道	1	3

续表

年份	篇名	形式	版面	版面赋值
1948	六专贯彻会议精神训练区村干部二千	政策解读	1	3
1948	五台一区上西村干部不顾公利扣私粮	地方报道	1	3
1948	安国各区村干部积极领导自由结组互助灭虫	地方报道	1	3
1948	井陉区村干部打人县委抗命不加处理	地方报道	1	3
1948	寿阳四区区村干部拿上贷款去赌博	地方报道	1	3
1948	昆吾六区区村医生治病群众安心生产	地方报道	1	3
1948	曦簧村不让地主钻空子马场区村干部受了地主的骗	地方报道	1	3
1948	尧头,吕村干部转变调查解决贫农困难	地方报道	1	3
1948	宁南北官庄农民刘修岭对村干部有意见	地方报道	1	3
1948	昔阳林县动员村干部加紧领导春耕	地方报道	1	3
1948	大众黑板民主选举村干部	地方报道	1	3
1948	台村干部开始反省准备接受群众审查	地方报道	1	3
1948	沁源某些区村干部为什么不叫宣传土地法?	地方报道	2	3
1948	仵桥村干部错上加错搞限贫农团破坏土地法	地方报道	1	3
1948	敢提意见的村干部一个一个被打下台来	政策解读	1	3
1948	壶关许多村干部欺骗上级抵抗转贷	地方报道	1	3
1948	田村干部分配剩余果实不能满足贫雇要求	政策解读	1	3
1947	村干部占有好媒子对雇贫困难不关心空谈转变作风不算解决问题	政策解读	2	3
1947	区村干部忘了本雇贫困难不关心晋城三区生产调查	地方报道	2	3
1947	博平三千区村干部集会明确自愿南乐五区青北踊跃自觉报名	地方报道	2	3

续表

年份	篇名	形式	版面	版面赋值
1947	希望区村干部注意收集古书古画	地方报道	2	3
1947	到最光荣的工作岗位上去！阳城村干部踊跃南下　沁县五区检阅民兵准备远征	地方报道	2	3
1947	鸡泽区村干部进行复查思想酝酿	地方报道	2	3
1947	榆社二区村干部领导加强学习改造作风	地方报道	2	3
1947	高平四十二个区村干部自报生产节约自给	地方报道	2	3
1947	冀鲁豫地方参观团畅谈太行观感贯彻思想发动群众路线土地改革运动彻底深入表扬积极面的领导方法在区村干部中普遍运用经常注意培养干部后备力量非常雄厚	地方报道	2	3
1947	太岳各地村干部动手生产解决村款开支	地方报道	2	3
1947	晋城县区村干部劲头大开展生产立功竞赛长治一区干部个个计划功上加功	地方报道	2	3
1947	元朝各村干部积极组织生产	地方报道	2	3
1947	向区村干部致敬立功表模，改善作风，干群团结	政策解读	1	3
1947	和顺村干部打破顾虑怕富鼓励思订出计划竞赛增产	地方报道	2	3
1947	陵川六区村干部虚心自我检讨深入发动落后	地方报道	2	3
1947	太岳区村干部纷纷退出果实放下包袱为民立功	地方报道	2	3
1947	安泽靳庄头反富村公所占有土地要完全退还给群众各村干部纷纷退出多得果实	地方报道	2	3
1947	村干部娶老婆要警惕地主阴谋	地方报道	3	3
1947	各地区村干部检讨退出自私果实群众依然拥护	地方报道	2	3
1947	鲍村干部提高觉悟退出果实转变作风	地方报道	2	3
1947	司马村干部积极分子打破居功思想合理分配果实	地方报道	2	3

续表

年份	篇名	形式	版面	版面赋值
1947	莘县一区召开反省检讨思想 村干部树立新作风一,退出多分果实二,分配积存果实三,决不大吃大喝	地方报道	2	3
1947	改善干部群众关系 开展团结运动 区干部自我检讨具体帮助中峪村干部转变作风	地方报道	2	3
1947	南宫老村干部改变作风查减运动顺利开展	地方报道	2	3
1947	吃水不忘掏井人 过年不忘八路军 各地热烈劳军优抗 榆社各村干部检讨一年优抗工作	地方报道	2	3
1946	克服自高自满相互改击韩庄村村干部加强团结	地方报道	2	3
1946	南关町民主分果实 公平合理大家满意 礼义村干部包办走了弯路	地方报道	2	3
1946	一道翻身共敌南来村干部检讨脱离岗位错误	地方报道	2	3
1946	长治南董十余村檢查思想准备战争彭城民兵整日练习投弹瞄准	地方报道	2	3
1946	冀鲁豫一分区参军逾四千民兵村干部作模范 范晋冀鲁豫中央局带子表扬	地方报道	2	3
1946	提倡劳动发家反对坐吃山空 村干部误工误得解决 博爱六区采用轮流值日办法减少会议 项碎问题集中处理	地方报道	2	3
1946	冶头村干部经自我检讨退出多分果实给群众 苏皖五分区妇女翻了身,干三百余人当选乡,村干部 干部群众同益趋亲密团结农会会员倍增酝酿	地方报道	2	3
1946	武安马家庄减租后游民懒汉改邪归正	地方报道	2	3
1946	自己翻了身再去帮劳苦人 谷亭村干部出村搞群运	地方报道	2	3

参考文献

一、中文参考文献

(一)译著和中文著作

1.[比]弗雷德里克·莱卢.重塑组织:进化型组织的创建之道[M],进化组织研习社译,北京:东方出版社,2017.

2.[比]皮雷纳.中世纪的城市:经济和社会史评论[M],陈国梁译,北京:商务印书馆,2006.

3.曹锦清.如何研究中国[M],上海:上海人民出版社,2018.

4.曹沛霖.制度的逻辑[M],上海:上海人民出版社,2018.

5.陈明明.在革命与现代化之间:关于党治国家的一个观察与讨论[M],上海:复旦大学出版社,2015.

6.陈耀煌.共产党·地方菁英·农民——鄂豫皖苏区的共产革命(1922—1932)[M],中国台湾"国立"政治大学历史学系,2002.

7.陈永发.制造革命[M],美国:加利福尼亚大学出版社,1986.

8.(春秋)管仲.管子[M],北京:中华书局,李山译注,2016.

9.[德]黑格尔.法哲学原理[M],范扬等译,北京:商务印书馆,1961.

10.[德]马克斯·韦伯.法律社会学-非正当性的支配[M],康乐等译,桂林:广西师范大学出版社,2011.

11.[德]马克斯·韦伯.古犹太教[M],康乐等译,桂林:广西师范大学出版社,2010.

12.[德]马克斯·韦伯.经济与历史-支配的类型[M],康乐等译,桂林:广西师范大学出版社,2010.

13.[德]马克斯·韦伯.社会学的基本概念——经济行动与社会团体[M],顾忠华等译,桂林:广西师范大学出版社,2011.

14.[德]马克斯·韦伯.新教伦理与资本主义精神[M],康乐等译,桂林:广西师范大学出版社,2010.

15.[德]马克斯·韦伯.学术与政治[M],康乐等译,桂林:广西师范大学出版社,2010.

16.[德]马克斯·韦伯.印度的宗教:印度教与佛教,康乐等译,桂林:广西师范大学出版社,2010.

17.[德]马克斯·韦伯.支配社会学[M],康乐等译,桂林:广西师范大学出版社,2010.

18.[德]马克斯·韦伯.中国的宗教:儒教与道教[M],康乐等译,桂林:广西师范大学出版社,2010.

19.[德]马克斯·韦伯.宗教社会学——宗教与世界[M],康乐等译,桂林:广西师范大学出版社,2011.

20.[德]裴迪南·滕尼斯.共同体与社会[M],林荣远译,北京:商务印书馆,1999.

21.邓小平.邓小平文选(第一、二、三卷)[M],北京:人民出版社,1994.

22.[法]布迪厄.文化资本与炼金术[M],包亚明译,上海:上海人民出版社,1997.

23.[法]费埃德伯格.权力与规则[M],张月等译,上海:上海格致出版社,2008.

24.[法]弗朗瓦索·基佐.欧洲代议制政府的历史起源[M],张清津等译,上海:复旦大学出版社,2008.

25.[法]克罗齐耶等.行动者与系统:集体行动的政治学[M],张月译,上海:上海人民出版社,2007.

26.[法]拉法格.财产及其起源[M],王子野译,北京:生活·读书·新知三联书店,1962.

27.[法]拉法格.思想起源论:卡尔·马克思的经济决定论[M],王子野译,北京:生活·读书·新知三联书店,1963.

28.[法]马太·杜甘.国家的比较[M],文强译,北京:社会科学文献出版社,2010.

29.[法]庞勒.乌合之众——大众心理研究[M],冯克利译,北京:中央编译出版社,2005.

30.[法]涂尔干.社会分工论[M],渠东译,北京:生活·读书·新知三联书店,2000.

31.[法]托克维尔.旧制度与大革命[M],冯棠译,北京:商务印书馆,1997.

32.[法]托克维尔.论美国的民主(上卷)[M],董果良译,北京:商务印书馆,1988.

33.[法]托克维尔.托克维尔回忆录[M],董果良译,北京:商务印书馆,2010.

34.范力沛.抗日战争时期中国共产主义运动[M],美国:斯坦福大学,1988.

35.费孝通.乡土中国·生育制度·乡土重建[M],北京:商务印书馆,2011.

36.冯崇义等.华北抗日根据地与社会生态[M],北京:当代中国出版社,1998.

37.傅伯言,汤乐毅,陈小清.中国村官[M],广州:南方日报出版社,2001.

38.[古希腊]柏拉图.理想国[M],张竹明译,北京:商务印书馆,1986.

39.[古希腊]亚里士多德.政治学[M],吴寿彭译,北京:商务印书馆,1965.

40.顾朝曦等.社区治理现代化探索研究[M],北京:人民出版社,2015.

41.顾准.顾准文集[M],北京:民主与建设出版社,2015.

42.郭苏建.政治学与中国政治研究——学科发展现状评析[M],上海:上海人民出版社,2016.

43.郭正林.中国农村权力结构[M],北京:中国社会科学出版社,2003.

44.韩福国.我们如何具体操作协商民主[M],上海:复旦大学出版社,2017.

45.贺东航.中国现代国家的构建与成长:源自地方的本土化解答[M],北京:高等教育出版社,2017.

46.贺海波.差序治理:国家与农村社会的分层互动——以后税费时期的花镇为例[M],北京:社会科学文献出版社,2017.

47.贺雪峰.村治模式:若干案例研究[M],山东:山东人民出版社,2009.

48.贺雪峰.治村[M],北京:北京大学出版社,2017.

49.华尔德(Andrew G.Walder).共产党社会的新传统主义——中国工业中的工业环境和权力结构[M],香港:牛津大学出版社,1996.

50.黄道炫.中国抗战:晋察冀抗日根据地影像[M],山西:山西人民出版社,2015.

51.黄道炫.中国苏区的革命(1933—1934)[M],北京:社会科学文献出版社,2011.

52.冀朝鼎.中国历史上的基本经济区[M],朱诗鳌译,北京:商务印书馆,2014.

53.[加]梁鹤年.西方文明的文化基因[M],北京:生活·读书·新知三联书店,2014.

54.姜长云等.乡村振兴战略:理论、政策和规划研究[M],北京:中国财政经济出版社,2018.

55.瞿同祖.中国法律与中国社会[M],北京:商务印书馆,2010.

56.瞿同祖.中国封建社会[M],北京:商务印书馆,2015.

57.军大政治部.现中国的两种社会[M],东北新华书店,1949.

58.科大卫.皇帝与祖宗:华南的国家与宗族[M],南京:江苏人民出版社,2009.

59.李峰.西周的政体:中国早期的官僚制度和国家[M],北京:生活·读书·新知三联书店,2010.

60.李里峰.中国政治的历史向度[M],南京:南京大学出版社,2018.

61.李雪萍.城市社区公共产品供给研究[M],北京:中国社会科学出版社,2008.

62.列宁.列宁全集(第8,31,37,42卷)[M],中国共产党中国共产党中央编译局编译,北京:人民出版社,1985.

63.列宁.列宁选集(第一、二、三、四卷)[M],中国共产党中央编译局,北京:人民出版社,1960.

64.列宁.列宁专题文集·论辩证唯物主义和历史唯物主义[M],中国共产党中央编译局,北京:人民出版社,2009.

65.列宁.列宁专题文集·论马克思主义[M],中国共产党中央编译局,北京:人民出版社,2009.

66.列宁.列宁专题文集·论社会主义[M],中国共产党中央编译局,北京:人民出版社,2009.

67.列宁.列宁专题文集·论无产阶级政党[M],中国共产党中央编译局,北京:人民出版社,2009.

68.列宁.列宁专题文集·论资本主义[M],中国共产党中央编译局,北京:人民出版社,2009.

69.林尚立.当代中国政治:基础与发展[M],北京:中国大百科全书出版社,2016.

70.林尚立.当代中国政治基础与发展[M],北京:中国大百科全书出版社,2017.

71.林尚立.当代中国政治形态研究[M],天津:天津人民出版社,2000.

72.林尚立.社区民主与治理[M],北京:社会科学文献出版社,2003.

73.林尚立.中国共产党与国家建设[M],天津:天津人民出版社,2017.

74.刘建军.单位中国:社会调控体系重构中的个人、组织与国家[M],天津:天津人民出版社,2000.

75.刘建军.古代政治制度十六讲[M],上海:上海人民出版社,2009.

76.刘建军.居民自治指导手册[M],上海:格致出版社,2016.

77.卢爱国.使社区和谐起来:社区公共事务分类治理[M],北京:中国社会科学出版社,2013.

78.罗荣渠.现代化新论:世界与中国的现代化进程[M],北京:北京大学出版社,1993.

79.马克思,恩格斯.马克思恩格斯全集(第4卷)[M],中国共产党中央编译局编译,北京:人民出版社,1958.

80.马克思,恩格斯.马克思恩格斯全集(第23卷)[M],中国共产党中央编译局编译,北京:人民出版社,1972.

81.马克思,恩格斯.马克思恩格斯全集(第 21 卷)〔M〕,中国共产党中央编译局编译,北京:人民出版社,2003.

82.马克思,恩格斯.马克思恩格斯全集(第 46 卷)〔M〕,中国共产党中央编译局编译,北京:人民出版社,1979.

83.马克思,恩格斯.马克思恩格斯全集(第 40 卷)〔M〕,中国共产党中央编译局编译,北京:人民出版社,1982.

84.马克思,恩格斯.马克思恩格斯全集(第 2 卷)〔M〕,中国共产党中央编译局编译,北京:人民出版社,2002.

85.马克思,恩格斯.马克思恩格斯全集(第 41 卷)〔M〕,中国共产党中央编译局编译,北京:人民出版社,1974.

86.马克思,恩格斯.马克思恩格斯全集(第 8 卷)〔M〕,中国共产党中央编译局编译,北京:人民出版社,1961.

87.马克思,恩格斯.马克思恩格斯文集(第八卷)〔M〕,中国共产党中央编译局,北京:人民出版社,2009.

88.马克思,恩格斯.马克思恩格斯文集(第二卷)〔M〕,中国共产党中央编译局,北京:人民出版社,2009.

89.马克思,恩格斯.马克思恩格斯文集(第九卷)〔M〕,中国共产党中央编译局,北京:人民出版社,2009.

90.马克思,恩格斯.马克思恩格斯文集(第六卷)〔M〕,中国共产党中央编译局,北京:人民出版社,2009.

91.马克思,恩格斯.马克思恩格斯文集(第七卷)〔M〕,中国共产党中央编译局,北京:人民出版社,2009.

92.马克思,恩格斯.马克思恩格斯文集(第三卷)〔M〕,中国共产党中央编译局,北京:人民出版社,2009.

93.马克思,恩格斯.马克思恩格斯文集(第十卷)[M],中国共产党中央编译局,北京:人民出版社,2009.

94.马克思,恩格斯.马克思恩格斯文集(第四卷)[M],中国共产党中央编译局,北京:人民出版社,2009.

95.马克思,恩格斯.马克思恩格斯文集(第五卷)[M],中国共产党中央编译局,北京:人民出版社,2009.

96.马克思,恩格斯.马克思恩格斯文集(第一卷)[M],中国共产党中央编译局,北京:人民出版社,2009.

97.马克思.资本论(第一卷)[M],中国共产党中央编译局编译,北京:人民出版社,2004.

98.毛泽东.建国以来毛泽东文稿(第一册)[M],北京:中央文献出版社,1988.

99.毛泽东.毛泽东文集(第七卷)[M],中国共产党中央编译局编,北京:人民出版社,1999.

100.毛泽东.毛泽东文集(第一卷)[M],中国共产党中央编译局编,北京:人民出版社,1993.

101.毛泽东.毛泽东选集(第二卷)[M],北京:人民出版社,1991.

102.毛泽东.毛泽东选集(第三卷)[M],北京:人民出版社,1991.

103.毛泽东.毛泽东选集(第四卷)[M],北京:人民出版社,1991.

104.[美]阿尔蒙德.公民文化:五个国家的政治态度和民主制[M],徐湘林等译,北京:华夏出版社,1989.

105.[美]阿罗.社会选择:个性与多准则[M],钱晓敏等译,北京:首都经济贸易大学出版社,2000.

106.[美]艾约博.以竹为生:一个四川手工造纸村的20世纪社会史[M],韩巍译,南京:江苏人民出版社,2016.

107.[美]奥尔森.国家的兴衰:经济增长、滞胀和社会僵化[M],李增刚译,上海:上海人民出版社,2007.

108.[美]奥尔森.国家兴衰探源[M],吕应中等译,北京:商务印书馆,1999.

109.[美]奥尔森.集体行动的逻辑[M],陈郁等译,上海:格致出版社,2014.

110.[美]奥尔森.权力与繁荣[M],苏长和等译,上海:上海人民出版社,2014.

111.[美]奥罗姆.政治社会学导论(第4版)[M],张华青等译,上海:上海人民出版社,2014.

112.[美]奥斯特罗姆.公共事物的治理之道:集体行动制度的演进[M],余逊达等译,上海:上海译文出版社,2012.

113.[美]巴菲尔德.危险的边疆:游牧帝国与中国[M],袁剑译,南京:江苏人民出版社,2011.

114.[美]巴林顿·摩尔.民主和专制的社会起源[M],拓夫等译,北京:华夏出版社,1987.

115.[美]白修德,安娜莉·雅克比.中国雷鸣[M],纽约,1946.

116.[美]贝利.比较城市化:20世纪的不同道路[M],顾朝林等译,北京:商务印书馆,2010.

117.[美]本尼迪克特·安德森.想象的共同体[M],吴叡人译,上海:上海人民出版社,2011.

118.[美]本尼迪克特.菊与刀:日本文化诸模式[M],吕万和等译,北京:商务印书馆,2012.

119.[美]彼得斯.政治科学中的制度理论:新制度主义[M],王向民等译,上海:上海人民出版社,2016.

120.［美］彼德·布劳.社会生活中的交换与权力［M］,孙非等译,北京：华夏出版社,1988.

121.［美］伯特.结构洞：竞争的社会结构［M］,任敏等译,上海：上海人民出版社,2008.

122.［美］布坎南等.同意的计算：立宪民主的逻辑基础［M］,陈光金译,上海：上海人民出版社,2014.

123.［美］查尔斯·林德布洛姆.政治与市场：世界的政治与经济制度［M］,上海：上海人民出版社,1997.

124.［美］达尔等.现代政治分析［M］,吴勇译,北京：中国人民大学出版社,2012.

125.［美］戴维·伊斯顿.政治生活的系统分析［M］,王浦劬等译,北京：人民出版社,2012.

126.［美］道格拉斯·C.诺思.制度、制度变迁与经济绩效［M］,杭行译,上海：格致出版社,2014.

127.［美］蒂利.欧洲的抗争与民主：1650—2000［M］,陈周旺等译,上海：格致出版社,2008.

128.［美］蒂利.强制,资本与欧洲国家：公元990—1992年［M］,魏洪钟译,上海：上海人民出版社,2007.

129.［美］杜赞奇.从民族国家拯救历史：民族主义话语与中国现代史研究［M］,王宪明等译,南京：江苏人民出版社,2009.

130.［美］杜赞奇.文化、权力与国家：1900—1942年的华北农村［M］,王福明译,南京：江苏人民出版社,2010.

131.［美］范埃弗拉.政治学研究方法指南［M］,陈琪译,北京：北京大学出版社,2006.

132.［美］费正清等.中国：传统与变革［M］,陈仲丹译,南京：江苏人民出版社,2011.

133.[美]费正清.观察中国[M],傅光明译,北京:世界知识出版社,
2001.

134.[美]费正清.伟大的中国革命[M],刘尊棋译,北京:世界知识出
版社,1999.

135.[美]费正清.中国的思想与制度[M],郭晓兵译,北京:世界知识
出版社,2008.

136.[美]弗里曼等.中国乡村,社会主义国家[M],陶鹤山译,北京:社
会科学文献出版社,2002.

137.[美]福山.信任:社会美德与创造经济繁荣,彭志华译,海口:海南
出版社,2001.

138.[美]福山.政治秩序的起源:从前人类时代到法国大革命[M],毛
俊杰译,桂林:广西师范大学出版社,2012.

139.[美]福山.政治秩序与政治衰败[M],毛俊杰译,桂林:广西师范
大学出版社,2015.

140.[美]哈丁.群体冲突的逻辑[M],刘春荣等译,上海:上海人民出
版社,2013.

141.[美]哈罗德·D.拉斯韦尔.政治学:谁得到什么?何时和如何得到?
[M],北京:商务印书馆,1992.

142.[美]韩丁.翻身——中国一个村庄的革命纪实[M],韩倞等译,北
京:北京出版社,1980.

143.[美]亨廷顿.变化社会中的政治秩序[M],王冠华、刘为等译,上
海:上海人民出版社,2008.

144.[美]怀特.街角社会:一个意大利人贫民区的社会结构[M],黄玉
馥译,北京:商务印书馆,2005.

145.[美]黄宗智.长江三角洲的小农家庭与乡村发展[M],北京:法律出版社,2013.

146.[美]黄宗智.超越左右:从实践历史探寻中国农村发展出路[M],北京:法律出版社,2013.

147.[美]黄宗智.华北的小农经济和社会变迁[M],北京:法律出版社,2013.

148.[美]加布里埃尔·A.阿尔蒙德等.比较政治学:体系、过程和政策[M],曹沛霖等译,上海:上海译文出版社,1987.

149.[美]贾雷德·戴蒙德.为什么有的国家富裕,有的国家贫穷[M],北京:中信出版集团,2017.

150.[美]科尔曼.社会理论的基础[M],邓方译,北京:社会科学文献出版社,1999.

151.[美]孔飞力.叫魂:1768年中国妖术大恐慌[M],陈兼等译,北京:生活·读书·新知三联书店,2012.

152.[美]拉铁摩尔.中国的亚洲内陆边疆,唐晓峰译[M],南京:江苏人民出版社,2005.

153.[美]李怀印.华北村治:晚清和民国时期的国家与乡村[M],岁有生等译,北京:中华书局,2008.

154.[美]李普塞特.政治人:政治的社会基础,张绍宗译,上海:上海人民出版社,2011.

155.[美]林南.社会资本:关于社会结构与行动的理论[M],张磊译,上海:上海人民出版社,2005.

156.[美]卢克斯.权力:一种激进的观点[M],彭斌译,南京:江苏人民出版社,2012.

157.[美]罗伯特·达尔.民主理论的前言[M]顾昕等译,上海:三联书店,2000.

158.[美]罗德里克·M.克雷默.组织中的信任[M],北京:中国城市出版社,2003.

159.[美]罗兹曼.中国的现代化[M],国家社会科学基金"比较现代化"课题组译,南京:江苏人民出版社,2003.

160.[美]迈克尔·罗斯金等.政治科学[M],林震等译,北京:中国人民大学出版社,2009.

161.[美]麦克法夸尔等.剑桥中华人民共和国史(上卷)[M],谢亮生等译,北京:中国社会科学出版社,1990.

162.[美]麦克法夸尔等.剑桥中华人民共和国史(下卷)[M],俞金尧等译,北京:中国社会科学出版社,1992.

163.[美]米格代尔.农民、政治与革命:第三世界政治与社会变革的压力[M],李玉琪等译,北京:中央编译出版社,1996.

164.[美]米格代尔.强社会与弱国家:第三世界的国家社会关系及国家能力[M],张长东等译,南京:江苏人民出版社,2009.

165.[美]米格代尔.社会中的国家:国家与社会如何相互改变与相互构成[M],李杨等译,南京:江苏人民出版社,2013.

166.[美]摩尔根.古代社会[M],杨东莼等译,北京:商务印书馆,1971.

167.[美]诺思.制度、制度变迁与经济绩效[M],杭行译,上海:格致出版社,2014.

168.[美]帕克等.城市社会学:芝加哥学派城市研究文集[M],北京:华夏出版社,1987.

169.[美]帕森斯.社会行动结构[M],张明德、夏翼南、彭刚译,南京:译林出版社,2003.

170.[美]帕特南.独自打保龄球:美国社区的衰落与复兴[M],刘波等译,北京:北京大学出版社,2011.

171.[美]帕特南.使民主运转起来:现代意大利的公民传统[M],赖海榕译,北京:中国人民大学出版社,2014.

172.[美]皮尔逊.时间中的政治:历史、制度与社会分析[M],黎汉基等译,南京:江苏人民出版社,2014.

173.[美]乔治·霍兰·萨拜因.政治学说史(上册)[M],盛葵阳等译,北京:商务印书馆,1986.

174.[美]乔治·霍兰·萨拜因.政治学说史(下册)[M],刘山等译,北京:商务印书馆,1986.

175.[美]萨拜因.政治学说史(上卷)[M],邓正来译,上海:上海人民出版社,2008.

176.[美]萨拜因.政治学说史(下卷)[M],邓正来译,上海:上海人民出版社,2009.

177.[美]萨拉蒙.公共服务中的伙伴[M],田凯译,北京:商务印书馆,2008.

178.[美]塞缪尔·亨廷顿等.文化的重要作用[M],程克雄译,北京:新华出版社,2010.

179.[美]塞缪尔·亨廷顿.文明的冲突与世界秩序的重建[M],周琪等译,北京:新华出版社,2009.

180.[美]沈大伟.中国共产党:收缩与调试[M],吕增奎、王新颖译,北京:中央编译出版社,2012.

181.[美]施坚雅.中国农村的市场和社会结构[M],史建云等译,北京:中国社会科学出版社,1998.

182.[美]施坚雅.中华帝国晚期的城市[M],叶光庭等译,北京:中华书局,2000.

183.[美]斯考切波.国家与社会革命:对法国、俄国和中国的比较分析[M],何俊志等译,上海:上海人民出版社,2015.

184.[美]斯科特.国家的视角:那些试图改善人类状况的项目是如何失败的[M],王晓毅译,北京:社会科学文献出版社,2004.

185.[美]斯科特.农民的道义经济学:东南亚的反叛与生存[M],南京:译林出版社,2001.

186.[美]斯科特.制度与组织:思想观念与物质利益[M],姚伟等译,北京:中国人民大学出版社,2010.

187.[美]王国斌.转变的中国:历史变迁与欧洲经验的局限[M],李伯重等译,南京:江苏人民出版社,2005.

188.[美]威廉·J.古德.家庭[M],魏章玲译,北京:社会科学文献出版社,1986.

189.[美]西摩·马丁·李普塞特.政治人:政治的社会基础[M],张绍宗译,上海:上海世纪出版集团,2011.

190.[美]熊比特.经济发展理论[M],何畏等译,北京:商务印书馆,1990.

191.[美]熊彼特.资本主义、社会主义与民主[M],吴良健译,北京:商务印书馆,1979.

192.[美]亚历山大·格申克龙.经济落后的历史透视[M],张凤林译,北京:商务印书馆,2012.

193.[美]伊斯顿.政治结构分析[M],王浦劬等译,北京:北京大学出版社,2016.

194.[美]约瑟夫·熊彼特.经济分析史,杨敬年译,北京:商务印书馆,1992.

195.[美]约瑟夫·熊彼特.资本主义、社会主义、民主[M],吴良健译,北京:商务印书馆,2014.

196.[美]詹姆斯·R.汤森等.中国政治[M],顾速等译,南京:江苏人民出版,2003.

197.[美]詹姆斯·W.汤普逊.中世纪晚期欧洲经济社会史[M],徐家玲等译,北京:商务印书馆,1992.

198.[美]张鹂.城市里的陌生人:中国流动人口的空间、权力与社会网络的重构[M],袁长庚译,南京:江苏人民出版社,2013.

199.钱穆.国史大纲(全两册)[M],北京:商务印书馆,2010.

200.(清)顾炎武.顾亭林诗文集[M],北京:中华书局,1959.

201.邱莉莉.俄罗斯社区[M],北京:中国社会出版社,2003.

202.[日]蒲岛郁夫.战后日本政治的轨迹:自民党体制的形成与变迁[M],郭定平等译,上海:上海人民出版社,2014.

203.山西省档案馆.晋绥财政经济史料汇编(农业编)[M],太原:山西人民出版社,1986.

204.石发勇.准公民社区:国家、关系网络与城市基层治理[M],北京:社会科学文献出版社,2013.

205.斯大林.斯大林选集(上卷)[M],中国共产党中央编译局,北京:人民出版社,1979.

206.斯大林.斯大林选集(下卷)[M],中国共产党中央编译局,北京:人民出版社,1979.

207.(唐)吴兢.贞观政要[M],骈宇骞译注,北京:中华书局,2011.

208.唐晓腾.现代化中的城市社会转型[M],上海:上海大学出版社,2014.

209.王邦佐等.居委会与社区治理:城市社区居民委员会组织研究[M],上海:上海人民出版社,2003.

210.王邦佐等.新政治学概要[M],上海:复旦大学出版社,1998.

211.王沪宁.当代中国村落家族文化:对中国社会现代化的一项探索[M],上海:上海人民出版社,1991.

212.王奇生.党员、党权与党争:1924—1949年中国国民党的组织形态[M],北京:华文出版社,2015.

213.王奇生.革命与反革命:社会文化视野下的民国政治[M],北京:社会科学文献出版社,2010.

214.王亚南.中国官僚政治研究[M],北京:商务印书馆,2010.

215.王友明.革命与乡村解放区土地改革研究:1941—1948[M],上海:上海社会科学院出版社,2006.

216.王震中.中国文明起源的比较研究,西安:陕西人民出版社,1994.

217.文史哲编辑部.国家与社会:构建怎样的公域秩序?[M],北京:商务印书馆,2010.

218.吴毅.村治变迁中的权威与秩序——20世纪川东双村的表达[M],北京:中国社会科学出版社,2002.

219.萧公权.宪政与民主[M],北京:清华大学出版社,2006.

220.萧公权.中国乡村:19世纪的帝国控制[M],北京:九州出版社,2018.

221.萧公权.中国政治思想史(一)[M],沈阳:辽宁教育出版社,2001.

222.谢芳.美国社区[M],北京:中国社会出版社,2003.

223.邢成举.精英俘获:扶贫资源分配的乡村叙事[M],北京:社会科学文献出版社,2017.

224.[匈]卢卡奇.历史与阶级意识[M],杜章智译,北京:商务印书馆,1999.

225.徐勇、陈伟东等.中国城市社区自治[M],武汉:武汉出版社,2002.

226.徐勇等.社区工作实务[M],北京：高等教育出版社,2003.

227.徐勇等.中国城市社区自治[M],武汉：武汉出版社,2002.

228.徐勇.中国农村村民自治[M],武汉：华中师范大学出版社,1997.

229.阎照祥.英国贵族史[M],北京：人民出版社,2000.

230.晏阳初.平民教育与乡村建设运动[M],北京：商务印书馆,2014.

231.杨开道.中国乡约制度[M],北京：商务印书馆,2015.

232.杨美慧.礼物、关系学与国家：中国人际关系与主体性建构[M],南京：江苏人民出版社,2009.

233.[意]帕累托.精英的兴衰[M],宫维明译,北京：北京出版社,2010.

234.[意]帕尼比昂科.政党：组织与权力[M],周建勇译,上海：上海人民出版社,2013.

235.[英]J.S.密尔.代议制政府[M],汪瑄译,北京：商务印书馆,2009.

236.[英]安德鲁·海伍德.政治学核心概念[M],吴勇译,北京：中国人民大学出版社,2014.

237.[英]波兰尼.巨变：当代政治与经济的起源[M],黄树民译,北京：社会科学文献出版社,2013.

238.[英]大卫·李嘉图.政治经济学及赋税原理[M],郭大力译,北京：商务印书馆,1962.

239.[英]戴维斯.城市政治学理论前沿(第2版)[M],何艳玲译,上海：格致出版社,2013.

240.[英]芬利.古代世界的政治[M],晏绍祥等译,北京：商务印书馆,2013.

241.[英]芬纳.统治史：古代的王权和帝国——从苏美尔到罗马[M],上海：华东师范大学出版社,2010.

242.[英]哈耶克.自由秩序原理[M],邓正来译,北京：生活·读书·新知三联书店,1997.

243.[英]亨利·梅因.古代法[M],沈景一译,北京:商务印书馆,2011.

244.[英]霍布斯.利维坦[M],黎思复等译,北京:商务印书馆,1985.

245.[英]卡尔·波兰尼.巨变:当代政治与经济的起源[M],北京:社会科学文献出版社,2013.

246.[英]凯恩斯.就业利息和货币通论[M],徐毓枬译,北京:商务印书馆,1963.

247.[英]洛克.政府论(下篇)[M],叶启芳等译,北京:商务印书馆,1996.

248.[英]迈克尔·曼.社会权力的来源(第1卷):从开端到1760年的权力史[M],刘北成等译,上海:上海人民出版社,2015.

249.[英]迈克尔·曼.社会权力的来源(第2卷):阶级和民族国家的兴起1760—1914[M],陈海宏等译,上海:上海人民出版社,2015.

250.[英]迈克尔·曼.社会权力的来源(第4卷):全球化:1945—2011[M],郭忠华等译,上海:上海人民出版社,2015.

251.[英]迈克尔·曼.社会权力的来源(第3卷):全球诸帝国与革命:1890—1945[M],郭台辉等译,上海:上海人民出版社,2015.

252.[英]麦金德.历史的地理枢纽[M],林尔蔚等译,北京:商务印书馆,2010.

253.[英]亚当·斯密.道德情操论[M],蒋自强等译,北京:商务印书馆,1997.

254.[英]亚当·斯密.国富论[M],郭大力等译,北京:商务印书馆,2015.

255.[英]约翰·斯图亚特·穆勒.政治经济学原理[M],金镝等译,北京:华夏出版社,2009.

256.俞可平.论国家治理现代化[M],北京：社会科学文献出版社，2015.

257.俞可平.走向善治[M],北京：中国文史出版社，2016.

258.怎样选派好驻村第一书记[M],北京：党建读物出版社，2017.

259.翟学伟.人情、面子与权力的再生产[M],北京：北京大学出版社，2013.

260.詹成付.基层政权和社区建设[M],北京：中国社会出版社，2009.

261.(战国)孟子.孟子[M],方勇译注,北京：中华书局，2010.

262.张静.基层政权：乡村制度诸问题[M],浙江：浙江人民出版社，2000.

263.张暄.日本社区[M],北京：中国社会出版社，2007.

264.郑欣.乡村政治中的博弈生存[M],北京：中国社会科学出版社，2005.

265.郑永年.中国的"行为联邦制"——中央–地方关系的变革与动力[M],北京：东方出版社，2013.

266.中共中央文件选集(第十二册)[M],北京：中共中央党校出版社，1991.

267.中国共产党河南省委宣传部编印.豫西重点区群运经验介绍[M],河南：太行群众书店，1948.

268.中国共产党中央文献研究室.解放战争时期土地改革文件选辑[M],北京：中共中央党校出版社，1981.

269.中国共产党中央文献研究室.毛泽东著作专题摘编[M],北京：中央文献出版社，2003.

270.周雪光.中国国家治理的制度逻辑：一个组织学研究[M],北京：生活·读书·新知三联书店，2017.

271.周雪光.组织社会学十讲[M],北京:社会科学文献出版社,2003.

272.朱光磊.现代政府理论[M],北京:高等教育出版社,2006.

273.竺乾威.公共行政理论[M],上海:复旦大学出版社,2012.

(二)学位论文、期刊论文

1.陈明明.革命与现代化之间[J].复旦政治学评论,2002(1).

2.陈伟东等.社区治理与公民社会的发育[J].华中师范大学学报(人文社会科学版),2003(1).

3.陈伟东等.社区治理主体:利益相关者[J].当代世界与社会主义,2004(1).

4.陈雪莲.从街居制到社区制:城市基层治理模式的转变——以"北京市鲁谷街道社区管理体制改革"为个案[J].华东经济管理,2009(9).

5.党国英.论乡村民主政治的发展——兼论中国乡村的民主政治改革[J].开放导刊,2004(3).

6.邓大才.超越村庄的四种范式:方法论视角——以施坚雅、弗里德曼、黄宗智、杜赞奇为例[J].社会科学研究,2010(2).

7.邓大才.农民打工:动机与行为逻辑——劳动力社会化的动机-行为分析框架[J].社会科学战线,2008(9).

8.邓大才.社会化小农:动机与行为[J].华中师范大学学报(人文社会科学版),2006,45(3).

9.高杨等."富人治村"现象的成因考察及其隐患探析——基于浙江义乌市7个村的实地调研[J].经济视角,2011(5).

10.龚晓洁,丛晓峰,苟天来.农村发展中的困境——精英掠权和精英庇护的研究综述[J].西北工业大学学报(社会科学版),2010(2).

11.关于开除刘振球党籍的决定[J],共产党人,1940(4).

12.郭剑鸣.浙江"富人治村"现象剖析——基于浙江金台温三市7个村的调查研究[J].理论与改革,2010(5).

13.郭苏建,艾芸.一位海外华裔学者眼中的"中国模式"——专访美国旧金山州立大学政治系主任、教授郭苏建[J].人民论坛,2008(24).

14.郭苏建.不忘艰难的寻梦路[J].党建,2016(9).

15.郭苏建.社会管理的根本目标和出发点[J].理论参考,2011(3).

16.郭苏建,王鹏翔.农村社区治理模式转型的探索与实践——基于对湖北省QL农村社区的调研[J].社会科学研究,2018(5).

17.郭苏建,向淼.从行政吸纳到简政放权——法治政府建设的双重逻辑及其转变[J].探索与争鸣,2018,348(10).

18.郭苏建.中国国家治理现代化视角下的社会治理模式转型[J].学海,2016(2).

19.郭为桂."再组织化"：全面从严治党的战略抉择及其制度化导向[J].经济社会体制比较,2019(1).

20.何平立.冲突、困境、反思：社区治理基本主体与公民社会构建[J].上海大学学报(社会科学版),2009(4).

21.贺东航,郭细卿.中国公民政治参与的特点[J].河北学刊,2006,26(2).

22.贺东航,孔繁斌.公共政策执行的中国经验[J].中国社会科学,2011(5).

23.贺东航.中国村民自治制度"内卷化"现象的思考[J].经济社会体制比较,2007(6).

24.贺东航.中国现代国家的构建、成长与目前情势——来自地方的尝试性解答[J].东南学术,2006(4).

25.贺雪峰,董磊明,陈柏峰.乡村治理研究的现状与前瞻[J].学习与实践,2007(8).

26.贺雪峰.乡村的去政治化及其后果——关于取消农业税后国家与农民关系的一个初步讨论[J].哈尔滨工业大学学报(社会科学版),2012(1).

27.黄荣贵等.集体性社会资本对社区参与的影响[J].社会,2011(6).

28.江沛.论中共在抗日根据地的反腐化斗争[J].中外学者论抗日根据地——南开大学第二届中国抗日根据地史国际学术讨论会论文集,北京.档案出版社,1993.

29.姜晓萍等.社区治理中的公民参与[J].湖南社会科学,2007(1).

30.金太军.村庄治理中三重权力互动的政治社会学分析[J].战略与管理,2002(2).

31.李里峰.革命中的乡村——土地改革运动与华北乡村权力变迁[J].广东社会科学,2013(3).

32.李里峰.工作队:一种国家权力的非常规运作机制——以华北土改运动为中心的历史考察[J].江苏社会科学,2010(3).

33.李里峰.经济的"土改"与政治的"土改"——关于土地改革历史意义的再思考[J].安徽史学,2008(2).

34.李里峰.土改中的诉苦:一种民众动员技术的微观分析[J].南京大学学报(哲学·人文科学·社会科学),2007,44(5).

35.李里峰,王明生.革命视角下的中国农民政治参与研究[J].江海学刊,2008(6).

36.李里峰.中共组织纪律在山东抗日根据地的实施[J].二十一世纪(香港),2003(12).

37.李招忠,刘建军.先进性教育:保持政党活力的动力机制[J].毛泽东邓小平理论研究,2006(4).

38.林尚立.社区:中国政治建设的战略性空间[J].毛泽东邓小平理论

研究,2002(2).

39.刘红旭.乡村秩序建构中的村庄精英历史嬗变[J].经济研究参考,2012(33).

40.刘建军.当代中国政治思潮演进的内在逻辑——以中国知识群体的"当代特质"及其"介入机制"作为研究视角[J].复旦政治学评论,2010.

41.刘建军.对德清、安吉的判断——城乡共进[J].中国民政,2018,No.631(10).

42.刘建军."国高党低"与政党国家化:对新加坡模式的解读[J].河南师范大学学报(哲学社会科学版),2007,34(6).

43.刘建军.和而不同:现代国家治理体系的三重属性[J].复旦大学学报(社会科学版),2014(3).

44.刘建军.跨单位组织:"后单位社会"的治理结构[J].探索与争鸣,2003,1(8).

45.刘建军.论社会转型期政治信任的法治基础[J].文史哲,2010(4).

46.刘建军,马彦银.从"官吏分途"到"群体三分":中国地方治理的人事结构转换及其政治效应——对周雪光《从"官吏分途"到"层级分流":帝国逻辑下的中国官僚人事制度》一文的一个补充[J].社会,2016(1).

47.刘建军,王鹏翔.揭开"单位人"的面纱[J].吉林大学社会科学学报,2016(3).

48.刘建军.新型精英与使命政治:共产党执政体系的干部制度基础[J].探索与争鸣,2010(11).

49.刘建军.政党治理的中国方案——贯彻落实十八届六中全会精神的三重路径[J].南京社会科学,2017(01).

50.刘建军.中国政治发展的动力机制与修复机制——对中国共产党90年历史进程的政治总结[J].学习论坛,2011(8).

51.[美]马克·赛尔登.他们为什么获胜?——对中共与农民关系的反思[J].中外学者论抗日根据地——南开大学第二届中国抗日根据地史国际学术讨论会论文集,北京:档案出版社,1993.

52.潘建雷等.权威的构成.乡村治理秩序的古与今[J].社会建设,2015(4).

53.渠桂萍.20世纪20—30年代中国乡村社会权威在基层政治中的变动趋向——以晋西北乡村为例[J].社会科学辑刊,2004(3).

54.桑玉成,刘建军.第四件大事:构建现代化的民主政治和完善的国家治理结构[J].新视野,2012(6).

55.社会化小农.解释当今农户的一种视角[J].学术月刊,2006(7).

56.申静,陈静.村庄的弱"监护人"——对村干部角色的大众视觉分析[J].中国农村观察,2001(5).

57.沈延生.村政的兴衰与重建[J].战略与管理,1998(6).

58.宋道雷,刘建军.礼治社区:探索中国特色基层治理[J].决策探索(下半月),2015(11).

59.孙立平.改革开放前中国大陆国家、民间统治精英及民众间互动关系的演变[J].中国社会科学季刊,1993(6).

60.唐晓腾.村干部的"角色冲突"——乡村社会的需求倾向与利益矛盾分析[J].中国农村观察,2002(4).

61.汪亭友.要毫不动摇地坚持和维护党的核心领导地位[J].红旗文稿,2018(5).

62.王沪宁.社会资源总量与社会调控.中国意义[J].复旦大学学报(社会科学版),1990(4).

63.王鹏翔.德治与法治的政治治理应用及契合点分析[J].今日中国论坛,2012.

64.王鹏翔.居民对城乡医疗体制改革的评价研究——基于湖北省荆

门市掇刀区的调研[J].社会工作,2013(4).

65.王鹏翔.立足"三位一体"加强公民道德建设[J].科教导刊(中旬刊),2012(10).

66.王绍光.国家治理与基础性国家权力[J].华中科技大学学报(社会科学版),2014(3).

67.王思斌.村干部的边际地位与行为分析[J].社会学研究,1994(4).

68.王展.乡村治理:精英分类与逻辑选择[J].陕西行政学院学报,2016(3).

69.王震中.邦国、王国与帝国.先秦国家形态的演进[J].河南大学学报,2003(4).

70.王中标."乡村精英"发挥作用的制约因素及对策[J].特区经济,2007(10).

71.温铁军.大学生村官与新农村建设[J].学习月刊,2009(6).

72.吴光芸等.社会资本视角下的社区治理[J].城市发展研究,2009(4).

73.吴毅.人民公社时期农村政治稳定形态及其效应——对影响中国现代化进程一项因素的分析[J].天津社会科学,1997(5).

74.吴重庆.革命的底层动员[J].读书,2000(1).

75.夏建中.治理理论的特点与社区治理研究[J].黑龙江社会科学,2010(2).

76.徐勇等.农村社区治理主体及其权力关系分析[J].理论月刊,2013(1).

77.徐勇.现代国家的建构与村民自治的成长——对中国村民自治发生与发展的一种阐释[J].学习与探索,2006(6).

78.徐勇.中国家户制传统与农村发展道路.以俄国、印度的村社传统为参照[J].中国社会科学,2013(8).

79.徐增阳,郑迎春.现阶段乡村公共财政危机与治理——鄂东南 X 镇个案分析[J].湖南农业大学学报(社会科学版),2000(3).

80.宣朝庆.地方精英与农村社会重建——定县实验中的士绅与平教会冲突[J].社会学研究 2011(4).

81.薛新生.选派"大学生村官"的做法和启示[J].领导科学 2006(9).

82.[英]格里·斯托克等.新地方主义、参与及网络化社区治理[J].国家行政学院学报,2006(3).

83.张康之.论组织社会中的信任[J].河南社会科学,2018(4).

84.周雪光.项目制:一个"控制权"理论视角[J].开放时代,2015(2).

(三)地方志、统计年鉴、政府报告、新闻报道

1.习近平:决胜全面建成小康社会夺取新时代中国特色社会主义伟大胜利——在中国共产党第十九次全国代表大会上的报告.(2017-10-18)

2.中共中央国务院:关于实施乡村振兴战略的意见.(2018-1-2)

3.中共中央办公厅:关于全面深化改革若干重大问题的决定.(2013-11-15)

4.国家统计局:第三次全国农业普查主要数据公报(第一号).(2017-12-14)

5.山东档案馆藏:鲁中区党委五年组织工作总结.(G027-01-0020-001)

6.山西省委宣传部:晋冀鲁豫边区惩治贪污暂行办法.(1942)

7.山东省政府:山东省政府关于调整各级政府行政机构及县以下行政区划的指示.(1945-10-30)

8.人民日报:山东胶南实行农村干部年薪制.(2011-03-28)

9.中共中央国务院:中共中央关于全面深化改革若干重大问题的决定.(2013-11-15)

10.农村人民公社工作条例修正草案.(1969-09-27)

11.中共中央办公厅、国务院办公厅:关于引导和鼓励高校毕业生面向

基层就业的意见.(2005-06-25)

12.中华人民共和国农业部:湖北"万名干部进万村入万户"全面启动.(2011-03-01)

13.中青在线:小岗村40年:改革中走向"不惑".(2018-10-08)

14.河北省档案馆藏:怎样领导农民诉苦.(14-1-114-1)

15.光明日报:重视乡村精英在新农村建设中的作用.(2008-01-26)

二、英文参考文献

1.Abelson R P,Bernstein A:"A Computer Simulation Model of Community Referendum Controversies"[J],*Public Opinion Quarterly*,Vol.27,No.2.1963.

2.Alhourani A R:"Aesthetics of Muslim Public and Community Formations in Cape Town:Observations of An Anthropologist"[J],*Anthropology Southern Africa*,Vol.38.2015.

3.Atkinson,A.B. and Stern,N.H:"Pigou,Taxation and Public Goods"[J],*Review of Economic Studies*,Vol.47.1975.

4.Bell,C.R:Between Anarchy and Leviathan:"A Note on the Design of Federal States"[J],*Journal of Public Economics*,Vol.39.1989.

5.Bowie S L,Rocha C J:"The Promise of Public Housing as a Community-Based Model of Health Care"[J],*Health & Social Work*,Vol.29.No.4.2004.

6.Chang C Y,Lee P Y:"Cultural Mobilization in Reinvigorating the Rural Society in Taiwan":The Case of the Wanbao Community[J],*Anthropologist*,Vol.22.No.1.2015.

7.Courser M W,Holder H D,Collins D,et al:"An Evaluation of Retail Outlets as Part of a Community Prevention Trial to Reduce Sales of Harmful

Legal Products to Youth"[J], *Evaluation Review*, Vol.31.No.4.2007.

8.Dalberg-Acton,John Emerich Edward: "Essays on Freedom and Power" [J], *Boston Beacon Press*, 1949.

9.Dasgupta and Beard: "Community Driven Development, Collective Action and Elite Capture in Indonesia"[J], *Development and Change*, 2007, 38(2).

10.Dasgupta I, Kanbur R: "Community and class antagonism"[J], *Journal of Public Economics*, Vol.91.No.9.2017.

11.Eisenhauer B W, Krannich R S, Blahna D J: "Attachments to Special Places on Public Lands: An Analysis of Activities, Reason for Attachments", and Community Connections[J], *Society & Natural Resources*, Vol.13.No.5.2000.

12.Lewis and Hossain: "A Tale of Three Villages: Power, Difference and Locality in Rural Bangladesh"[J], *Journal of South Asian Development*, 2008, 3 (1).

13.Engineer, M: "Taxes, Public Goods, and the Ruling Class: An Exploration of the Territory between Brennan and Buchanan's Leviathan and Conventional Public Finance"[J], *Public Finance*, 1989.

14.George D R: "Harvesting the Biopsychosocial Benefits of Community Gardens"[J], *American Journal of Public Health*, Vol.103.No.8.2013.

15.Golant S M, Mccutcheon A L: "Objective Quality of Life Indicators and the External Validity of Community Research Findings"[J], *Social Indicators Research*, Vol.7.No.1.1980.

16.Guthrie D, Mcquarrie M: "Providing for the Public Good: Corporate-Community Relations in the Era of the Receding Welfare State"[J], *City & Community*, Vol.7.No.2.2008.

17.Olken, B.A, "Monitoring Corruption.Evidence From A Field Experiment in Indonesia"[J].*NBER Working*,2005.

18.Hardin G:"The Tragedy of the Commons Science 162,Journal of Natural Resources"[J],*Policy Research*,Vol.162.No.1.1968.

19.Hickey A."Public Pedagogies,Place and Identity:An Ethnographic Study of An Emerging Postmodern Community"[J],*Sociology of Education*,2008.

20.Janet V. Denhardt & Robert B. Denhardt:"The New Public Service: Serving,not Steering"[J],*M. E.Sharpe*,2003.

21.Lyon S M:"Imagined Diasporas among Manchester Muslims:The Public Performance of Pakistani Transnational Identity Politics(review)"[J],*Anthropological Quarterly*,Vol.78.2005.

22.Mead M:"The Influential Factors of Faculty that Participate in Community Public Affair"[J],*American Anthropologist*,Vol.59.No.2.1957.

23.Petersen D M:"The Potential of Social Capital Measures in the Evaluation of Comprehensive Community–Based Health Initiatives"[J],*American Journal of Evaluation*,Vol.23.No.1.2002.

24.R.H. Coase:"The Nature of the Firm,Economica"[J],*New Series*, Vol.4.No.16.1937.

25.Somers M R:"Citizenship and the Place of the Public Sphere:Law, Community,and Political Culture in the Transition to Democracy"[J],*American Sociological Review*,Vol.58.No.5.1993.

26.Tanaka K,Mooney P H:"Public Scholarship and Community Engagement in Building Community Food Security:The Case of The University of Kentucky"[J],*Rural Sociology*,Vol.75.No.4.2010.

27.Torre M E,Fine M. A Wrinkle in Time:"Tracing a Legacy of Public Science through Community Self–Surveys and Participatory Action Research"

［J］, *Journal of Social Issues*, Vol.67.No.1.2011.

28.Viswanathan M, Seth A: "Ingraining Product-Relevant Social Good into Business Processes in Subsistence Marketplaces: The Sustainable Market Orientation"［J］, *Journal of Macromarketing*, Vol.29.No.4.2009.

29.Webster D E: "Dealing and Sharing: The Construction of Community in a Pretoria Public Park"［J］, *Anthropology Southern Africa*, Vol.37.No3.2014.

30.Wood R: "The Relation of Opinion to Community Growth"［J］, *Public Opinion Quarterly*, Vol.12.No.2.1948.

31.Zick C D: "Harvesting More Than Vegetables: The Potential Weight Control Benefits of Community Gardening"［J］, *American Journal of Public Health*, Vol.103.No.6.2013.

策划编辑：王　康
责任编辑：郑　玥
装帧设计：明轩文化　·李晶晶
TEL:23674746

当前国家提出了乡村振兴的重要战略，是推动农业全面升级、农村全面进步、农民全面发展的重要途径，是解决新时代中国乡村社会主要矛盾的必由之路。任何一项关于乡村的研究都无法规避两个主要问题，那就是如何推动中国乡村振兴战略的实施，如何在2020年脱贫攻坚任务完成以后将中国的乡村社会纳入全新的治理体系之中。对于这两个主要问题，本书从乡村治理精英的视角给出了相应的解释。

上架建议：基层治理

ISBN 978-7-201-15983-6

微信服务号　天津人民出版社

9 787201 159836 >

定价：78.00元